dumont taschenbücher

Niels Gutschow, geboren 1941, Architekt und Bauhistoriker, promovierte über japanische Städte des 17. Jh. Seit 1962 liegt sein Arbeitsschwerpunkt in Indien und Nepal sowie der neueren Planungsgeschichte europäischer Städte. Bei DuMont erschien von ihm (zusammen mit Jan Pieper) der Kunst-Reiseführer »Indien«.

Axel Michaels, geboren 1949, studierte Indologie in Hamburg und Benares, arbeitete am Hamburgischen Völkerkundemuseum sowie an den Universitäten Münster und Kiel; 1981-83 Direktor des Nepal Research Centers in Kathmandu, 1986 Spalding Visiting Fellow in Oxford. Heute ist er Direktor des Seminars für Religionswissenschaft an der Universität Bern.

Niels Gutschow und Axel Michaels

Benares

Tempel und religiöses Leben
in der heiligen Stadt der Hindus

DuMont Buchverlag

Umschlagvorderseite: Daśāśvamedhaghāṭ mit Blick nach Süden
Umschlagrückseite: Lāṭhbhairava, Wächter von Benares
Frontispiz: Blick über das Rāmghāṭ zum Pañcagaṅgāghāṭ; hoch über dem Ufer die Aurangzeb-Moschee, im 17. Jh. an der Stelle des zerstörten Bindhumādhava-Tempels errichtet

In Memoriam
Kuber Nath Sukul und Ambika Datta Upadhyaya

Die Deutsche Bibliothek – CIP-Einheitsaufnahme
Gutschow, Niels:
Benares : Tempel und religiöses Leben in der heiligen Stadt der Hindus / Niels Gutschow und Axel Michaels. –
Erstveröff. – Köln : DuMont, 1993
(DuMont Taschenbücher ; Bd. 294)
ISBN 3-7701-2849-4
NE: Michaels, Axel:; GT

Erstveröffentlichung

Druck und Buchbinderische Verarbeitung:Boss-Druck, Kleve

Printed in Germany ISBN 3-7701-2849-4

Inhalt

Karten

Zur Aussprache indischer Wörter

Namen von Städten und Personen der neueren Geschichte sind in ihrer anglisierten Form geschrieben, Namen von Göttern und Heiligtümern hingegen in der international üblichen Transkription der Sanskrit- bzw. Hindī-Sprache, wenngleich bei besonders bekannten Heiligtümern auch die anglisierte Form in Klammern hinzugesetzt wurde. Diese an der Devanāgarī-Schrift ausgerichtete Umschrift ermöglicht eine präzise Aussprache, wobei zwei grundlegende Regeln besonders zu beachten sind:

- Ein Strich über einem Vokal bedeutet dessen Länge: *bh**ū**ta* wird wie deutsch ›M**u**t‹ gesprochen und *e* sowie *o* sind immer lang.
- Ein *s* wird artikuliert wie deutsch *sch*, wenn es mit einem Zusatzzeichen versehen ist: ***ś**āstra* wie ***sch**āstra* und *mok**ṣ**a* wie *mok**sch**a*; ohne diakritisches Zeichen ist es immer ein scharfes (dentales) ›s‹.

Darüber hinaus gelten folgende Ausspracheregeln:

c wie englisch *ch* (***ch**ur**ch***); Vairocana → Vairo**ch**ana
j wie deutsch *dsch* (***Dsch**ungel*); *vajra* → *va**dsch**ra*
y wie deutsch *j* (**J**anuar); *yogi* → ***j**ogi*
v wie deutsch *w* (**W**asser); **V**iṣṇu → **W**ischnu

- Ein Punkt unter einem Konsonanten bezeichnet die Aussprache mit zurückgebogener Zunge.
- Ein Punkt oder die Tilde über *n* (*ṅ, ñ*) und ein Punkt unter *m* (*ṃ*) kennzeichnen die dem nachfolgenden Konsonanten angepaßte Nasalierung (wie deutsch ›E**n**de‹ und ›E**n**ge‹).
- *h* hinter einem Konsonanten ist ein den Konsonanten deutlich verstärkender Hauchlaut (wie deutsch ›**T**ee‹).

Bei arabischen und persischen Wörtern sind nur die Vokallängen mit Zusatzzeichen markiert.

Die eingeschobenen Mythen sind keine wörtlichen Übersetzungen, sondern teils verkürzte, teils umgestellte Paraphrasierungen.

Vorwort

Wesentliche Anregungen zu dieser Arbeit verdanken wir Kuber Nath Sukul und Ambika Datta Upadhyaya. Kuber Nath Sukul ließ Niels Gutschow 1974 an seinem umfangreichen Wissen teilhaben, und Pandit Upadhyaya führte Axel Michaels 1971-72 in die Sanskrit-Sprache ein. Beide waren großherzige, kluge und humorvolle Menschen, beiden ist das schöne Buch »Banaras – City of Light« von Diana Eck gewidmet. Beiden widmen auch wir dieses Buch, obgleich Pandit Upadhyaya Axel Michaels damals mit den Worten verabschiedete: »Du wirst nun bald Bücher schreiben. Schicke sie mir nicht, aber wenn Du einen Sohn bekommst, laß es mich wissen.«

Zu Dank sind wir ferner Rana P. B. Singh verpflichtet, der Niels Gutschow im April 1991 auf der Pañcakrośī-Umgehung des geweihten Bereichs von Kāśī begleitete und der uns immer wieder an seinem reichen Kenntnisschatz über Benares teilhaben ließ. Er machte uns zudem mit Kedarnath Vyas bekannt, einem Priester und Gelehrten am Jñānavāpī-Brunnen in Benares, der uns Einblick in eine weitgehend verschlossene Welt der heiligen Stadt gewährte, als er uns im November 1991 durch den inneren Stadtbereich von Benares (*antargṛhayātrā*) führte. Friedemann von Stockhausen danken wir für die Durchsicht und Kommentierung des Manuskripts. Danken möchten wir schließlich Frank Rainer Scheck, der dieses Buch anregte und damit eine alte Liebe in uns weckte.

Bern und Bhaktapur, im Sommer 1992

Heilige Orte im Hinduismus und Benares

Benares – Kāśī – Vārāṇasī

Benares bündelt, was einen heiligen hinduistischen Ort ausmacht, aber die Stadt ist weder einzigartig noch alleiniges Zentrum. In Benares – so das »Kāśīkhaṇḍa«, ein Lobpreisungstext aus dem 14. Jh. – ist kein Fleck ohne Liṅga, das phallusförmige Zeichen und Emblem Śivas. Und ein Sprichwort sagt von Benares: »In jedem Steinchen sitzt Śaṅkara (ein anderer Name für Śiva)« (»*kaṅkaṛ, kaṅkaṛ mẽ Śaṅkar*«).

Die Götter manifestieren sich nahezu überall, aber kein Ort besitzt sie ausschließlich. Tausend verschiedene Namen haben die großen Götter, je nachdem welcher Aspekt hervorgehoben wird. Die Götter manifestieren sich in ihren Wesensformen, werden im wörtlichen Sinne be-greifbar und bleiben doch unbegreiflich. Auch Benares ist mal Kāśī (›Stadt des Lichts‹), mal Avimukta (die von Śiva ›nie Verlassene‹), ist Ānandavana (›Wald der Wonne‹) oder Mahāśmaśāna (›Großer Verbrennungsplatz‹) – und ist seit alters Vārāṇasī, woraus die Inder die populäre, aber sprachlich und historisch falsche Etymologie ›Stadt zwischen Varaṇā und Assī‹ abgeleitet und Muslime wie Briten später ›Benares‹ bzw. ›Banaras‹ gemacht haben: kein Aspekt, kein Name für sich reicht aus, diese Stadt zu benennen.

Das Individuelle und das Individuum, also das Unteilbare, das ist Indiens Sache nicht, es sei denn, es schließt sein Gegenteil ein. Einen Alleinanspruch kann man nur für sich selbst erheben, freilich um den Preis des sozialen Rückzugs in die Askese, nicht aber in der Gemeinschaft, denn diese meint in Indien die religiöse und soziale Totalität, die alles einbezieht, statt das Andere auszugrenzen. So herrscht in Indien nicht *eine* Ordnung, sondern es bestehen mehrere Ordnungen und verschiedene Hierarchien neben- und miteinander. Das gilt für Götter wie für Menschen.

Einzigartigkeit und Originalität gibt es im Hinduismus nur begrenzt. Unumstritten etwa gilt Ayodhya als Geburtsort des Heldengottes Rāma, und auch über die Lokalisierung der 64 Sitze der Göttin Devī, der Śāktapīṭhas, ist man sich weitgehend einig. An

◀ Gangesufer: Blick aus dem Palast des Mahārāja von Nāgpur am Bhoṃsalāghāṭ nach Norden

diesen Orten sollen die 64 Teile von Devīs Leiche herabgefallen sein, die Śiva mit sich trug, nachdem sich die Göttin zornig ins Feuer geworfen hatte, weil ihr Vater dem wilden Śiva die Teilnahme an einer großen Opferzeremonie verweigerte. Aber selbst bei diesen Orten streiten sich verschiedene Dörfer und Städte, wo nun Devīs Vulva oder Kopf herabfiel. In Benares, am Tempel der Viśālākṣī (›Weitäugige‹), soll ihr Auge liegen, doch das behaupten ebenso der Tempel der Kāmākṣī (›Lustäugige‹) in Kanchi und der Mīnākṣī (›Fischäugige‹) im südindischen Madurai.

Kein Ort in Indien darf sich als alleiniger Mittelpunkt des Hinduismus verstehen – nicht einmal Benares, obgleich diese Stadt sich selbst gern so sieht und als ›Jerusalem der Hindus‹ oder wie schon von François Bernier (1620-88) als »L'Athènes de tous les Hindous des Indes« bezeichnet wird. Es gibt keine Kirche, keine Dachorganisation, welche die einzelnen hinduistischen Richtungen, Sekten und Strömungen verwaltet, geschweige denn einen Pontifex, ein Oberhaupt aller Hindus, dessen Sitz zum Mittelpunkt hätte werden können.

Benares aber verdichtet die Fülle der hinduistischen Welt und ist Vorbild für viele andere heilige Orte Indiens. Tempelstätten im Himalaya bezeichnen sich als nördliches Benares, etwa Kedāranātha oder der nepalische Paśupatinātha – beide besitzen auch in Benares einen Tempel. Die Volksgruppe der Wai im Bundesstaat Maharashtra kennt ein südliches Benares. Der Ekāmbareśvara-Tempel in Conjeeveram (Kanchipuram) beansprucht eine unterirdische Verbindung nach Benares. Andere Tempel wie der Tārakeśvara in Westbengalen sind als ›geheimes‹ (*gupta*) Benares bekannt. Bis in den südostasiatischen Raum hinein finden sich solche toponymischen Anlehnungen.

Die meisten Inder, vor allem in Nordindien, haben ein besonderes Verhältnis zu ihrem Benares. Vor nicht allzu langer Zeit legten westlich erzogene Inder in Moghul Serai, dem Eisenbahnknotenpunkt bei Benares, noch ihre Anzüge, Kragenhemden und Schlipse ab und wickelten ein schlichtes, weißes Baumwolltuch, den Dhotī, um die Hüfte, bevor sie mit dem Bus oder Pferdewagen nach Benares weiterreisten. Hatten sie dort die enge, betriebsame Altstadt betreten, die Tempel aufgesucht, vom Boot aus die sich im Ganges spiegelnde Uferfront betrachtet und waren allerorten Heiligen und Bettlern begegnet, dann brachten sie Eindrücke mit nach Hause, von denen sie noch jahrelang erzählen konnten. So baute sich der Mythos Benares über die Jahrhunderte immer wieder und weiter auf, das Alte wurde stets neu erschaffen.

Aber Indien wandelt sich auch zu einem Industriestaat, zumindest in den Ballungsräumen. Eine breite, städtische Mittelschicht hat sich gebildet, die man nicht nur nach indischen Maßstäben als wohlhabend bezeichnen kann. Diesen Indern gelten die Werte der Tradition als rückständig, sie wünschen sich ein modernes, aufgeklärtes Indien, ganz nach westlichem Muster. Doch bewegt sich der industrielle Fortschritt in Indien zu langsam, als daß er die vermeintlichen Hemmnisse des Glaubens, der hierarchischen Sozial- und Kastenstruktur, der Überbevölkerung, der weltwirtschaftlichen Abhängigkeiten und der verheerenden Naturzerstörungen abwerfen könnte. In dieser Spannung zwischen Tradition und Moderne steht auch Benares. Manchen ist es ein Ort der Rückständigkeit, anderen ein Ort, der gerade das typisch Indische oder Hinduistische bewahrt, das, was es gegen den Westen zu verteidigen und zu bewahren gilt. Gäbe es Fundamente des Hinduismus, ließe sich diese Einstellung als Fundamentalismus bezeichnen.

Benares sei zu schmutzig und altertümlich, die Straßen zu eng für Autos, die Häuser nur aus Backsteinen und Ziegeln, die Gassen zu dunkel, die Kanalisation zu mangelhaft, das Wasser zu schlecht – auch das hört man aus dem Munde von Indern. Und doch ist derselbe, der eben noch die Stadt schmähte, hocherfreut, wenn der westliche Besucher von Benares schwärmt. Schwärmerei wie Abscheu verzerren, machen den ruhigen, genauen Blick auf Details und Hintergründe unmöglich. Doch ist nichts so gefordert im gegenseitigen Verständnis der Religionen wie Toleranz, die das Andere weder erhöht noch erniedrigt. Zu diesem Anderen zählt auch eine grundlegend verschiedene Vorstellung von Ordnung und Sauberkeit. Der Banārsī (Einwohner von Benares) stört sich nicht an Berührungen im engen Bazar, im Bus oder Tempel, ebenso gern aber sucht er die Weite des Gangesufers oder – zum Picknick – die Randbezirke der Stadt auf. Zwar spuckt er den roten Saft seines Pān einfach aus oder uriniert ungeniert an Häuserwände, doch wäscht er sich auch stundenlang und nimmt für die Wäsche seines Hemdes unter Umständen ein ganzes Stück Seife. Solche scheinbaren Widersprüche sind Teil seines Lebens, er duldet sie nicht bloß, er mag es so.

Ort der Wallfahrten

Die Pilger, die in Benares eintreffen, wissen bereits manches von der Stadt. In erster Linie erinnern sie sich der Mythen vom Ganges und von jenem Haupttempel, in dem Śiva als Viśvanātha (›Herr des Universums‹) verehrt wird. Sie kommen meist ohne spezielle Erwartung, wollen einfach dem Gott nahe sein und dadurch religiöses Verdienst (*puṇya*) erwerben, das sich irgendwie irgendwann auszahlt – und sei es erst im nächsten Leben. Manch einer nähert sich aber auch mit einem persönlichen Anliegen, der Bitte um einen Sohn, um Heilung von einer Krankheit, in der Hoffnung auf gute Ernte oder bessere Examensnoten. Vor allem Frauen kommen und beten für das Wohlergehen ihrer Männer, denn ohne sie sind sie fast verloren.

Die Pilger möchten im heiligen Fluß baden, sich reinwaschen von allen Verfehlungen. Sie wollen auch Viśvanātha und andere Götter anblicken und von ihnen angeblickt werden. Darśana heißt diese Verehrungsform, wörtlich übersetzt ›Schauen, (wechselseitiger) Anblick‹; Diana Eck überträgt den Begriff treffend mit »sacred sight-seeing«. Die Reise hin zum Wallfahrtsort ist schon heilig, in ihr werden die Götter buchstäblich ›erfahrbar‹. Die Götter selbst reisen, sind mal hier, mal dort. Bewegung erscheint so als eine ihnen angemessene Form der Begegnung. Wären die Götter nur an einem Ort, könnten sie nicht allgegenwärtig sein. Millionen Asketen in Indien machen sich dieses Prinzip zu eigen, ebenso taten es Mahatma Gandhi, der Zeit seines Lebens Indien durchwanderte und Lal Krishna Advani, der radikale Parteiführer der Bharatiya Janata Party (BJP), der 1990, wenn auch mit einem motorisierten Götterwagen, durch ganz Indien fuhr, um Geld und Backsteine für den zwischen Hindus und Muslimen umstrittenen Bau eines Rāma-Tempels in Ayodhya zu sammeln.

Selbst innerhalb Benares geht man auf Reisen, umwandelt dabei heilige Felder oder Kreise (*maṇḍala*), in deren Zentrum jeweils ein Heiligtum steht. Die Auswahl ist groß, teilt sich die Stadt doch in

Pilgerinnen bei der Rückkehr von der Umwandlung der Stadt (Nagarapradakṣiṇā), um am Muktimaṇḍapa vom Pilgergelöbnis entbunden zu werden ▶

verschiedene Zonen, die ihrerseits Pilgerrouten bilden. Mit jeder Umgehung (*pradakṣiṇā*) hat der Pilger teil an den sakralen Qualitäten, die der umschlossene Raum besitzt, sei es eine kurze Umgehung der Götter in einem Tempel oder die bis zu fünftägige Pañcakrośīyātrā, die Umwandlung des heiligen Feldes von Kāśī in einem Radius von fünf Krośa (17,5 km) mit dem Madhyameśvaraliṅga als ›Gott der Mitte‹ (s. S. 109ff.), bei der 108 Heiligtümer aufgesucht werden.

Treffpunkt für Asketen

Śiva ist selbst der Große Yogī. Ihm nacheifernd ziehen hinduistische Asketen umher, ohne feste Bleibe, ohne Hab und Gut. Bei einer Wallfahrt werden auch die Pilger zu Asketen. Sie geben zeitweilig ihr Zuhause auf, führen ein karges, einfaches Leben. Eben dies ist ein Teil der Läuterung und religiösen Erfahrung: durch den inneren und äußeren Wandel, den sie bei der Pilgerfahrt durchmachen, kehren sie auf einer höheren Ebene zurück.

Asketen und Heilige zieht es seit Jahrhunderten nach Benares, desgleichen Gelehrte und Gurus. Fast alle großen Sekten verfügen in der Stadt über ein Zentrum und über Herbergen für ihre Anhänger – fast alle bedeutenden Sektenstifter besuchten im Laufe ihres Lebens einmal Benares. Im 8. Jh. kam vermutlich Śaṅkara, im 11. Jh. Rāmānuja, im 13. Jh. Madhva, im 14. Jh. Rāmānanda, im 15. Jh. Vallabha – ausnahmslos Stifter noch heute aktiver Sekten und Orden. Kabīr, der – ebenfalls im 15. Jh. – eine Synthese zwischen Islam und Hinduismus predigte und auf den sich die Kabīrpanthīs berufen, war der Sohn eines Webers aus Benares; ebenso sind Shiva Prasad Gupta (1823-90) und Hariścandra von Benares (1850-85), die christliche Ethik mit hinduistischem Glauben zu verbinden suchten, in Benares geboren.

Neben den sektengebundenen Asketen pilgern auch viele Sādhus, die – halb Asket, halb Bettler – das Kasten- und Sozialsystem ausgestoßen hat, die vor der Verheiratung oder zu großen Schulden wegliefen, die weder Arbeit noch Land haben, regelmäßig in die Stadt am Ganges. Ihnen allen bieten heilige Plätze die

Möglichkeit zu überleben, denn Almosen zu geben ist auch für Hindus eine Tugend, besonders anläßlich einer Wallfahrt (*tīrtha-yātrā*).

Kreuzung der Welten

Ein Tīrtha ist ein heiliger Ort, an dem Götter getroffen und angerufen werden. Ursprünglich bezeichnete *tīrtha* eine Furt, einen Zugang zum Wasser und Überqueren eines Flusses. In Kāśī ist der Fluß die Gaṅgā, die durch die Drei Welten (Himmel, Erde und Unterwelt) fließt, so daß sich Diesseits und Jenseits überschneiden. Längst ist der Begriff aber zu mehr geworden, bezeichnet eine heilige Wasserstelle, einen Ort der Reinheit, der Glückverheißung und des religiösen Verdienstes im weitesten Sinne. So können selbst Menschen Tīrthas sein, wie es etwa im Namen des Heiligen Rāmatīrtha zum Ausdruck kommt.

Die indische Tradition unterscheidet denn auch zwischen inneren und äußeren Tīrthas. »Ein im Geist schlechter Mensch kann hundertmal an einem Tīrtha baden und bleibt doch so unrein wie ein Weinkrug«, heißt es im »Kāśīkhaṇḍa«. Spöttisch erinnert dieser Text an die Fische, die zwar ständig im Wasser des Ganges schwimmen, aber dennoch kein religiöses Verdienst erwerben.

In solchen Versen zeigt sich eine alte, brahmanische Kritik an Tempeln und Wallfahrtsorten, die bis heute nicht verstummt ist – Kritik an Orten, die gekennzeichnet sind von Öffentlichkeit, von Begegnungen verschiedener Kasten. Selbst Frauen und Kastenlose dürfen die Tempel betreten. Das war und ist sehr traditionell eingestellten Brahmanen verdächtig. Sie bevorzugen das häusliche Ritual, bei dem Reinheits- und Kastengebote genauer eingehalten werden können. Aus diesem Grund besitzen brahmanische Tempelpriester auch ein geringeres Ansehen als brahmanische Hauspriester.

Noch in einem anderen Sinne kreuzen sich in Benares Wege, ist diese Stadt doch auch eine Stätte des geweihten und erlösenden Todes. Viele Menschen schleppen sich todkrank an das Ufer des Ganges, um dort zu sterben. Nahezu ständig steigt der Rauch von

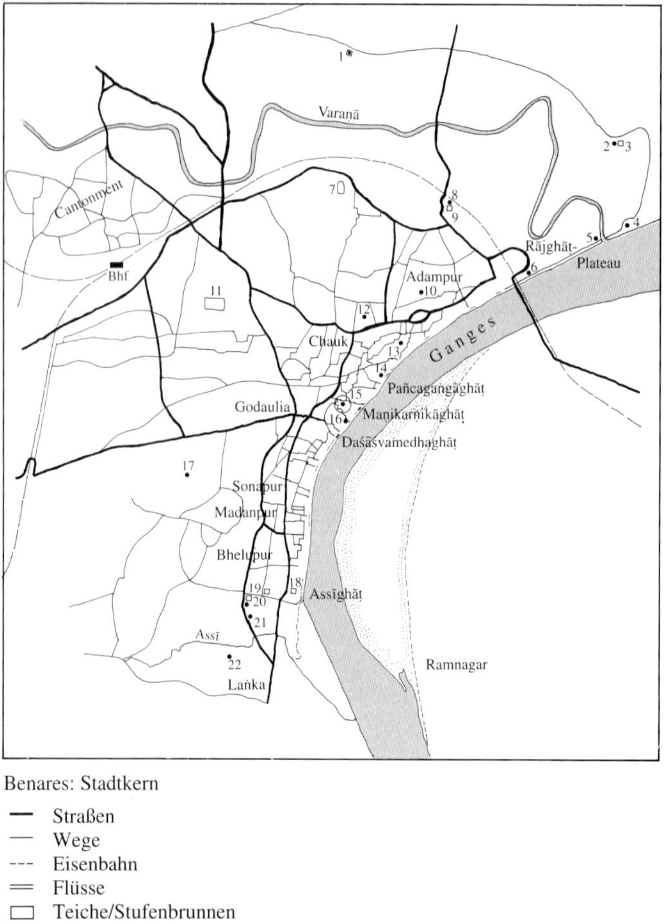

Benares: Stadtkern

— Straßen
— Wege
--- Eisenbahn
═ Flüsse
□ Teiche/Stufenbrunnen
● Tempel/Moscheen

1 Yūpasarovara, 2 Vṛṣabhadhvaja, 3 Kapiladhārā, 4 Jauvināyaka, 5 Ādikeśava, 6 Ganj-i-Shahīd-Moschee, 7 Bakariākuṇḍa, 8 Lāṭhbhairava, 9 Kālamocanakuṇḍa, 10 Oṃkāreśvara, 11 Piśācamocana, 12 Bareganeśa, 13 Kālabhairava, 14 Ālamgīr(Aurangzeb)-Moschee, 15 Viśveśvara (Viśvanātha), 16 Viśālākṣī, 17 Baṭukabhairava, 18 Lolārkakuṇḍa, 19 Durgākuṇḍa, 20 Durgā-Tempel, 21 Tulsīdās-Tempel, 22 Śaṅkaṭāmocana

Leichenfeuern empor. Immer wieder hört man in der Stadt den Ruf »Rāma nāma satya hai!« (»Der Name Rāmas ist die Wahrheit!«), der Leichenprozessionen vorauseilt. Ungezählte Votiv-Liṅgas und Satī-Steine erinnern an die Seelen von Verstorbenen oder Witwenverbrennungen.

Stätte der Befreiung

Schon das Hören heiliger Texte über Benares gilt als religiöses Verdienst. »Wer Kāśī und seine Heiligtümer aufsucht, der wird ohne Zweifel einen Platz an Śivas Seite erlangen«, so oder ähnlich heißt es hundertfach in alten Lobpreisungstexten über die Stadt. Auch kleinere, nur regional bekannte Stätten besitzen solche Māhātmyas und Sthalapurāṇas – Schriften, die sich in Sprache und Stil kaum unterscheiden. Wenige hundert Kilometer von einem solchen heiligen Ort entfernt kennt man vielleicht noch den Ort, nicht aber den Text und im noch weiteren Umkreis beides nicht. Nur wenigen Tempelstätten gelingt es, Teil der überregionalen Hochtradition zu werden, obwohl nicht wenige dies für sich beanspruchen. Eulogien von Benares hingegen gibt es in ganz Indien – zumindest in den Häusern vieler Brahmanen, den Angehörigen des Priester- und Gelehrtenstandes.

In diesen Texten erscheint Kāśī wahrlich in hellem Licht, als ein Feld kosmischer Kräfte, als sakrales, das ganze Universum einschließendes Maṇḍala, als Ort der vollkommenen Reinheit, Befreiung und Erlösung. »Ich kann nicht angemessen und vollständig die Größe von Kāśī beschreiben, auch nicht in hundert Jahren«, sagt ein Barde im »Śivapurāṇa«, bevor er anhebt zu einer langen Huldigung der Stadt. Kāśī ist auf purem Gold gebaut, heißt es da. Oder die Stadt schwebt im Äther, gestützt von Śivas Dreizack, dessen Verlängerung der Viśvanātha bildet.

Kāśī liegt jenseits der Drei Welten, jenseits auch der Neun Regionen (*khaṇḍa*) der Welt. Außerhalb der heiligen Zonen von Kāśī ist alles unrein, selbst am anderen Ufer des Ganges. Wer dort stirbt, muß befürchten, als Esel wiedergeboren zu werden. In Kāśī indessen erlangt man alle Vier Lebensziele: Reichtum (*artha*), sinnliches Vergnügen (*kāma*), Recht und Sitte (*dharma*) sowie Erlösung (*mokṣa*). Im Schlaf beherrscht man den Yoga, die Anschirrung der Sinne. Spielend lernt man den Veda, das heilige, in vier Sammlungen (*saṃhitā*) offenbarte Wissen.

*Diese von mir› nie verlassene‹ (*avimukta*) Region ist der heiligste aller heiligen Orte, der beste aller Plätze und das höchste Wissen. Alle anderen heiligen Wallfahrtsorte, ob im Himmel, auf der Erde oder an Verbrennungsplätzen, können hier gefunden werden. Meine Stadt ruht nicht auf der Erde, sondern hängt im Zwischenraum zwischen Himmel und Erde. Nur die befreiten Seelen können das erkennen, nicht die unbefreiten. Alles Verdienstvolle wie Freigebigkeit, das Aufsagen von Götternamen, Opfergaben, Askese, Meditation und Wissen wird an diesem Ort unbesiegbar. Nur ignorante Dummköpfe kommen nicht hierher, und so bleiben sie immer wieder neu im weltlichen Leben, inmitten von Exkrementen, Urin und Samen.*

(»Kūrmapurāṇa«, Kapitel 1.29)

Kāśī befreit jeden von seinen Übeltaten, selbst wenn er einen Brahmanen getötet oder die Frau des Lehrers verführt hat. Wer hier stirbt, gelangt direkt in den Himmel, erspart sich die Wiedergeburt. Yama, dem Todesgott, ist der Zutritt nach Kāśī verwehrt. Śiva selbst ist der Große Fährmann, der die Verstorbenen auf ihrer langen Reise begleitet und ihnen hilft, den Todesfluß zu überqueren.

Menschen aus allen Kasten, aus allen Lebensstadien, ob Kinder, Jugendliche oder Alte, wenn sie in dieser Stadt sterben, werden sie ohne Zweifel befreit. Auch Frauen, ob rein oder unrein, ob Jungfrau oder verheiratet, ob Witwe oder Schwangere, ob menstruierend oder im Kindbett, wenn sie an diesem heiligen Ort sterben, erlangen sie Befreiung; das steht außer Frage. Auch die Götter möchten hier sterben, wie dann andere nicht? Diese heilige Stätte gewährt immerzu weltliche Vergnügen und Erlösung. Es ist der Lieblingsort von Śiva. Brahmā preist ihn, auch die Weisen und Heiligen, Menschen aus allen Drei Welten und Viṣṇu.

(»Śivapurāṇa«, Koṭirudrasaṃhitā, Kapitel 22 und 23)

Kāśī hat viele Formen. Mal weist die Stadt die Form eines Maṇḍala-Kreises oder eines yogischen oder kosmischen Körpers auf. Mal schützen Götter die quadratisch gedachte Stadt an den Himmelsrichtungen. Doch dehnt sich Kāśī auch aus: Sieben konzentrische Ringe legen sich um das Zentrum und umschließen den heiligen Raum. Nach anderen Vorstellungen hat die Stadt eine kreisförmige Gestalt mit einem Durchmesser von 84, 52, 32 oder 25 Krośa – je nach Weltzeitalter. Kāśī wird die Weltzerstörung unbeschadet überstehen, und am Ende der zyklischen Weltvernichtung wird Kāśī als Nimbus am Himmel erscheinen. Denn in Kāśī steht die Zeit still, dort herrscht immer das Goldene Zeitalter. Kāśī ist auch, wiederum je nach Weltzeitalter, gestaltet wie Dreizack, Diskusscheibe, himmlischer Wagen oder Muschel. Kāśī verändert sich und bleibt doch gleich. – Die wahre Kāśī aber, sagt der Eingeweihte, ist jenseits von Zeit und Raum, sie ist im Herzen.

Historische Entwicklung

Die Frühgeschichte

Als man 1940 den alten Bahnhof von Benares erweitern wollte, benötigte man Erde für die Gleisanlagen. Die Ingenieure wählten ein Gebiet nördlich des Bahnhofs aus: das Rājghāṭ-Plateau, ohne zu ahnen, daß sie mit den ersten Spatenstichen auf die frühesten, sicher datierbaren Funde der Stadtgeschichte stoßen würden. Kaum entdeckt, nahm der Archaeological Survey of India unter der Leitung von Krishna Deva das Gelände unter seine Aufsicht. Mehrere Grabungsphasen ließen ein historisches Bild von Benares erstehen, das die zahlreichen Erwähnungen der Stadt in Texten teils ergänzt, teils ihnen jedoch auch widerspricht.

Die aufsehenerregendste Entdeckung war, daß diese Gegend einst den alten Stadtkern ausmachte. Das vermutete zwar bereits im 19. Jh. der Missionar und Benares-Kenner M. A. Sherring, doch jetzt konnte man es beweisen.

Aber können die Archäologen auch die oft gestellte Frage nach den ersten Siedlungen von Benares beantworten?

Gelehrte hatten die Stadt für älter als Babylon oder Athen gehalten, und Mark Twain sinnierte gar in dichterischer Übertreibung: »Benares is older than history, older than tradition, older even than legend, and looks twice as old as all of them put together.« So kam es, daß Benares lange Zeit als »älteste Stadt der Welt« galt, wie etwa Otto de Fries 1921 in seinem Buch »Indien, das Wunderland« schrieb.

Die Archäologen beabsichtigten natürlich nicht, diesen in Indien noch immer verbreiteten Glauben zu bestätigen. Die frühesten Funde (Eisen- und Knochenwerkzeuge, einige Terrakotten und vor allem Bruchstücke unbemalter schwarzer und roter Töpferware) datierten sie auf das achte vorchristliche Jahrhundert. Interessant sind diese eigentlich keineswegs spektakulären Grabungsstücke, weil man auf dem Rājghāṭ-Plateau zunächst noch keine grau bemalte Keramik fand. Grau bemalte Keramik benutzten allein jene indo-arischen Stämme, die seit der Mitte des zweiten vorchristli-

◀ Aurangzeb-Moschee, Lithographie nach einer Zeichnung von James Prinsep, 1830 chen Jahrtausends immer weiter in der Gangesebene nach Osten vordrangen.

Ist damit bestätigt, was sich auch aus einigen frühvedischen Texten herauslesen läßt, daß Benares erst relativ spät von dieser Kultur und Religion erfaßt wurde?

Die Grabungen jedenfalls zeigen lediglich eine Siedlung mit Lehmbauten und Senfgrasdächern, mit Naturalienwirtschaft und einigen Handwerken, offenbar bewohnt von einheimischen Stämmen. Bestimmte Kulte wie etwa die Verehrung von Schlangen, Bäumen (Abb. S. 84/85) oder Feldsteinen, aber auch Tieropfer an Muttergottheiten oder an Bhairava vermitteln noch heute eine ungefähre Vorstellung von diesen Zeiten. Reste zweirädriger Streitwagen oder von Wagenburgen, Spuren von Brandrodungen oder kriegerischen Beutezügen, Produkte der Rinderhaltung – all diese Merkmale der indo-arischen Kultur treten in der ältesten Schicht des Rājghāṭ-Plateaus nicht zutage.

Das Stammeskönigtum von Kāśī

Jüngere Grabungsschichten und deren Fundstücke belegen für das 6.-3. Jh. v. Chr. feste Häuserstrukturen, Eisenwaren, Terrakotten, rote und graue Keramik sowie Gegenstände, die auf ausgeprägten Handel und Viehwirtschaft hinweisen. Auch die Texte dieser Zeit, insbesondere buddhistische Erzählungen (*jātaka*) und jainistische Schriften, lassen erkennen, daß sich Benares zu einer (Handels-) Stadt entwickelt hat. Befestigungsanlagen, Wassergräben, Erdwälle und genormte, gebrannte Ziegel bezeugen dies. Kāśī wurde zu einem von 16 überlieferten Janapadas, den ersten territorial definierten Stammesgebieten und -königtümern.

Siddhārtha Gautama, später Buddha (der ›Erwachte‹) genannt, gehörte einem solchen Stamm an, den Śākyas, deren Reich sich vermutlich vom heutigen Nepal bis nach Benares erstreckte. Im Osten und Westen erhoben sich die Janapadas von Koshala und Magadha zu den dominierenden Mächten, während Kāśīs Bedeutung nachließ. Überliefert und wohl auch historische Wahrheit ist, daß der Buddha in Sarnath bei Benares seine erste Predigt hielt

Darstellung von Rāma und Sītā mit Hanumān (links) und den Brüdern Lakṣmaṇa, Bhārata und Śatrughna (in einer Nische im Bereich des Trilocaneśvara-Tempels)

und das Rad der Lehre von den Vier Edlen Wahrheiten in Bewegung setzte. Der Zeitpunkt dieses Ereignisses indessen ist nach neueren Erkenntnissen wieder fraglich. Wahrscheinlich lebte er ein Jahrhundert später als lange Zeit von der Wissenschaft angenommen: um 450-370 v. Chr.

Nach dem Indienfeldzug Alexanders des Großen (327-325 v. Chr.) und dem ersten indischen Großreich der Maurya-Dynastie, zu der auch Kaiser Aśoka (reg. um 268-239 v. Chr.) zählt, setzte eine Periode ein, in der zahlreiche kleine Königreiche entstanden, die nur lose miteinander verbunden waren. Ob Kāśī während dieser Zeit seine Unabhängigkeit bewahrte, läßt sich nicht feststellen. Es ist eher unwahrscheinlich, denn stets aufs neue eroberten fremde Herrscher (Indo-Griechen, Indo-Skythen oder Kushanas) die mittlere Gangesebene.

In dieser Periode der nordindischen Geschichte wurden wichtige Fundamente gelegt, die noch heute das religiöse und kulturelle Leben bestimmen. Maßgeblich daran beteiligt waren die Brahmanen. Nahezu jeder lokale Herrscher förderte sie als religiöse und rechtliche Berater, schenkte ihnen Land und Rinder. Die Brahmanen hielten untereinander als Gruppe zusammen, was sich jedoch politisch kaum als Machteinheit manifestierte. So blieben die regionalen Herrschaftsstrukturen unangetastet, auch wenn die Oberherrschaft kurzfristig wechseln konnte.

Die Brahmanen zeigten sich als außerordentlich offen und bereit, neue und fremde Kulte in ihre eigene Tradition aufzunehmen. Fremde Götter beispielsweise wurden mit den eigenen identifiziert oder ihnen zugeordnet: Ein einziger Gott kann verschiedene Erscheinungsformen haben. Viṣṇu etwa gilt als identisch mit dem Hirtengott Kṛṣṇa (Krishna) und dem Heldengott Rāma, die beide vermutlich auf historische Gestalten zurückgehen, und sogar mit Buddha. Die brahmanische Vorliebe für derartige Gleichsetzungen erfaßte auch die Gesellschaft. Das Kastensystem war zunächst nichts anderes als der Versuch, die heterogene Bevölkerung nach Kriterien von Beruf und Herkunft zu gliedern. Erst allmählich kamen restriktive Bestimmungen hinzu, die Heiraten zwischen den Kasten weitgehend ausschließen.

Die Blütezeit

Ab dem 4. bis zum Beginn des 6. Jh. n. Chr. bestimmte die Gupta-Dynastie das Leben in Nordindien. Eine Periode, die als Zeit der Blüte von Kunst und Wissenschaft gilt – auch in Benares, hier jedoch weniger durch Gupta-Inschriften belegt, als vielmehr durch Literatur und die Ausgrabungen auf dem Rājghāṭ-Plateau. Luxusartikel und Schmuckstücke oder Goldmünzen verschiedener Gupta-Herrscher fanden sich dort, und die baulichen Relikte legen nahe, daß Benares damals eine reiche Handelsstadt gewesen sein muß.

Viele Statuen von Śiva und Viṣṇu weisen darauf hin, daß theistische Strömungen längst die alten brahmanischen Rituale abgelöst hatten. Fortan standen diese Götter wie auch der populäre Kṛṣṇa und die Große Göttin Devī im Vordergrund. Verehrungen in Tempeln und das Pilgerwesen, bestimmte Gelübde (*vrata*) und religiöse Gaben an Brahmanen (*dāna*), Witwenverbrennung (*satī*), Verbot der Wiederheirat und die soziale Unterordnung der Frau – all das entwickelte sich erst in dieser Zeit zu Bestandteilen des Hinduismus, wenngleich es sich im Ansatz schon früher erkennen läßt.

Nach dem Niedergang der Gupta-Dynastie vermochten nur mehr wenige Herrscher in Benares prägende Spuren zu hinterlassen. Dazu gehört etwa König Harṣa (reg. 606-646/647), dessen Machtzentrum oberhalb des Ganges in Kanauj lag. Aus seiner Zeit stammt ein detaillierter Bericht des chinesischen Pilgers Xuanzang (Hsüan-tsang), der in Benares Hunderte von Tempeln und buddhistischen Klöstern gesehen haben will.

Für die folgenden nahezu vier Jahrhunderte besitzen wir kaum politisch-historische Zeugnisse. Vermutlich fiel Benares in dieser Zeit unter die Herrschaft der bengalischen Pāla-Dynastie. Auf dem Rājghāṭ-Plateau fanden sich zudem acht Siegel aus der Zeit zwischen der Gupta-Herrschaft und dem 11. Jh., auf denen der Name ›Avimukta‹ erscheint, wie man die Stadt nannte, weil Śiva sie ›nie verlassen‹ will.

Der Wandel im religiösen Leben jener Zeit läßt sich hingegen ausführlich belegen, nicht zuletzt mit der reichen Sanskrit-Literatur: Religiöse Volksbewegungen kamen auf, welche die höfisch-brahmanische Kultur der Oberschicht ergänzten oder gar verdrängten. Besonders die Stifter von Sekten, die sich gegen die ebenso teuren wie auch komplizierten brahmanischen Rituale wandten und einen direkten Zugang zu den Göttern predigten, wurden zunehmend populärer.

Vermutlich noch bis ins späte 12. Jh. befand sich das Zentrum der Stadt auf dem Rājghāṭ-Plateau. Südlich davon lagen nur wenige Siedlungsflecken, hauptsächlich aber Seen und Wälder, die erst nach und nach trockengelegt bzw. abgeholzt wurden. Das Matsyodarītīrtha, heute ein unbedeutender Teich, war einst ein großer See, der zumindest während des Monsun mit dem Varaṇā-Nebenfluß verbunden war und somit die Stadt zeitweilig in eine Insel verwandelte. Noch im 16. Jh. sprach der Gelehrte Nārāyaṇa Bhaṭṭa von einer wasserumspülten, fischförmigen Gestalt der Stadt.

Politisch trat Benares während des indischen Mittelalters kaum hervor. Aber mit der Gāhaḍavāla-Dynastie (11./12. Jh.) erhielt es noch einmal eine gewisse Macht, wurde zu deren Hauptstadt, und

König Govindacandra (reg. 1057-97) residierte vermutlich sogar auf dem Rājghāṭ-Plateau. Eine Fülle von Inschriften belegt die Tempelstiftungen dieses gläubigen Herrschers. Einer seiner Minister, Lakṣmīdhara, verfaßte ein über Jahrhunderte einflußreiches Kompendium zu Recht und Sitte: den »Wunschbaum der Pflichten« (»Kṛtyakalpataru«). Freilich verstrickten sich die Gāhaḍavālas in aufreibende Rivalitäten mit Nachbarkönigen, aus denen am Ende andere als Sieger hervorgingen.

Die Muslimherrschaft

Die politische und militärische Schwäche der Fürstentümer in Nordindien ermöglichte einzelnen islamischen Eroberern schon im 11. Jh. bis nach Benares vorzudringen. Bereits 1033 soll Ahmed Nialtgin, ein Gouverneur des Ghazni-Imperiums, die Stadt geplündert haben. Als verheerender aber erwies sich ein Angriff von Qutb-ud-dīn Aibak, der 1206 das Sultanat von Delhi gründete. Aibak – zunächst Sklave, dann Heerführer des Muhammad von Ghor (reg. 1193-1206) – schlug, nachdem er sich von seinem Herrn losgesagt hatte, in Delhi sein eigenes Hauptquartier auf. Von dort aus gerieten nach und nach die gesamte Gangesebene, das Mittelland und auch Teile des Südens unter die Herrschaft der verschiedenen islamischen Dynastien. Zeitzeugen und Chroniken zufolge ließ Aibak 1194 – noch als Statthalter des Muhammad von Ghor – in Benares mehr als tausend Tempel zerstören und nur noch die Scharia, die heiligen Gesetze des Islam, gelten.

Spätestens seit dieser Zeit war das Rājghāṭ-Plateau nicht mehr das hinduistische Stadtzentrum. Jüngere Funde, die bis zu einer Münze der britischen Ostindiengesellschaft reichen, sagen über die Geschichte von Benares kaum noch etwas aus. Historisches Zeugnis legen nun islamische Chroniken und Inschriften ab, aus denen hervorgeht, daß in den nahezu sechs Jahrhunderten der Muslimherrschaft Benares fast jedes Jahrhundert einer heftigen Zerstörung ausgesetzt war. 1296 kam Alā-ud-dīn Umār aus der Khilji-Dynastie, 1353 Sultan Firūz Shāh Tugluq, der 1359 ein bis 1479 unabhängiges Sultanat in Jaunpur (etwa 60 km nordwestlich von Bena-

Rückseite der Gyanvapi-Moschee: Relikte eines früheren Hindu-Tempels dienen als Bauelement der Moschee

res) begründete. Nach 1479 geriet Benares, abgesehen von einer kurzen Zwischenperiode (1538-45), in welcher sich der afghanische Herrscher Sher Shāh Sūri mit Rajputen zusammentat, wieder unter die Oberherrschaft des Sultanats von Delhi und erfuhr immer wieder Zerstörungen, so etwa im 16. Jh. durch Sikandar Lōdi.

1587 setzte der Sultan von Delhi den Rajputen Man Singh von Amber (Rajasthan) als Gouverneur ein, und die Stadt konnte sich etwas erholen. Im 17. Jh. ließ der Großmogul Shāh Jahān (reg. 1628-57), der Erbauer des Taj Mahal in Agra und des Roten Forts in Delhi, 76 Tempel zerstören. Ihm folgt Aurangzeb (reg. 1658-1707), Kaiser und Großmogul des größten islamischen Territoriums in Indien, der 1669 in Benares große Tempel wie die von Viśvanātha, Kṛttivāsa oder Bindhumādhava vernichtete. Er ließ die

Stadt sogar in Muhammabād umbenennen, wenn auch ohne bleibenden Erfolg. Immerhin schaffte er eine von seinen Vorgängern erhobene Steuer auf das Baden im Ganges wieder ab. 1734 fiel die Oberherrschaft über Benares an den Nawāb von Oudh (auch ›Awadh‹ geschrieben); ein Verwandter des Nawāb, Mīr Rustam Ālī, wurde 1817 als Nazīm (›Verwalter‹) eingesetzt.

Die islamische Zerstörungswut und Bilderstürmerei ging soweit, daß das religiöse und kulturelle Leben der Hindus kaum mehr öffentlich stattfinden konnte. Priester und Gelehrte wirkten im stillen, in den Häusern und Hinterhöfen. Sie arbeiteten ungebrochen weiter, lehnten sich insgeheim gegen die Eindringlinge auf. Gerade diese Zeit brachte einige der für die Geschichte von Benares bedeutendsten Texte hervor, das »Kāśīkhaṇḍa« etwa oder den »Tristhalīsetu« aus der Feder des schon erwähnten Gelehrten Nārāyaṇa Bhaṭṭa.

Doch nicht alle islamischen Herrscher wüteten, zerstörten und vernichteten. Einige tolerierten die hinduistische Kultur, förderten sie mitunter oder trugen gar – unfreiwillig – zu ihrer Stärkung bei. Liberale Herrscher wie der Großmogul Akbar, der im Januar 1566 selbst nach Benares kam, standen dem Hinduismus offen gegenüber, ließen – teilweise gemeinsam mit verbündeten Rajputen aus Rajasthan – sogar hinduistische Tempel und Uferanlagen bauen.

Islam und Hinduismus vermögen sich gegenseitig zu befruchten, dafür steht in Benares vor allem der Dichter und Mystiker Kabīr (15. Jh.), einer der bekanntesten Söhne der Stadt. Er stammt aus einer muslimischen Weberfamilie und soll bei dem Hindu-Heiligen Rāmānanda studiert haben. Kabīr legte sich mit den Mullahs und ebenso mit den Brahmanen an, schimpfte auf den Koran wie auf die heiligen Schriften der Hindus und auf die Heiligkeit Benares'. Dennoch begeistern seine mystischen Texte Anhänger beider Religionen so sehr, daß sie sich bei seinem Tod um die Form der Bestattung – Verbrennung oder Begräbnis – gestritten haben sollen.

Die sichtbarsten Spuren hinterließ der Islam in den Handwerken und Künsten. Die Weberei, die Ornamentik bei Metallwaren und Teppichen, der Baustil und die Holzschnitzerei erhielten durch ihn ebenso neue Impulse wie Miniaturmalerei, Musik und Tanz. Und noch heute ist die Sprache der Justiz in Indien geprägt von arabischen oder persischen Begriffen.

Kāśīrāj und die Kolonialzeit

Das riesige Reich der Muslime sollte indessen nicht von Dauer sein. Nach der Herrschaft des Aurangzeb zerfiel es zunehmend, denn der Kaiser verlor die Kontrolle über die Hofbeamten und Provinzverwaltungen. So gelangten im 18. Jh. überall wieder hinduistische Kräfte an die Macht – hinduistische Häuser, die zuvor den Moguln unterstanden oder mit ihnen verbündet waren: im Westen die Rajputen und Sikhs, in Zentralindien die in ihren Ansätzen schon von Shivaji (1627-80) begründete Marathen-Konföderation. Im Nordosten setzten sich die Briten fest; nur im Süden und Norden hielten die Herrscher (*nizām*) von Hyderabad bzw. die Generalgouverneure (*nawāb*) von Oudh noch weiterhin größere Gebiete unter ihrer Kontrolle.

Auf Benares wirkten neben dem mächtigen Rajputen Jai Singh II. (reg. 1699-1743) von Amber (ab 1727 Jaipur) in Rajasthan und später den Nawābs von Oudh besonders die Peshwās der Marathen ein: einflußreiche Premierminister, die ihr Amt erblich übertrugen und einer Konföderation von regionalen Königtümern vorstanden. Von diesen forderten sie einen anfangs noch an die Moguln abzugebenden Tribut, ohne aber deren Autonomie wesentlich einzuschränken. So bewahrten etwa die Gaekwad-Familie in Baroda, die Holkars in Indore (allen voran Königin Āhalyā Bāi, reg. 1765-95), die Sindhias in Gwalior oder die Bhonsles in Nagpur unter den Marathen-Peshwās ihre Macht.

Auch in Benares regierte nach über 500 Jahren wieder ein Hindu-König, denn 1725 wurde erneut das Kāśīrāj, ein Königtum von Benares, eingerichtet. Seit Akbar unterstand Benares dem Sultanat von Delhi und war einer der vier Distrikte, in die sich die Provinz Oudh mit der Hauptstadt Allahabad gliederte. 1722 jedoch wurde Sa'ādat Ālī I. Generalgouverneur der Provinz. Er beauftragte 1725 Mansa Ram, der einer schon seit Generationen in Benares einflußreichen Familie brahmanischer Großgrundbesitzer (Bhumiyar) angehörte, mit der Verwaltung und Steuereintreibung. 1740 wurde dessen Sohn Balwant Singh von Muhammad Shāh sogar zum Rāja von Benares, Jaunpur und Chunar ausgerufen – gegen einen jährlichen Tribut von 1,3 Millionen Rupien, zu zahlen an den Nawāb von Oudh. Jahrzehntelang versuchte Balwant Singh seinen Einfluß im Kampf gegen die Nawābs und den Marathen, die nach Benares strebten, auszuweiten.

Die Briten, genauer gesagt die britische Ostindiengesellschaft (East India Company), ließen zunächst die Provinz Oudh unangetastet. Im Vertrag von Allahabad (1765) einigten sie sich mit dem Nawāb, daß sie nur in Bihar, Bengalen und Teilen von Orissa die feudalen Landrechte und damit faktisch die Macht übernehmen würden. Für sie sollte Oudh als Pufferstaat gegen die aufstrebenden Marathen im Südwesten fungieren; zwei Jahre später vereinbarten sie mit Shujā-ud-daulat, daß der Nawāb Benares nicht wieder vereinnahmen würde.

1770 kam es zu einem Nachfolgestreit zwischen dem noch jungen Mahip Narain Singh, einem Sohn von Balwant Singhs Tochter, und dessen eigenem, aber illegitimen Sohn Chet Singh. Durch Bestechung und Unterstützung von Warren Hastings, damals noch Gouverneur von Bengalen, gewann Chet Singh. Er wurde am zehnten Oktober inthronisiert, aber seine jährlichen Zahlungsverpflichtungen verdoppelte man nahezu. Im April 1776 zwangen die Briten die Nawābs von Oudh, alle Rechte an den Distrikt von Benares abzutreten. Chet Singh er-

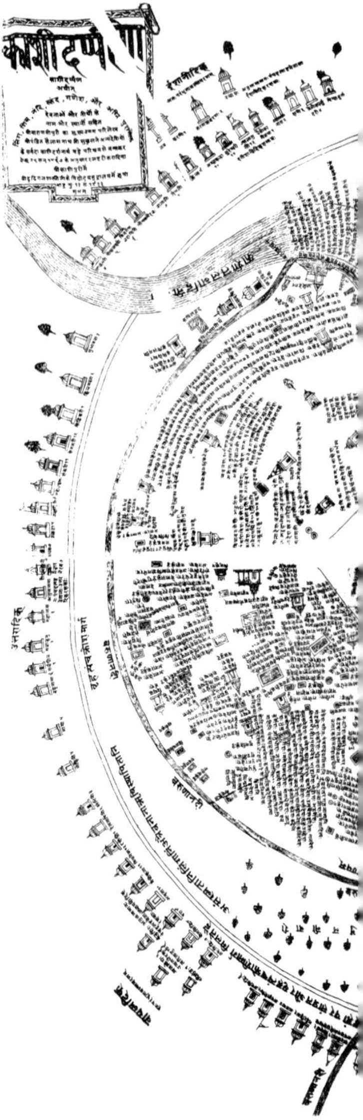

Pilgerkarte aus dem Jahr 1875, mit vier Modeln auf Stoff gedruckt für Kailash Nāth Sukul: Der Ganges erscheint oben, Varaṇā links, Assī rechts. Der Kreis gibt die ideelle Ausdehnung des Kāśīkṣetra (›heiliges Feld von Kāśī‹) an

hielt nun auch das Münzrecht und die Zollhoheit sowie eine eigene Gerichtsbarkeit und Polizei, mußte jedoch einen britischen Residenten hinnehmen, und die jährlichen Zahlungsverpflichtungen, die fortan an die Briten zu entrichten waren, wurden erneut erhöht.

Die politische Unabhängigkeit von Benares währte nicht lange. Seit Jahren schon befand sich die Company in Schwierigkeiten. Eine große Hungersnot, Kriege gegen Haidar Ālī in Mysore und die Marathen kosteten viel Geld. In dieser Lage verlangte Warren Hastings, inzwischen zum ersten britischen Generalgouverneur ernannt, von Chet Singh immer wieder höhere Zahlungen und die Bereitstellung von Truppenkontingenten. Dies lehnte Chet unter Berufung auf die Verträge ab. Am 7. Juli 1781 bestieg Hastings in Kalkutta ein Schiff und fuhr den Ganges hinauf nach Benares, um den Konflikt zu lösen. Beide Seiten verstrickten sich im Protokoll, wollten jeweils als der legitime Machthaber respektiert werden. In der Sache gab Chet nicht nach, so daß Hastings am 16. August beschloß, ihn in seinem Stadtpalast am nach ihm benannten Cet Siṃha Ghāṭ festnehmen zu lassen. Chet gelang es jedoch, bei Nacht und unter dem Schutz der aufgebrachten Massen aus dem Fenster in ein Boot zu fliehen. Hastings verfügte zunächst nicht über genügend Sepoy-Soldaten und mußte sich sogar aus Benares in das nahe Chunar zurückziehen. In aller Eile sammelten der Mahārāja und der Generalgouverneur ihre Truppen zusammen. Es kam zu einem kurzen Gefecht, bei dem Chet Singh unterlag, gefangengenommen und nach Gwalior abgeschoben wurde. Hastings setzte Mahip Narain Singh als Mahārāja von Benares ein, verlieh ihm aber kaum Befugnisse. Benares erhielt einen Magistrat und unterstand seit 1794 direkt der Company. Hastings wurde nach seiner Rückkehr wegen seines Vertragsbruchs auf Betreiben des liberalen Politikers Edmund Burke in London der Prozeß gemacht, den er aber weitgehend unbeschadet überstand.

Die Briten, meist Kaufleute, Verwaltungsbeamte und Soldaten, lebten in Benares auf großem Fuß. Sie schufen sich ihr eigenes Stadtviertel mit Residenzen, Bungalows und Villen, das Cantonment. Im späten 18. Jh. verdienten die 77 im Distrikt von ihnen beschäftigten Inder zusammen 102 Pfund, während ein Richter allein 202 Pfund erhielt.

Kein Wunder, daß die Briten nicht sehr beliebt waren. 1799 drohte ihnen sogar ein Massaker: Wazīr Ālī, ein Neffe von Sa'ādat

Ālī I. und für knapp ein Jahr selbst Nawāb von Oudh, beschloß aus Rache für seine vom Generalgouverneur Sir John Shore veranlaßte Verbannung nach Benares, alle dort lebenden Briten umzubringen. Tatsächlich tötete er den Residenten in Benares, George Frederick Cherry, und drei andere Briten; herbeigerufene Soldaten verhinderten dann ein größeres Massaker. Der neue Generalgouverneur, Lord Richard Wellesley, setzte eine hohe Summe (20 000 Rupien) für die Ergreifung Ālīs aus, der jedoch zunächst nach Nepal fliehen konnte, bis er im Dezember desselben Jahres in Jayanagar festgenommen und der britischen Ostindiengesellschaft übergeben wurde.

Die Mahārājas von Benares hingegen genossen in der Stadt hohes Ansehen. Viele von ihnen waren sehr kultiviert, widmeten sich kulturellen und sozialen Aufgaben, veranstalteten jedes Jahr das beliebte Rāmlīlā-Fest. Besonders Ishwari Prasad Narain Singh (reg. 1835-89) förderte die Künste und einheimischen Wissenschaften. Sein Nachfolger, Prabhu Prasad Narain Singh, erhielt 1912 von der Zentralregierung sogar die Herrschaft über den Magistrat zurück, die das Königshaus allerdings zwei Jahre nach der Unabhängigkeit wieder verliert, als die feudalen Rechte der Mahārājas von der Zentralregierung aufgehoben wurden. Der heutige Mahārāja, Vibhuti Prasad Narain Singh, hat 1931 den Thron bestiegen. Er wirkt als großer Mäzen, sitzt dem Komitee der Rāmlīlā-Feierlichkeiten vor, organisiert regelmäßig Konzerte, vergibt Stipendien für begabte Studenten und hat den All India Kāśīrāj Trust gegründet, eine Institution zur Erforschung und Edition der Purāṇa-Texte.

Unter den Briten entwickelte sich Benares zu einem bedeutenden Zentrum von Religion und Handel. Die Hindus suchten in der nachislamischen Zeit ein überregionales Zentrum, doch verhinderten die Rivalitäten der Königtümer die Entstehung eines hinduistischen Großreichs mit einer neuen Hauptstadt. In der heiligen Stadt fand die bewußte und teilweise antibritische Hinwendung zu den alten Werten des Hinduismus ein treffliches Symbol. Viele Könige und Fürsten errichteten in Benares ihre Paläste und Residenzen – als repräsentativen Staatspalast oder als Alterssitz. Im 18. Jh. etwa kam der Marathen-Peshwā Bājī Rāo I. – Spuren seines Einflusses erkennt man an den wichtigen Maṇikarṇikā- und Daśāśvamedhaghāṭ –, später folgte ihm Amrita Rāo, der 1807 einen monumenta-

Daten zur Geschichte von Benares

Erwähnt werden nur Dynastien, die über Benares geherrscht haben, und Regierungszeiten von im Text genannten Herrschern.

9.- 6. Jh. v. Chr.	Dörfliches Zentrum einer Stammeskultur
6.- 3. Jh. v. Chr.	Stammeskönigtum Kāśī
um 450-370 v. Chr.	Siddhārtha Gautama (Buddha)
um 322-185 v. Chr.	Maurya-Dynastie (um 268-239 Aśoka)
um 200 v. Chr. -200 n. Chr.	Indo-Griechen und andere Fremdherrscher
320 - um 500 n. Chr.	Gupta-Dynastie (376-415 Candragupta II.)
606-647 n. Chr.	Harṣa, König von Kanauj (629-645 Xuanzang in Indien)
770-1125	Pāla-Dynastie von Bengalen
1036-1197	Gāhaḍavāla-Dynastie von Kanauj (1057-97 Govindacandra)
1194	Qutb-ud-dīn Aibak stürmt Benares
1206-1290	›Sklavendynastie‹ von Delhi
1290-1320	Khilji-Sultane von Delhi (1296-1316 Alā-ud-dīn Umār)
1320-1413	Tugluq-Dynastie von Delhi (1351-88 Firūz Shāh)
1413-1451	Sayyiden-Dynastie von Delhi
1451-1526	Lōdi-Dynastie von Delhi (1489-1517 Sikandar Lōdi)
1526-1857	Mogul-Dynastie (1556-1605 Akbar; 1628-58 Shāh Jahān; 1658-1707 Aurangzeb, 1719-49 Muhammad Shāh)
1600	Gründung der britischen Ostindiengesellschaft
1713-1818	Herrschaft der Marathen-Peshwās (1720-40 Bājī Rāo I.; 1774-96 Mādhava Rāo II.; 1796-1818 Bājī Rāo II.)
1722-1847/56	Nawābs von Oudh (1724-39 Sa'ādat Ālī

	I.; 1754-75 Shujā-ud-daulat, 1797-98 Wazīr Ālī)
seit 1725	Kāśīrāj: Singh-Dynastie als Könige von Benares (1740-70 Balwant Singh; 1770-81 Chet Singh; 1781-95 Mahip Narain Singh; 1795-1835 Udit Narain Singh; 1835-89 Ishwari Prasad Narain Singh; 1889-1931 Prabhu Narain Singh; seit 1931 Vibhuti Prasad Narain Singh)
1772-1858	Britische Generalgouverneure (1772-85 Warren Hastings; 1793-98 Sir John Shore; 1798-1805 Lord Richard Wellesley)
1858-1947	Übernahme der indischen Regierung durch die britische Krone
15.8.1947	Unabhängigkeit Indiens

Cet Siṃha Ghāṭ mit dem Palast des Mahārāja Chet Singh von Benares (reg. 1770-81)

len Palast mit einem Refektorium für Brahmanen am Rājaghāṭ in Auftrag gab. Zur gleichen Zeit erschien auch Āhalyā Bāi Holkar, Mahārāṇī von Indore (Madhya Pradesh), die sich nicht nur eine prunkvolle Palastanlage mit Tempeln, mehreren Wohn- und Dienstgebäuden sowie eigenen Wegen baute, sondern auch den Viśvanātha-Tempel vergolden und das Maṇikarṇikāghāṭ befestigen ließ. Zahlreiche kleinere Könige und Fürsten, die von den Briten abgesetzt wurden, folgten ihrem Beispiel.

So haben die Briten Benares mehr ungewollt als gewollt gefördert: von den Spatenstichen auf dem Rājghāṭ-Plateau und der Entdeckung der historischen Wurzeln der Stadt bis zu dem Bauboom des 18. und 19. Jh, der das heutige Stadtbild so grundlegend prägt.

Der Ganges und die Ghāṭs

Am Flußufer

Frühmorgens am Daśāśvamedhaghāṭ. Alles drängt sich auf der Straße zum Ganges. Rikschas klingeln, Taxis hupen sich den Weg frei. Noch ist es dunkel, doch schon haben sich entlang der Straße Bettler neben Asketen gehockt. Freigebigkeit ist verdienstvoll, und Betteln keine Schande. Die ersten und letzten der Reihe sind die ›Bankiers‹. Sie wechseln eine Rupie in kleinere Münzen, damit die Pilger möglichst viele Almosen verteilen können, und sie tauschen Bettlern das Kleingeld in Scheine.

Am Flußufer zieht es die einen nach Süden zum Ghāṭ der Göttin Śītalā, die anderen zu jenem Ghāṭ, an dem der Schöpfergott Brahmā zehn (*daśa*) aufwendige Pferdeopfer (*aśvamedha*) darbrachte. Ein Bad an diesem Daśāśvamedhaghāṭ soll das Verdienst ebenso vieler Opfer bringen. Auf der Straße und zwischen beiden Badestellen rufen Verkäufer von Tagetesgirlanden nach Kundschaft, preisen Bootsleute ihre Ruderkünste. Händler von Zinnober und Gelbwurz nehmen die Farben ihrer Ware an, Barbiere wetzen die Rasiermesser, um Gläubigen den Kopf zu scheren, Masseure kneten die Muskeln junger und alter Männer. Unter großen Bambusschirmen sitzen Paṇḍās – Brahmanen, die Pilgern Gelübde und Geld abnehmen, heilige Sprüche aufsagen, rituelle Geschenke (*dāna*) annehmen und nach dem Bad den Gläubigen ein rotes Mal (*ṭīkā*) auf die Stirn drücken, als Zeichen der Teilnahme. Auch wachen sie über die Kleider und Habseligkeiten, während ihre Kunden im Ganges baden.

Der Sonne erste Strahlen tauchen den Ganges in gelbe, rötliche, grünblaue Farben – immer wieder gebrochen vom Dunst, der vom Wasser aufsteigt, vom Rauhreif, der noch auf den Flußtreppen liegt, vom Rauch der Feuer, der aus den Häusern quillt. Im Wasser treiben Blüten und Girlanden, der Göttin Gaṅgā dargebracht, treiben flackernde Öllichter auf tönernen Schälchen oder auf ›Blätter‹-Tellern flußabwärts, bis eine Welle sie verschluckt. Glockenklang aus nahen Tempeln und Schreinen mischt sich mit Stimmen von überall her – und doch liegt über diesem Bild eine beeindruckende große Ruhe.

Beherzt steigen die ersten Pilger in das Wasser. Ein alter Mann mit einem weißen Hüftwickel, über dessen nackter Brust nur die

Morgendliche Badeszene am Gangesufer

Heilige Schnur, das Symbol des Zweimalgeborenen, geistig Wiedergeborenen, hängt, steht im Ganges. Der Sonne zugewandt, ruft er mit aufgeblasenen Wangen immer wieder Śiva an, während um ihn herum Kinder planschen und von immer höheren Stufen ins Wasser springen. Eine Frau, die den Sari auch während ihres Bades trägt, murmelt ein Gebet, am Ufer schaut ihr eine andere zu, deren Sari im Wind trocknet. Mit gefalteten Händen schöpfen die Badenden Wasser für ihre Wunschgötter und für die Vorfahren: Fließt es über die Fingerspitzen zurück, ist es für die Götter, tropft es vom Daumenballen, gilt es den Ahnen. Einige heben die Hände nur ein wenig empor, andere lassen das Wasser in einem langen Strahl abfließen. Manch einer taucht ganz unter. Man ist zusammen, aber in seinen Verrichtungen ist jeder für sich.

Nach dem Bad steigen sie die Stufen zu ihrem Priester hinauf, legen die trockenen Kleider an, leihen sich einen Spiegel, um sich das Haar zu ölen und zu kämmen. Auch lassen sie sich vom Paṇḍā die Ṭīkā geben. Er hält dafür Stempelkissen bereit und drückt ihnen nach Wunsch mit gelber Sandelholzpaste oder Zinnober den

Namen des Gottes Rāma und seiner Frau Sītā auf die Stirn. Mit ein paar Münzen entlohnen sie ihn. Körper und Seele gereinigt, Götter und Manen versorgt, ziehen die Bewohner der Stadt und die Pilger, in der Hand einen Tontopf mit Gangeswasser, zum Viśvanātha-Tempel, begrüßen den ›Gott des Universums‹, verehren und umwandeln ihn. Dann erst nehmen sie ihr erstes Mahl ein.

Während für die Wallfahrer der Besuch Kāśīs ein großes, vielleicht einmaliges Erlebnis ist, kommen viele Banārsīs täglich, vor allem, wenn sie nahe am Fluß wohnen. Sie kürzen die Waschungen ab, nehmen die Dienste der Söhne des Ganges kaum in Anspruch und suchen auch nicht alle Heiligtümer auf. Meist begnügen sie sich mit der Verehrung von drei Liṅgas am Flußufer (Śūlaṭaṅkeśvara, Brahmeśvara und Daśāśvamedheśvara), dem Viśvanātha-Tempel und der Göttin Annapūrṇā, dem Wächter Daṇḍapāṇi, dem Gaṇeśa namens Ḍhuṇḍhirāja und dem Jñānavāpīkuṇḍa (Gyanvapi Kuan), dem ›Brunnen der Weisheit‹.

Auf dem Ganges

Anders die Pilgergruppen. Ein Tuch oder den Sari über dem Kopf, darauf ein Bündel mit Nahrung und Kochgeschirr, halten sie ein wenig unsicher Ausschau nach ihrem Priester, der sie bei den Waschungen anleitet, fragen nach den Göttersitzen am Ufer und in den Gassen. Viele sind auf dem langen Weg einer rituellen Umgehung Kāśīs. Erleichtert nehmen sie mitunter am Daśāśvamedhaghāṭ ein Boot, um weiter entfernte Götter vom Wasser aus zu verehren. Ein langgestrecktes Holzboot neben dem anderen liegt bereit, dazwischen Haus- und Lastenschiffe.

Nach wie vor werden Waren auf dem Wasserweg nach Benares gebracht: Holz aus dem Vindhya-Gebirge für die Leichenverbrennungen oder Sand und Steine für die Uferbefestigungen. Vor etwas mehr als hundert Jahren fuhr sogar eine Art ›Mississippi-Dampfer‹ nach Kalkutta. Mit dem Bau der Eisenbahn hat man den Linienbetrieb allerdings eingestellt. Auch schwärmen täglich Fischerboote aus, um insbesondere den wertvollen, grätenlosen Kobaltwels und andere Welsarten, aber auch Riesenbarben oder

Schlangenfische zu fangen. Sogar Flußdelphine und Wasserschildkröten tauchen gelegentlich aus dem Fluß auf.

Die Bootsleute (*mallāh*), die das verbriefte Privileg besitzen, den Gangesschlamm zu sieben, um von Pilgern hineingeworfene Münzen zu suchen, rudern bis zu den nördlichsten und südlichsten Ghāṭs, auch nach Ramnagar, dem Sitz des Mahārāja von Benares. Auf dem Boot erzählen die Priester oder die Ruderer den Pilgern Mythen und Legenden der Heiligtümer. Vom Hariścandraghāṭ etwa wissen sie zu erzählen:

> *Der Brahmane Viśvamitra forderte von König Hariścandra die angemessene Bezahlung für ein königliches Ritual. Großzügig schenkte Hariścandra sein ganzes Königreich, aber das war es nicht, was der Brahmane verlangte. Da nun der König nichts mehr besaß und dennoch seine Pflicht einlösen wollte, gab er Frau und Sohn in die Sklaverei und verdingte sich selbst bei den Verbrennungsplätzen. Nach einiger Zeit kam seine Frau mit dem Sohn, der an einem Schlangenbiß gestorben war. Sie war so arm, daß sie nicht einmal ein Leichentuch kaufen konnte. Hariścandra aber wehklagte nicht und tat seine Pflicht. Da erweckten die Götter den Sohn zu neuem Leben und gaben dem Vater sein Königreich zurück.*
>
> (»Mārkaṇḍeyapurāṇa«, Kapitel 8)

Nicht immer ist die Geschichte eines Ghāṭ so bewegend wie die vom schicksalsergebenen König Hariścandra. Jede der 84 Uferanlagen zwischen den Mündungen der Nebenflüsse Assī und Varaṇā aber hat ihre Besonderheit (Liste S. 54ff.). In der Regel verleiht heute ein Tempel, Schrein oder Palast dem Ghāṭ seinen Namen, früher sollen es 99 Tīrthas, heilige Orte, gewesen sein.

Die Pañcatīrtha-Prozession

Fünf der 84 Ghāṭs sind auch Teil einer linearen Begehung der Uferfront, bei der symbolisch alle 99 Tīrthas eingeschlossen sind. Während dieser Pañcatīrthayātrā suchen die Teilnehmer auf dem

Pañcagaṅgāghāṭ mit Aufgang zum Bindhumādhava-Tempel: eines der fünf wichtigsten Ghāṭs, die das Ufer zwischen Assī und Varaṇā gliedern. Es heißt, an dieser Stelle treffen fünf Flüsse (pañcanadī) zusammen

Boot oder noch lieber zu Fuß nacheinander fünf (*pañca*) Ghāṭs auf: Assīghāṭ, Daśāśvamedhaghāṭ, Ādikeśavaghāṭ, Pañcagaṅgāghāṭ und Maṇikarṇikāghāṭ.

Am Assīghāṭ, genauer gesagt, an dem Liṅga, das den Zusammenfluß von Assī und Gaṅgā (Assīsaṃgameśvara) markiert, beginnt die Prozession. Sie führt von dort zum Lolārkakuṇḍa, einem großen Stufenbrunnen oberhalb des Tulsīghāṭ. Das Ghāṭ ist benannt nach Tulsīdās, der im 16. Jh. in Benares das noch heute äußerst populäre »Rāmacaritamānasa«, eine Nachdichtung des Rāmāyaṇa-Epos in einem Hindī-Dialekt, verfaßte. Ihm ist dort ein Haus gewidmet, in dem seine Holzsandalen verehrt werden. Das Lolārkakuṇḍa (›Brunnen der Zitternden Sonne‹) ist Ort eines in Benares verbreiteten Sonnenkults. Mehrere Sūrya-Scheiben befinden sich an den inneren Brunnenwänden, und es heißt im »Kāśīkhaṇḍa«, daß Asi (›das Schwert‹; ein Wortspiel mit dem Flußnamen ›Assī‹) die Sünden in Benares zerschlägt, während Lolārka sie verbrennt.

Am Daśāśvamedhaghāṭ, dessen bauliche Struktur auf das Jahr 1735 zurückgeht, baden die Prozessionsteilnehmer erneut und verehren die drei erwähnten Liṅgas: Śūlaṭaṅkeśvara, Brahmeśvara und Daśāśvamedheśvara. Der Śūlaṭaṅkeśvara (Śiva als ›Herr von Spieß und Beil‹) soll von Prayāga, dem heutigen Allahabad, nach Benares gekommen sein; er markiert das südöstliche Ende des inneren Stadtraumes (*antargṛha*). Den Brahmeśvara stiftete der Schöpfergott Brahmā persönlich, und der Daśāśvamedheśvara am Śītalā-Tempel erinnert an das Opfer von zehn Pferden, welches Brahmā oder, nach einer anderen Version, König Hariścandra veranstalten ließ.

Weiter geht es in den Norden zum Ādikeśavaghāṭ, dem Gebiet des alten Stadtkerns. Hier am Zufluß der Varaṇā soll Viṣṇu (Keśava ist ein anderer Name für Viṣṇu) erstmals gebadet haben, als er nach Kāśī kam. Die Pilger folgen seinem Beispiel und verehren Viṣṇu in seinem Tempel am Ghāṭ und ebenso Śiva als ›Herrn des Zusammenflusses‹ im Saṃgameśvara innerhalb desselben Tempelkomplexes.

Danach kehren die Teilnehmer der Prozession zurück zum Pañcagaṅgāghāṭ, das erstmalig um 1580 befestigt wurde. An dieser monumentalen Uferstelle lag einst das seinerzeit größte Heiligtum von Benares, der Bindhumādhava-Tempel. Seit dem 12. Jh. mehrfach zerstört, baute ihn 1642 der Mahārāja Jai Singh I. aus Amber (Rajasthan) wieder auf. Doch Aurangzeb ließ den Tempel 1669 erneut niederreißen, um auf den Trümmern eine Moschee, die Ālamgīr- oder Aurangzeb-Moschee zu errichten. Im Schatten der Moschee liegt der heutige Bindhumādhava-Tempel, in dem man Viṣṇu als Kṛṣṇa verehrt.

Die Teilnehmer der Pañcatīrthayātrā beachten den Tempel jedoch kaum. Für sie ist einer der vielen kleinen Schreine am Flußufer wichtiger, nämlich jener, in dem sich das Pañcanadītīrtha (›heiliger Ort der fünf Flüsse‹) befindet. Fünf (mythische) Flüsse sollen dort zusammenkommen: Neben Gaṅgā, Yamunā und Sarasvatī handelt es sich um Dhūtapāpā (die ›Sünden Befreiende‹) und Kiraṇā (die ›Lichtstrahlende‹). Symbole repräsentieren alle fünf Flüsse ikonographisch am Schrein. Auch in Prayāga treffen Gaṅgā und Yamunā mit der unterirdisch fließenden, nicht sichtbaren Sarasvatī zusammen. Unterirdische Ströme, von Grundwasserseen gespeist, gehören fest zur religiösen Topographie Indiens. Wo sie auf andere heilige Flüsse treffen und sich damit offenbaren, erhöhen sie die reinigende, heilbringende Kraft eines Ortes.

Maṇikarṇikākuṇḍa

Das letzte Ghāṭ der Prozession, das Maṇikarṇikāghāṭ, liegt ein Stück weiter südlich. Wie eine Inschrift bezeugt, schon 1302 mit Steinen befestigt, verdankt es seine heutige Form Baumaßnahmen des 18. Jh. Das Maṇikarṇikāghāṭ gilt als ein besonders heiliger Ort, da hier das (Fluß-)Wasser der Schöpfung und das (Leichen-)Feuer der Zerstörung aufeinandertreffen. Viele Prozessionen, auch die Pañcakrośī-Umgehung nehmen an diesem Ghāṭ Anfang und Ende. Nahezu ständig schwebt der Rauch von Totenfeuern über dem Maṇikarṇikāghāṭ, während am sich südlich anschließenden Jalsāighāṭ hauptsächlich Leichen von Kindern, Asketen oder an Pocken Gestorbenen im Wasser des Ganges versenkt werden. Dieses Ghāṭ ist benannt nach Viṣṇu in seiner Erscheinung als Jalaśāyin (Der ›auf dem Wasser Liegende‹), der sich während der zyklischen Weltauflösung im Ozean auf einem Schlangenbett ausruht.

Für die Pilger aber steht das Maṇikarṇikākuṇḍa im Vordergrund, ein Wasserbecken, von dem es heißt, Viṣṇu habe es mit seinem Diskus (*cakra*) ausgehoben und statt mit Wasser mit seinem Schweiß gefüllt. Als Śiva dies sah und darüber hinaus im Becken die Schönheit von Millionen Sonnen erblickte, da soll er so erfreut gewesen sein, daß ihm seine mit Juwelen (*maṇi*) beladenen Ohrringe (*karṇikā*) in die Tiefe fielen. Anderen Mythen zufolge soll es sich um Viṣṇus Schmuck oder Śivas Juwelen und Pārvatīs Ohrringe gehandelt haben.

Das Maṇikarṇikākuṇḍa ist eine Stätte besonderer Heiligkeit: Es heißt, daß hier jeden Mittag alle anderen Tīrthas Indiens baden, um sich ihrerseits von den Befleckungen zu befreien, welche die Menschen in ihnen abwaschen. Auch die Prozessionsteilnehmer reinigen sich rituell im Brunnen, bevor sie auf dem Weg zum Ghāṭ einen Marmorblock mit Viṣṇus Fußabdrücken (*pādukā*) verehren. Vor dem Becken, während des Monsun immer wieder mit Schlamm überspült, steht im Ganges ein Tempel, von dem nur noch das Śikhara-Dach zu sehen ist. Man erzählt sich, daß früher ein im Wasser meditierender Asket den Tempel gestützt habe, dann aber von neugierigen Ingenieuren vertrieben worden sei, so daß der Bau schließlich abgesunken sei.

Die Pilger begeben sich nun zu einem weiteren wichtigen Heiligtum, dem Tārakeśvara-Tempel, in dem Śiva als ›Herr des Tārakamantra‹ verehrt wird, einer Klangsilbe, die Befreiung vom Kreislauf der (Wieder-)Geburten sichern soll. Sie verehren dieses Liṅga ebenso wie den Maṇikarṇikeśvara in einer schmalen Gasse neben dem Maṇikarṇikākuṇḍa und die gleichnamige Devī, deren Gemälde jedes Jahr nach dem Monsun erneuert wird.

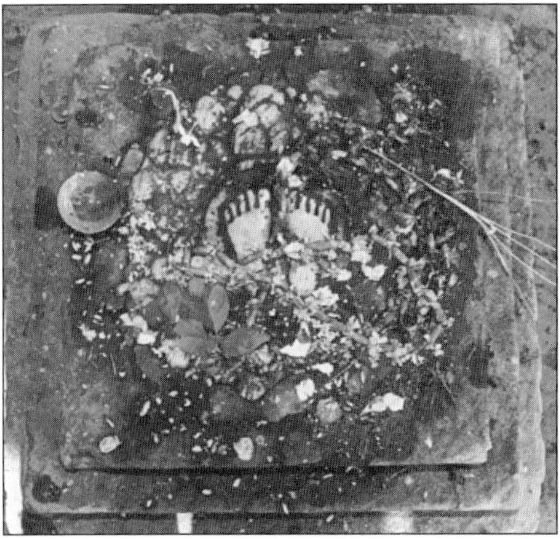

Viṣṇupādukā: Fußabdrücke des Viṣṇu auf einem kleinen, dreistufigen Podest am Maṇikarṇikāghāṭ

Die Heiligkeit des Ganges

Kein Fluß ist in Indien so heilig wie der Ganges – von der Quelle bis zur Mündung. Denn einen Vorzug besitzt die Flußgöttin Gaṅgā, man muß sie nicht wie die anderen Götter umständlich mit Ritualen herbeirufen und sie wieder verabschieden, weil sie, die nach dem »Kāśīkhaṇḍa« nur so überfließt, immer zugänglich ist.

Bestimmte Orte, an denen sich Gestalt und Verlauf des Flusses ändern, gelten als besonders glückverheißend. Tausende von Pilgern klettern alljährlich hoch in den schneebedeckten Himalaya, um von der klaren Quelle bei Gangotri zu trinken. In Rishikesh, nahe Haridwar, wo der Ganges durch eine schmale Gebirgsspalte aus dem Himalaya bricht, befinden sich Zentren zahlreicher Sekten. Außerdem finden alle zwölf Jahre in Haridwar und nahe Allahabad Massenfeste (*kumbhamelā*) statt, bei denen ein Bad im Fluß als ungewöhnlich segensreich gilt.

In Benares biegt der gen Osten fließende Ganges auf etwa acht Kilometern nach Norden ab, in die Richtung Śivas. Tausend Kilometer weiter vereinigt sich der Fluß mit dem Brahmaputra und verliert sich in einem riesigen Schwemmland, dem größten Flußdelta der Welt. Hier in der Bucht von Bengalen, im von den Gezeiten abhängigen Marschland, mischen sich Ganges und Brahmaputra mit anderen Strömen und Wasserarmen, die ihren Verlauf ständig ändern, so daß die Gangesmündung kaum auszumachen ist. Gleichwohl hält die Überlieferung an einer lokalisierbaren Mündung, dem Gaṅgāsāgara südlich von Kalkutta, fest.

An seinem 2520 Kilometer langen Flußlauf bringt der vornehmlich Schmelzwasser führende Ganges Fruchtbarkeit und Segen, jedoch wegen der erheblichen Pegelschwankungen und großen Schadstoffbelastung auch Zerstörung und Gefahren. Mit den anderen Flüssen des Panjab, des sogenannten Fünfstromlandes, schafft er die Voraussetzung dafür, daß man diese Region als Kornkammer Indiens bezeichnet. Er speist zahlreiche Bewässerungskanäle, liefert Energie für Kraftwerke und dient als wichtiger Transportweg. Leben und Versorgung von über 300 Millionen Menschen hängen vom Ganges ab.

Durch die großflächigen Abholzungen und dadurch bedingte Bodenerosion kommt es jedoch in der Monsunzeit an den Ganges-

Gaṅgā: anthropomorphe Gestalt der Flußgöttin auf dem krokodilähnlichen Makara (in einem kleinen Schrein am Pañcagaṅgāghāṭ)

ufern zunehmend zu verheerenden Überschwemmungen, bei denen jedes Jahr ganze Dörfer vernichtet werden. Geröll und Schlamm machen den Ganges streckenweise so seicht, daß nur mehr flache Lastensegler ausfahren können. Besonders in Bengalen nimmt diese ökologische Katastrophe ein kaum noch kontrollierbares Ausmaß an. Hinzu kommt der weltweit ansteigende Wasserpegel, so daß die Gefahr besteht, daß das Meer das gesamte Mündungsdelta von Ganges/Brahmaputra überschwemmt.

Der heilige Fluß überflutet Jahr für Jahr große Teile von Benares. Wochen- oder tagelang müssen die Bewohner flußnaher Häuser durch kniehohes Wasser waten, es sei denn sie leisten sich eine Rikscha oder finden ein Boot, das vom Ganges in die Gassen fährt. An weiten Bereichen der Uferfront liegen dann die Tempel und Schreine unter Wasser. Gleichwohl lassen sich Mutige nicht davon abhalten, hinunterzutauchen, um das Heiligtum zu verehren.

Die Reinheit des Wassers

Dem Ganges verzeiht man alles. Als ›Mutter (*mā*) Ganges‹ spendet er den Lebenden Segen und den Toten Befreiung. Wie alle Flüsse in Indien ist er weiblich. Man nennt ihn ›Gaṅgā‹ und meint damit zugleich die Göttin gleichen Namens; anthropomorph und auf einem Krokodil sitzend, ist sie zum Beispiel in einem Tempel am Gaṅgāghāṭ oder in kleinen flußnahen Schreinen am Durgā- und Pañcagaṅgāghāṭ dargestellt (Abb. S. 49).

10 000 Jahre kasteit sich der Seher Bhāgīratha im Himalaya, um seine Ahnen zu retten, darunter 60 000 mißratene und von einem Weisen zu Asche verbrannte Söhne eines verwandten Königs. Da ist der Schöpfergott über Bhāgīratha so erfreut, daß er die Gaṅgā von der Milchstraße holt und sie ihm schenkt. Doch fällt sie auf den Kailāsa-Berg, wo Śiva seit jeher sitzt. Verärgert ob der Störung in seiner Askese, fängt Śiva die Gaṅgā in seinem hochgesteckten Haar auf und hält sie weitere 10 000 Jahre fest. Der Seher wird unruhig, begibt sich selbst zum Kailāsa und treibt wieder so harte Askese, daß Śiva ein Haar löst und die Gaṅgā herausfließen kann. Bhāgīratha nimmt sie mit in die Unterwelt zu seinen Ahnen, die so entsühnt werden können.

(»Padmapurāṇa«, Kapitel 6.22)

Die Gaṅgā ist der Ursprung aller Wasser. In jedem hinduistischen Ritual, im Haus oder im Tempel, wird Wasser benötigt. Es beseitigt Unreinheit, und ohne sich zu reinigen, darf man sich keinem Gott nähern. Das Gangeswasser gilt als das reinste Wasser, überall möchte man an der Heiligkeit dieses Flusses teilhaben: Manch anderen Fluß nennt man daher ebenfalls ›Gaṅgā‹. Steht kein Gangeswasser zur Verfügung, ruft man den Fluß in Gebeten an. Auch kann man heute Gangeswasser in kleinen verschlossenen Kupferkrügen kaufen – im Versandhandel sogar außerhalb Indiens.

Das Gangeswasser mag zwar rituell rein sein, aber ist es auch sauber?

Mark Twain, der selbst an einem Labortest in Agra teilnahm, berichtet: »Er (der Wissenschaftler) fügte einen Schwarm Cholera-Bakterien nach dem anderen dem (Ganges-)Wasser zu; binnen

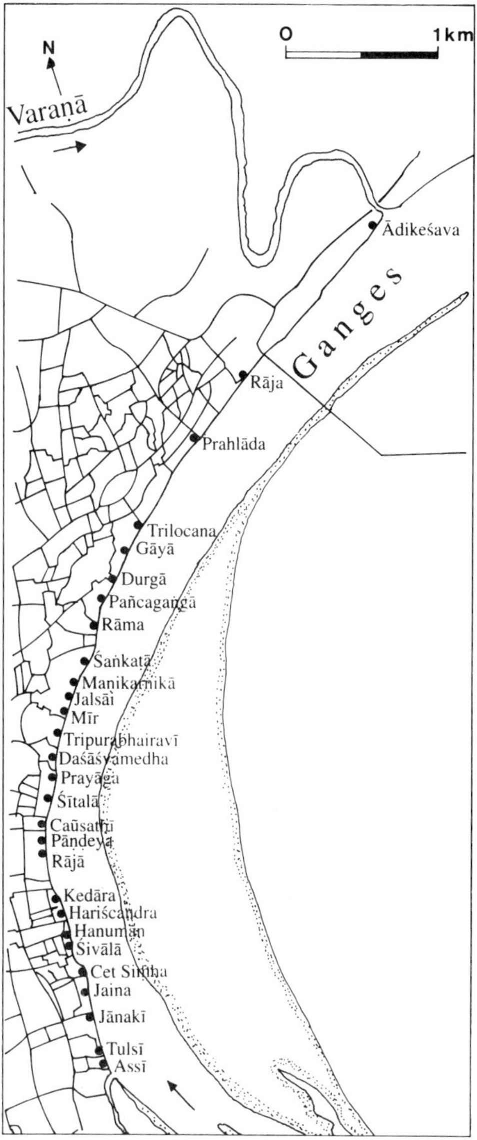

Ghāṭs – Plätze für rituelle Waschungen am Ganges. Insgesamt sind zwischen Assīghāṭ im Süden und Ādikeśavaghāṭ im Norden 84 Plätze mit Namen bezeichnet (Liste S. 54 ff.)

sechs Stunden sind sie immer restlos abgestorben.« Im Leitungswasser der Gegenprobe vermehrten sie sich millionenfach.

Tatsache ist, daß Tausende von Industriebetrieben – Färbereien, Petrochemie- und Düngemittelfabriken oder Papiermühlen – unablässig ihre Gifte in den Fluß schütten: Kadmium, Blei, Zink, Chrom und anderes mehr; hinzu kommen Pestizide, Insektizide und Gülle. Kläranlagen gibt es nur wenige, und wenn, dann funktionieren sie meist nicht oder nur mangelhaft. Fast hundert größere Städte am Ganges lassen Fäkalien und Abwässer ungefiltert in den Fluß ab. Bei Kanpur hat man pro Liter schon eine Milliarde Kolibakterien gemessen, in Benares lag der höchste Wert 1982 bei 120 000. Zwar werden deutsche Badeseen erst geschlossen, wenn ein Wert von 100 000 Kolibakterien überschritten ist, doch wird das Gangeswasser auch – unaufbereitet – als Trinkwasser benutzt.

In Benares pumpen, wie die »Hindustan Times« am 3. April 1985 meldet, die ortsansässigen Diesellokomotivwerke täglich vier Millionen Liter Wasser mit Öl- und chemischen Rückständen in den Ganges. Jahr für Jahr findet die Stadtverwaltung 3000 unverbrannte Leichen und über 9000 Tierkadaver. Ein mit vielen Milliarden Rupien ausgestattetes Projekt zur Reinigung und Befestigung des Ganges, dessen erste Phase am 14. August 1986 in Benares vom damaligen Premierminister Rajiv Gandhi eröffnet wurde, hat so gut wie nichts bewirkt. Nach wie vor ist in Benares die Kindersterblichkeit eine der höchsten Indiens.

Doch viele Inder glauben, da der Ganges alles zu reinigen vermag, kann er selbst nicht unrein sein. Unbeirrt baden und waschen sie sich im Fluß, trinken das Wasser, überzeugt von dessen Heilkraft und alles Übel reinigender Wirkung: »Die Gaṅgā, die durch Himmel, Erde und Unterwelt fließt, kommt in besonderer Weise nach Benares. Dort zerstört sie selbst das Übel, das in hundert Leben angehäuft wurde«, heißt es im »Padmapurāṇa«.

Der Dichter Jagannātha hat diese Haltung im 12. Jh. besungen. Er, ein Brahmane, wegen seiner Liebe zu einer Muslimin aus seiner Kaste gestoßen, setzte sich am Pañcagaṅgāghāṭ auf die erste von damals 52 Stufen, die zum Fluß führten. In jedem der ebenso vielen Verse seines Gedichts »Gaṅgālaharī« (»Wellen der Gaṅgā«) steigt der Fluß eine Stufe höher, bis das Wasser schließlich ihn und seine Geliebte verschlingt und ihnen so Befreiung gewährt.

Agnīśvaraghāṭ, Lithographie nach einer Skizze von James Prinsep, 1830

Die Ghāṭs von Benares

Die Schreibung der Ghāṭ-Namen entspricht den 1991 auf die Mauern des Gangesufer gemalten Schildern. Vor allem an der nördlichen Uferbebauung fehlt allerdings oft die Beschriftung. In diesem Fall sind die Namen aus der Literatur ergänzt worden. Einige ältere Ghāṭ-Namen sind in Klammern hinzugefügt. Die Daten der Ghāṭ-Bebauung fallen mitunter mit den Bauzeiten der Paläste zusammen. Die genannten Heiligtümer liegen nicht immer direkt am Ghāṭ, sondern mitunter in der dahinter liegenden Bebauung.

Abk.: **T** Tempel, Schreine, Heiligtümer; **P** Palast, Residenz; **E** Erbauer des Ghāṭ; **B** Besonderheiten

Nr.	**Name des Ghāṭ**	**Heiligtümer, Paläste und Residenzen, Besonderheiten sowie Erbauer des Ghāṭ-Ufers**
1	Assī	(Ehemalige) Mündung der Assī **T** Hanumān-Statue, Assīsaṃgameśvara, Kuṇḍareśvara, Jagannātha-Tempel **P** Töchter des Rāja von Gaya, Bihar (um 1932 und 1947)
2	Gaṅgā Mahal I	**P** Balwant Singh, Mahārāja von Benares (reg. 1740-70)
3	Rīvā (Bājī Rāo, Lāl Miśra)	**P/E** Bājī Rāo II., Marathen-Peshwā (1796-1818) sowie Lal Mishra, Kaufmann, und Vishvanath Singh (1789-1854), Mahārāja von Reewa (Rīvā), Uttar Pradesh (um 1800)
4	Tul(a)sī	**T** Tempel und Haus des Dichters Tulsīdās (um 1532-1623), Lolārkakuṇḍa, Arkavināyaka, Cāmuṇḍā **P** Mahant Svāmīnātha (frühes 19. Jh.) und Baldeva Prasad Birla, Kaufmann (um 1920)

5	Bhadāinī	Alte und neue Pumpstation des Wasserwerks von Benares **E** Stadtverwaltung (um 1960)
6	Jānakī	**P** Rāja von Sursand, Bihar, mit vier Śiva-Tempeln (Ende 19. Jh.) **E** Thakur Asarphi Singh (um 1930)
7	Ānandamāī (Akrūra)	Maṭha und Krankenhaus des gleichnamigen Ordens (um 1960)
8	Bacchrāj	**T** Votivtempel **P** Rāja Lāl Bacchrāj, im späten 18. Jh. Schatzmeister des Mahārāja von Benares sowie Bankier und Kaufmann **E** Shiva Prasad Gupta, Hrsg. der Hindī-Zeitung »Āj« (um 1935)
9	Jaina	Jaina-Tempel und -maṭha **E** Babu Shekhara Chandra (um 1945)
10	(Śrī) Niṣādarāja	**B** Hauptquartier der Bootsleute **E** Stadtverwaltung (um 1960)
11	Pañcakoṭa	**P** Mahārāja von Panchkot, Madhya Pradesh (um 1840)
12	Prabhū	**T** Śiva- und Devī-Tempel hinter einer langen Mauer **E** Nirmal Kumar zu Ehren von Prabhu Narain Singh (um 1935), des Mahārāja von Benares
13	Cet Siṃha	**P** Chet Singh, Mahārāja von Benares (reg. 1770-81), vom Generalgouverneur Warren Hastings 1781 belagert
14	Niranjanī	**T** Śiva-Tempel **B** Akhāṛā, Tempel von Nāgā-Asketen **P** Mahārāja von Panchkot, Madhya Pradesh (um 1840)
15	Mahānirvāṇī	**B** Maṭha von Nāgā-Asketen **E** Stadtverwaltung (um 1960)
16	Śivālā	**T** Śiva-Tempel, oktogonaler Hanumān- und Śiva-Pārvatī-Tempel, Svapneśvarī-Tempel **P** Residenz von Vaidyanath Mishra, Fa-

		milienpriester von Balwant Singh (reg. 1740-70), des Mahārāja von Benares
		E Balwant Singh (um 1745)
17	Dhobī (Gulariā)	**B** Ghāṭ der Wäscher
		E Laluji Agarwal, Kaufmann (um 1930)
18	Daṇḍī	**B** Sardapīṭhadvārka, Maṭha von Daṇḍī-Asketen
		E wie 17
19	Hanumān	**T** Rāmeśvara-Tempel
		B Dattātreyamaṭha von Bairāgī-Asketen
		E Mahant Hariharajī (um 1910)
20	Prācīna Hanumān	**T** Hanumādīśvara- und Navagraha-Tempel, Rurubhairava
		E wie 19
21	Karṇātaka Sṭeṭ	**P** Mahārāja von Mysore (um 1928)
22	Hariścandra	**T** Kupferner Hariścandreśvara, Vṛddhakedāra, Rohiteśvara
		B Verbrennungsplatz, Krematorium (1981/82)
		E Stadtverwaltung (1983)
23	Lālī	**T** Jyeṣṭhavināyaka, Lakṣmī-Tempel
		P Lālī Dās, Kaufmann (um 1895)
24	Vijayanagara	**P** Mahārāja von Vizianagaram, Andhra Pradesh (um 1876)
		B Daśanāmī-Āśrama von Svāmī Karpātrī (1907-82), einflußreicher konservativer Gegenspieler der Kongreß-Partei
25	Kedāra	**T** Gaurīkuṇḍa (am Ufer), Kedāreśvara, Tarkeśvara
		B Maṭha von Daśanāmī-Asketen
		E Kumārasvāmī (um 1890)
26	Caukī	**T** Nāgakūpa, Rukmamaṅgaleśvara
		B Ghāṭ der Wäscher
		E Stadtverwaltung (um 1950)
27	Kṣemeśvara	**T** Kṣemeśvara-Tempel
		B Liegeplatz von Hausbooten
		E Stadtverwaltung (um 1950)

28	Mānasarovara	**T** Mānasarovara **E** Stadtverwaltung (um 1955)
29	Nārada (Kūvāi)	**T** Atrīśvara, Nāradeśvara, Vāsukīśvara, Amareśvara **E** Dattātreya-Svāmī (um 1920)
30	Rājā	**P** Amrita Rāo, Marathen-Peshwā (1807) und Rāja Vināyaka Rāo von Citrakot; **B** Ghāṭ der Wäscher **E** Stadtverwaltung (1990/91)
31	Pāṇḍeya (Sarveśvara)	**T** Sarveśvara, Someśvara, Lakṣmī-Nārāyaṇa-Tempel **B** Bābuā Akhāṛā **E** Babua Pandey, Kaufmann (um 1920)
32	Khorī	**E** Kavidra Narain Singh, Großgrundbesitzer (1920)
33	Digapatiyā (Pāḍī)	**B** Śrī Śrī Rāma Āśrama der Rāmānandī-Asketen E Mahārāja von Digpatiya, Bengalen
34	Causathi	**T** 64-Yogini-Tempel **E** Mahārāja von Udaipur, Rajasthan (um 1820)
35	Raṇa Mahal	**E** wie 34
36	Darbhaṅgā	**P** Mahārāja von Darbhanga, Bihar (um 1915)
37	Munsī	**T** Kukkuṭeśvara **P** Dhar Narayana Munshi, Diwān in Nagpur, Maharasthra (um 1812)
38	Āhalya Bāi (Kevalagiri)	**P** Mahārāṇī Āhalyā Bāi Holkar von Indore, Madhya Pradesh (um 1775) **B** Paṇḍā-Priester, Barbiere
39	Śītalā	**T** Daśāśvamedheśvara, Śītalā-Tempel **B** Paṇḍā-Priester, Bootsleute, Barbiere **E** Nārāyaṇa Dīkṣīta, Priester (1740)
40	Daśāśvamedha I	**T** Gaṅgeśvara, Gaṅgā- und Yamunā-Tempel, Satī-Steine **B** Hauptbadeplatz, Paṇḍā-Priester, Bootsleute, Barbiere **E** Bājī Rāo I., Marathen-Peshwā (um

		1725) und Mahārāṇī Āhalyā Bāi Holkar von Indore, Madhya Pradesh (um 1770)
41	Prayāga	**T** Prayāgeśvara, Śūlaṭaṅkeśvara **E** Mahārāja von Patiya, Bengalen (um 1810)
40	Daśāśvamedha II	**T** Abhayavināyaka, Brahmeśvara, Gaṅgā-Tempel **B** Hauptbadeplatz, Paṇḍā-Priester, Bootsleute, Barbiere **E** wie 41
42	Dr. Rājendra Prasāda	**B** Pumpstation **E** Stadtverwaltung (1979) in Erinnerung an Rajendra Prasad, erster Präsident Indiens
43	Mān Mandir	**T** Someśvara, Rāmeśvara **P** Rajputen-Mahārāja Man Singh von Amber, Rajasthan (16. Jh.), Observatorium von Mahārāja Jai Singh II. aus Jaipur, Rajasthan (um 1727), Domrāja-Palast
44	Tripurabhairavī	**T** Tripurabhairavī-Tempel, Satī-Steine; **B** Wohnhäuser für Brahmanen, errichtet von Rāṇī Bhavānī, Maharasthra (um 1756) **E** Ishwari Prasad Narain Singh, Mahārāja von Benares (um 1879)
45	Mīr (Jarāsandheśvara, Vṛddhāditya)	**T** Viśālākṣi, Dharmakūpa, Dharmeśvara, Śvetamādhava, neuer Viśvanātha- und Vārāhī-Tempel **P** Mīr Rastam Āli (1735), Nawāb von Oudh, zerstört von Mahārāja Balwant Singh für den Bau seines Ramnagar-Palasts
46	Phūtā	**E** Svāmī Maheśvānanda (um 1910)
47	Nepālī	**T** Lalitādevī, Kaśīdevī, Paśupati-Tempel, Gaṅgākeśvara **E** Nandī Bābū, Bankier des Nepal Trusts (um 1890)

48	Lalitā	**T** Gaṅgāditya, Gaṅgā-Schrein am Flußufer **B** Pumpstation **E** Lalitā Tripurasundarī, Frau von Mahārāja Rājendra Vikram Shāh von Nepal (1813-81)
49	Bhāvalī (Amroha Giri, Rājarājeśvarī)	**E** Bābū Keshar Dās, Kaufmann (um 1895)
50	Jalsāi (Khirkī)	**T** Jalaśāyin-Statue, Satī-Steine **B** Verbrennungen und Versenkungen von Leichen **E** Stadtverwaltung (1959)
51	Maṇikarṇikā (Siddhivināyaka, Śmaśāna)	**T** Siddhivināyaka, Tārakeśvara, Maṇikarṇikeśvara, Viṣṇupādukā, Satī-Steine **B** Hauptverbrennungsplatz, Badeplatz, Paṇḍā-Priester **E** Bājī Rāo I., Marathen-Peshwā (1730), Mahārāṇī Āhialyā Bāi Holkar von Indore, Madhya Pradesh (1785)
52	Bājī Rāo (Dattātreya)	**T** Maṇikarṇikākuṇḍa, Dattātreya-Tempel, Rudrabhāṣeśvara, abgesunkener Śiva-Tempel **E** Bājī Rāo II., letzter Marathen-Peshwā (1807)
53	Sindhia (Vīreśvara)	**T** Parvateśvara, Agnīśvara, Upaśānteśvara, Vaikuṇṭhamādhava **P** Mahārāja Daulat Rāo von Sindhia, Madhya Pradesh (1794-1827) **E** Mahārāṇī Baiyā Bāi Holkar von Gwalior, Madhya Pradesh (1830), neue Treppenanlagen von der Stadtverwaltung
54	Śaṅkaṭā	**T** Vasiṣtheśvara, Vīreśvara, Ātmavīreśvara, Śaṅkaṭādevī, Santoṣī, Hariścandravināyaka, Satī-Steine **E** wie 53
55	Gaṅgā Mahal II (Yameśvara)	**T** Yameśvara **E** wie 53

56	Bhoṃṣalā	**P** Bhonsle-Mahārāja von Nagpur, Maharasthra (1795)
57	Gaṇeśa (Gulāra)	**E** Mādhava Rāo II., Marathen-Peshwā (1774-1796)
58	Agnīśvara	**T** Agnīśvara, Amṛtavināyaka **E** wie 57
59	Mahetā	**B** Maheta Hospital (1948)
60	Rāma	**T** Rāmeśvara, Kālavināyaka **B** Saṃgaveda-Vidyālaya **E** wie 57
61	Jatāra	**E** wie 57
62	Rāja Gwālior	**E** Diwān aus Gwalior, Madhya Pradesh (1935)
63	Bālajī (Maṅgalāgaurī)	**T** Rāghaveśvara, Maṅgalāgaurī, Gabhatīśvara, Maṅgalavināyaka; Lakshmana Bāla, Sindhia-Mahārāja von Gwalior, Madhya Pradesh (1805)
64	Pañcagaṅgā	**T** Ālamgīr(Aurangzeb)-Moschee, Gaṅgā-Skulptur am Fluß, Pañcanadī, Votivnischen, Satī-Steine **B** Śrī (Rāmānandācārya) Maṭha **E** Raghunātha Ṭaṇḍan (1850)
65	Benīmādhvā	**T** Bindhumādhava **E** Shrīpathi Rāo von Gwalior, Madhya Pradesh (1755)
66	Durgā	**T** Brahmācāraṇī (bekannt als Kleine Durgā) **E** Gwalior-Staat (1815)
67	Brahmā	**T** Brahmeśvara **E** Nārāyaṇa Dīkṣita, Priester der Marathen-Peshwās (1740), und Bājī Rāo II., Marathen-Peshwā (1825)
68	Buṃdī	**T** Śeṣa **E** Surjan Singh, Rāja von Bundi, Rajasthan (1610)
69	Śītalā II (Nārāyaṇī)	**T** Śaṅkhamādhava **B** Wäscher **E** Stadtverwaltung (1955-65)

70	Lāl	**E** wie 69
71	Hanumāngadī	**T** Gopreceśvara (?), Gopīgovinda **B** Hanumāngadī Akhāṛā **E** wie 69
72	Gāyā (Gāi)	**T** Kuhstatue, Nāgeśvara, Nāgeśvarī (Śītalā), Mukhanirmālikā, Gaurī, Satī-Steine; **E** wie 69
73	Bhadrinārāyaṇa (Māṭha)	**T** Nāgeśavināyaka, Bhadrinārāyaṇa **E** wie 69
74	Trilocana	**T** Prāṇavavināyaka, Trilocaneśvara, Vārāṇasīdevī, Udaṇḍavināyaka **B** Pumpstation **E** Nathurala, Kaufmann aus Poona (1795)
75	Gola	**T** Saṃkāravināyaka; E wie 69
76	Nandeśvara	**E** wie 69
77	Sakkā	**T** Bhṛgukeśava **E** Haridās Sevāśrama Trust und Stadtverwaltung (1955-65)
78	Teliyānālā	**T** Gopretāreśvara (?) **B** Ghāṭ der Ölpresser **E** wie 69
79	Prahlāda II	**T** Prahlādeśvara, Prahlādakeśava **E** wie 69
80	Niṣāda	**B** Ghāṭ der Bootsleute **E** wie 69
81	Rāṇī	**E** wie 69
82	Tikeśvara	**T** Yajñavarāha, Śivadhūtīdevī, Svaralīneśvara **E** wie 69
83	Rāja	**T** Agnīśvara, Raidās-Tempel (1983 von Unberührbaren erbaut) **B** Ausgrabungen **E** wie 69
84	Ādikeśava (Varuṇāsaṃgama)	Mündung der Varaṇā **T** Saṃgameśvara, Vedeśvara, Prayāgeśvara, Dattātreya, Ādikeśava, Kharva- und Rājputravināyaka **E** Gāhaḍavāla-Dynastie (11./12. Jh.)

Orte der Götter

Tempel und Schreine

Sir William Hunter, ein britischer Kolonialbeamter und Autor der »Imperial Gazetteer of India«, zählte um 1885 in Benares 1454 Tempel und 272 Moscheen. Doch soll zu Beginn des 18. Jh. allein Rāja Man Singh aus Amber (Rajasthan) in einer Nacht 100 000 Tempel errichtet haben. Müßig ist es, hier Legende von Wirklichkeit trennen, die heiligen Bauten von Benares überhaupt zählen zu wollen. Denn im indischen Verständnis ist jede Hülle, die sich um ein Kultbild oder ein Liṅga legt, ein Tempel. Nicht die Gestalt oder Größe dieser Hülle macht einen hinduistischen Tempel aus, sondern, daß ein Raum den Ort der Verehrung umschließt. Ob dieser schlicht bleibt oder zu anspruchsvoller Architektur wird, ist zweitrangig. Wichtiger erscheint, ob dem Kultbild oder Liṅga ein Priester zugeordnet ist, der es morgens und abends versorgt, der Gaben entgegennimmt und Prasāda, eine materielle Form von göttlicher Gnade, austeilt.

Viele Heiligtümer bestehen nur aus einer mit Mühe begehbaren Kultkammer, deren Fundament etwas erhöht ist und deren Zugang zum Sanktuarium meist unverschlossen bleibt. Eine flach gewölbte Kuppel oder ein konisch gestaffelter Śikhara-Turm deckt den einfachen Kubus, den manchmal noch ein stilisierter Kalaśa-Krug mit dem Trunk der Unsterblichkeit krönt oder ein Āmalaka-Ring, der die Sonne und himmlische Welt symbolisiert.

Die großen Tempel von Benares verfügen über eine Kultkammer mit einer hohen Vorhalle, so etwa der zentrale Tempel des Viśvanātha (Viśveśvara) oder auch zwei Tempel aus dem 19. Jh.: der Durgā-Tempel im Südwesten der Stadt und der Rāmeśvara-Tempel am Varaṇā-Fluß. Solche in einem Hof stehenden und in ihrer Gestalt klar wahrnehmbaren Tempel bilden jedoch die Ausnahme. Sie orientieren sich deutlich an den Vorbildern der Chandella-Dynastie, repräsentiert von den Bauwerken (10. Jh.) in Khajuraho. Auch im nahe Benares gelegenen Kandwa steht noch ein Tempel dieser älteren Epoche, der Kardameśvara, der die erste

◀ Rāmeśvara-Tempel (19. Jh.) an der Varaṇā: über dem Heiligtum ein gestaffelter Śikhara-Turm, vorgelagert eine quadratische Halle mit Zypressensäulen

In Erfüllung eines Gelübdes oder nach Beendigung einer Pilgerreise installieren die Gläubigen Votiv-Liṅgas, wie hier unter einer einfachen Überdachung oder in einer Mauerhöhle – erste Stufen zur Schaffung eines Raumes und Vorstufe eines architektonisch gestalteten Tempels

Rast der Pañcakrośī-Umgehung markiert. Alle übrigen Tempel entstanden hingegen erst im 19. und 20. Jh. – In Benares stammt kein einziger intakter religiöser Bau aus der Zeit vor Aurangzeb (reg. 1658-1707).

Die Mehrzahl der Tempel drängt sich auf engstem Raum. Oft bestehen die Heiligtümer nur aus einer kleinen Kammer, der dicht bebauten Stadt abgerungen. Doch bedeutsamer als die Bauform eines Heiligtums erweist sich deren angestammter Ort. Viele ›alte‹ Liṅgas befinden sich nicht in Tempeln, sondern unter der heutigen Stadtbebauung, oft sogar mehrere Geschosse tief. Nach Jahrhunderten islamischer Überfremdung und wiederholten Zerstörungen genießen gerade diese Liṅgas besondere Verehrung – als hätten sie im Untergrund den unreinen Fremdherrschern getrotzt. Das gilt für den Maṇikarṇikeśvara, Nīlakāṇṭheśvara und Bhīmaśaṅkara, die man zum Teil erst im 18. Jh. wiederentdeckt haben will.

Immer wieder weisen kundige Brahmanen auf ›junge‹ und ›alte‹ Orte hin. Mit Eifer erzeugen sie geradezu das Bild einer kontinuierlichen, allen Zeiten und Anfeindungen wehrenden Geschichte. Nördlich der Jñānavāpī (Gyanvapi)-Moschee steht zum Beispiel der kleine Tempel des Avimukteśvara, in dem Śiva verehrt wird, weil er Kāśī ›nie verlassen‹ (*avimukta*) will. Doch glaubt man zu wissen, daß das Liṅga ›ursprünglich‹ genau an jener Stelle stand, an der sich jetzt die Moschee erhebt. So wird bei Prozessionen statt des Liṅga im Tempel eine Stelle auf dem nördlichen Absatz der Moschee verehrt – ein Vorgehen, das eine lange Tradition besitzt. Bereits im 16. Jh. sagte Nārāyaṇa Bhaṭṭa in seinem »Tristhalīsetu«, einem bekannten Ritualhandbuch zum Pilgerwesen: »Auch wenn es wegen der Macht der fremden Herr-

Opfergaben an der Wurzel eines Pīpal-Baumes (am Mīrghāṭ)

scher an der alten Stelle kein Liṅga mehr gibt, selbst dann soll der (ursprüngliche) Ort (des Heiligtums) mit Umwandlung und Begrüßung verehrt werden.«

Die verschiedenen ›ursprünglichen‹ Heiligtümer konkurrieren miteinander. Das zeigt sich besonders deutlich am Tempel des Viśvanātha (Vishvanath), auch Viśveśvara genannt, in dem sich Śiva als ›Herr des Universums‹ manifestiert hat. Der Tempel wurde zum ersten Mal wohl 1194 vom Heerführer Qutb-ud-dīn Aibak zerstört, dann immer aufs neue aufgebaut (1585 von Nārāyaṇa Bhaṭṭa) und niedergerissen (letztmalig 1669 von Aurangzeb). Hundert Meter weiter südlich ließ die fromme Königin Āhalyā Bāī Holkar aus Indore den Tempel 1777 erneut aufbauen.

In Anbetracht solcher Historie stellt sich die Frage, welches der ›alte‹, uranfängliche Ort ist, an welcher Stelle das erste Liṅga präsent ist und welches der Liṅgas als besonders verehrungswürdig gilt. Im Falle des Viśvanātha ist die Situation sehr verworren und voller wetteifernder Vorstellungen. So steht nordöstlich des heutigen Tempels ein Ādi(›Uranfänglicher‹)-Viśvanātha, während an der östlichen Wand der Gyanvapi-Moschee ein Fragment des Tempelbaus von 1585 erhalten blieb, jedoch ohne jedes Anzeichen einer kontinuierlichen Verehrung.

Des weiteren ist die Ansicht verbreitet, daß das Liṅga selbst sich der verunreinigenden Zerstörung entzogen habe, indem es in einem nahegelegenen Schacht Schutz gesucht habe. Erst durch diese Flucht sei dann ein ›Brunnen der Weisheit‹ entstanden, das meist zugedeckte Jñānavāpīkuṇḍa (Gyanvapi Kuan), zu dem nun auch die Gaṅgā gelangen konnte, um das Liṅga zu verehren. Priester erzählen, daß die Pilger ihr Gelöbnis noch im 19. Jh. am Brunnen, gewissermaßen über dem Liṅga, abgelegt haben. Erst in jüngster Zeit geloben sie am dortigen Thron des Vyāsa-Brahmanen (Abb. S. 115) – und zwar vor einer Betelnuß, die das Liṅga repräsentieren soll.

Ein weiteres Liṅga, dem mancher zuschreibt, der eigentliche Ādiviśvanātha zu sein, liegt im südlichen Teil der Stadt: Am Lolārka-Stufenbrunnen neben einer Gaṇeśa-Statue, der Arkavināyaka, befindet sich in einem Haus ein Liṅga, das 1669, als Aurangzeb den Viśvanātha-Tempel niederrieß, angeblich ein Bewohner dieses Quartiers rettete und in Mirzapur versteckte. Erst später stellte man es dann in jenem Haus auf.

Solche Ansprüche, das uranfängliche Heiligtum zu bilden, tauchen immer wieder auf. Noch zu Beginn der sechziger Jahre errichtete man einen weiteren Ādiviśvanātha-Tempel am Mīrghāṭ. Konservative Brahmanen unter der Führung von Svāmī Karpātri und des Mahārāja von Benares gaben ihn in Auftrag, weil der alte Viśvanātha-Tempel im Zentrum der Stadt aufgrund der Indischen Verfassung von Angehörigen der unreinen Kasten und Kastenlosen besucht und damit in ihren Augen befleckt wurde. Auch auf dem Gelände der Benares Hindu University steht ein 1962 fertig-

Viśvanātha-Tempel auf dem Campus der Benares Hindu University, 1962 fertiggestellt

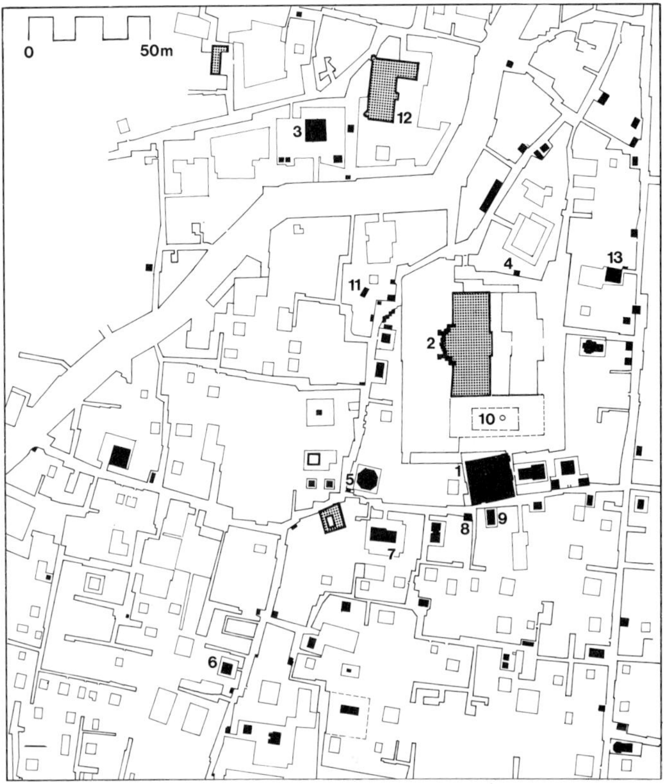

Viśvanātha-Bezirk ■ Tempel ▦ Moscheen

1 Viśvanātha (Viśveśvara), 2 Gyanvapi-Moschee , 3 Ādiviśvanātha, 4 Avimukteśvara, 5 Ḍhuṇḍhīrājagaṇeśa, 6 Sākṣigaṇeśa, 7 Annapūrṇā-Tempel, 8 Bhairava-Tempel, 9 Kailāśa-Tempel, 10 Jñānavāpī-Brunnen, 11 Daṇḍapāṇi, 12 Razziyat-ud-dīn-Moschee, 13 Kāśīkarvat-Tempel

gestellter Viśvanātha-Tempel, der größte Sakralbau der Stadt; und selbst außerhalb der Stadt gibt es Repliken des Viśvanātha. So entstand schon im 9. Jh. ein Kāśīviśvanātha im Tempelbezirk von Pattadakal auf dem Dekkhan und ein Viśveśvara auf dem Darbār-Platz im nepalischen Patan. Dessen Bau ist für 1627 bezeugt, und sein Erbauer, König Siddhinarasiṃha Malla, dankte 1652 sogar ab, um in Benares ständig den ›ursprünglichen‹ Viśveśvara verehren zu können.

Nicht immer ist die historische Ausstrahlung eines Liṅga so komplex wie im Falle des Viśvanātha-Tempels. Viele Liṅgas wurden in Erfüllung eines Gelübdes oder nach Beendigung einer Pilgerreise gestiftet und neben bereits vorhandene gestellt. Auf Gräbern angesehener Asketen errichten mitunter Sektenbrüder Votiv-Liṅgas. Im Dattātreyamaṭha am Hanumānghāṭ beispielsweise liegt der verstorbene Begründer dieser Sektenherberge im Lotussitz (*padmāsana*) und im Zustand der Erlösung (*samādhi*) aufgebahrt – in einem steinernen Block, auf dessen Oberfläche Fußabdrücke (*pādukā*) des Heiligen wiedergegeben sind. Ein hölzernes Pferd vor der Kultkammer repräsentiert das Reittier des Yogi und wird ebenfalls verehrt.

Überall entlang des Gangesufers trifft man auf weitere, meist weniger auffällige Votiv-Liṅgas. Indem sie gelegentlich durch Steinplatten eine Art Verschlag erhalten oder in einer Mauernische untergebracht sind, entsteht bereits eine Miniaturhülle (Abb. S. 64). Findet sich ein vermögender Stifter, so kann daraus schnell ein Tempel entstehen. Im Bereich der Paläste über den Ghāṭs erheben sich zahlreiche im 19. Jh. gestiftete Votiv-Liṅga-Tempel, die bis heute den Charakter von Privatheiligtümern bewahrt haben. Diese Liṅgas verfügen über zu geringe sakrale Kraft, als daß sie in das Ritual der Stadt eingebunden werden könnten.

In den größeren Tempelanlagen reiht sich Tempel an Tempel, Altar an Altar, Podest an Podest für unterschiedliche Objekte der Verehrung: Statuen, Wandbilder, Symbole, Paraphernalien wie Śivas Dreizack (*triśūla*) oder Viṣṇus Ammonit-Stein (*śāligrāma*), Fahnen (sie vor allem zeigen von weitem, ob ein Tempel noch genutzt wird), Glocken, heilige Bäume und Pflanzen wie etwa Śivas Pipal- bzw. Bel-Baum oder Viṣṇus Tulsī-Pflanze, das Basilienkraut. Eine Tempelanlage gewährt nicht allein einer Gottheit Raum. So steht der Tempel des Trilocaneśvara, in dem sich Śiva als ›Dreiäugiger Gott‹ manifestiert, in einem Hof, und neben ihm hat man eine Art Altar mit Ikonen des Heldengottes Rāma und seiner Frau Sītā errichtet. Einige Schritte weiter trifft man auf Figuren von Hanumān und den Brüdern Rāmas, und in einem weiteren Raum wird Durgā verehrt. Ebenso birgt die Sektenherberge des Bindhumādhava-Tempels nicht nur ein Liṅga und eine Durgā-Statue, sondern auch eine kleine Kammer mit 96 kleinen Votiv-Liṅgas. All diese Fälle dokumentieren einen historischen Prozeß, der stets weitere Stiftungen und ständige Umwandlungen erlaubt.

Überhaupt lassen sich die Tempel von Benares nicht mit den Ruinen von Khajuraho, Mahabalipuram oder Aihole vergleichen, allesamt museale Relikte einer vergangenen Welt. In der Stadt am Ganges dagegen lebt in den Tempeln eine schillernde Gegenwart von Marmor und Badezimmerkacheln, Goldbrokat und silbernem Lametta, bunten Glühlampen und Lautsprechern, von Blumen und Zuckerwerk, Wasser und Weihrauch – baulich und ästhetisch verwirrend und fast jeder Klassifizierung abhold. Extremstes Beispiel in dieser glitzernden Götterwelt ist der moderne, äußerst beliebte Tulsīmānas-Tempel neben dem Durgā-Tempel, in dessen Marmorwände Tulsīdās' Version des »Rāmāyaṇa« eingraviert ist und in dem elektrisch betriebene Puppen Szenen dieses Heldenepos darstellen.

Zu großen Tempeln in Indien gehören oft Sekten- und Pilgerherbergen. Solche Maṭhas bieten Asketen Unterkunft und bilden mitunter auch einen Ort der Gelehrsamkeit. Sie sind in der Regel einem Tempelhof angegliedert und besitzen zumindest einen Altar mit der Figur des Sektenstifters oder Begründers des Māṭha. Dha-

Rasthaus (*dharamśālā*) an der Pilgerstation Kapiladhārā

ramśālās (von Sanskrit *dharmaśālā* = ›Ort des Dharma‹) hingegen bieten Pilgern eine Schlafstätte. In Benares richteten oft einzelne indische Provinzen diese Häuser ein, ohne dabei den Baustil ihrer Landschaft aufzugreifen. Maṭhas und Dharamśālās sind meist schlicht und architektonisch unauffällig: langgestreckte, einstökkige Flachhäuser mit Arkadengängen und häufig um einen Innenhof angeordnet. Lediglich entlang des Weges der Pañcakrośī-yātrā hat sich ein eigener Typus herausgebildet, charakterisiert durch Arkaden, die Innenhöfe umschließen.

Heilige Steine

In den Tempeln, an deren Kultbildern ein Brahmane Gaben entgegennimmt und Prasāda austeilt, verhängt man meist die Götter am frühen Morgen und in der Mittagszeit; die vielen schreinartigen Kultbauten am Gassenrand hingegen sind ständig zugänglich. Da tummeln sich Gaṇeśas, die in frischer, roter Bemalung glänzen, oder es sind in den Hausrändern über Eck kleine Nischen mit verschiedenen Kṣetrapālas, den Wächtern des Bezirks, angebracht.

Kṣetrapālas (›Wächter des Feldes‹) bewachen Haus und Gassenecken

Gassen und Torwege, Treppen und Schwellenzonen sind so unter den Schutz göttlicher Wächter gestellt, deren Wirkungskreis weitgehend auf das Stadtviertel oder Haus beschränkt bleibt.

Diese Stadtviertel (*mahal* oder *mohalla*), von denen sich je fünfzig bis hundert auf acht Stadtbezirke (*ward*) verteilen und in denen oft mehr als tausend Einwohner leben, bilden die Zentren des städtischen Lebens. Ein Bewohner von Benares, der Banārsī, identifiziert sich mit dem Mohalla, in welchem er und seine Berufsgruppe oder Kaste leben. Nicht selten brechen bei bestimmten Festen sogar Rivalitäten zwischen einzelnen Vierteln aus. Benannt sind die Mohallas beispielsweise nach Tempeln, dort lebenden Volksgruppen (Bengali Tola, Nepali Khapra), nach Märkten wie dem Thatheri (›Metallarbeiter‹-) Bazar, nach Brunnen und Teichen (Misr Pokhara, Rani Kuan) oder auch nach einem einst dort lebenden Patron: So ist das Viertel Bakrabad benannt nach Qutb-ud-dīn Aibaks Gouverneur Muhammad Bakr. In die meisten Stadtviertel gelangte man früher nur durch Tore, die nachts stets verschlossen wurden.

Auf freien Flächen, in den Feldern, aber auch auf Wegkreuzungen in der Stadt sitzen Geister und Dämonen, Hexen und Kobolde. Oder besser gesagt, sie irren umher, meist in der Nacht, immer auf der Suche nach Opfern. Vielfach handelt es sich um unbefriedete Seelen von Menschen, oft von Brahmanen, die eines allzu vorzeitigen oder unnatürlichen Todes gestorben sind oder Selbstmord begangen haben. Die Bhūta oder Piśāca genannten Wesen sind nicht an die großen Götter gebunden, sie manifestieren sich in Form einfacher, anikonischer Steine (bemalt oder unbemalt), in Bäumen, Erdhaufen oder Schnittpunkten von Straßen. Ähnliche Gestalt weisen die Sitze der Bīrs auf. Bīrs sind Volksgottheiten, häufig mit einem Heldenkult verbunden, die meist von Bauern (Ahīr), Bootsleuten oder den Doms der Verbrennungsplätze verehrt werden. Im Gegensatz zu den göttlichen Kultfiguren werden all diese Manifestationen nicht räumlich umschlossen oder überdacht.

Eine besondere Form des Selbstmords in Indien ist die Witwenverbrennung (*satī*). An Frauen, die ihrem Mann in den Tod nachfolgten, erinnern Satī-Gedenksteine und -Schreine, denen spezifische Heilkräfte zugeschrieben werden. Man findet sie etwa am Gāyāghāṭ, Śaṅkaṭāghāṭ, Tripurabhairavīghāṭ und Daśāśvamedhaghāṭ, aber auch im Umkreis der großen Teiche. Meist ist auf den Satī-Steinen ein kleines Liṅga oder ein Paar abgebildet. Mit kegelförmigen, auf einem Podest stehenden Heiligtümern gedenkt man der Satīs, deren Seelen unbefriedet blieben und die deshalb ihren Angehörigen im Traum erschienen.

Paläste und Residenzen

Mehr noch als Tempel prägen Paläste das Ufer des Ganges. So überragt ein um 1915 errichteter Palast des Mahārāja von Darbhanga (Bihar) die vielen Tempel und Schreine südlich des Daśāśvamedhaghāṭ. Die steile Wand über der Treppenanlage des Ghāṭ, über die noch gestaffelte Umgänge – ihrerseits gegliedert durch auskragende Pavillons in den Ecken – gebaut sind, bilden ein monumentales Ensemble, das sich in seiner Wirkung nur mit der Ālamgīr (Aurangzeb)-Moschee über dem Pañcagaṅgāghāṭ vergleichen läßt. Fast schon skurril erscheint das Bild, wenn man weiß, daß sich der König einen weiteren Turm für einen Fahrstuhl anbauen ließ, um bequem von seinen Gemächern ans Ghāṭ gelangen zu können.

Weitaus zurückhaltender gab sich Rāja Man Singh von Amber (Rajasthan), als er im 16. Jh. oberhalb des nach ihm benannten Mān Mandir Ghāṭ einen Palast errichten ließ. 1737 brachte Jai Singh II. aus Jaipur dort ein Observatorium unter: Sechs große astronomische Geräte aus Backsteinen und Messing ließ er, der die besten Sterndeuter Indiens als Berater engagierte, aufstellen – wie auch in Jaipur, Ujjain, Mathura und Delhi.

Nachdem zahlreiche Könige und Fürsten Indiens sich seit Ende des 18. Jh. ihre Residenz am Ganges geschaffen hatten, suchten – noch bis in die jüngste Zeit – selbst die Herrscher der kleinsten Provinzen die verdienstvolle Nähe zum Viśvanātha. So entstanden 1932 und um 1947 am Assīghāṭ die Paläste der Töchter des Rāja von Gaya bei Muzzafarpur in Bihar. Auch die Frau des nepalischen Königs Rājendra Vikram Shāh (reg. 1816-47) nebst dem mächtigen Premierminister Jaṅga Bahādur Rāṇā (reg. 1846-56, 1857-77) errichteten am Lalitāghāṭ eine Residenz und eine Replik des Paśupati-Tempels; darüber hinaus befestigten sie in Kathmandu die Ufer der Bāgmatī nach dem Vorbild von Benares mit Ghāṭs.

Zudem schufen sich wohlhabende Kaufleute ihre standesgemäßen Residenzen. So baute um 1780 Lāl Kaśmīrī Mal einen dreistöckigen Palast mit einer arkadenförmigen Fassade in dem nach ihm benannten Mohalla. Kaśmīrī Mal, Ende des 18. Jh. der wohl größte Händler und Bankier in Nordindien, diente nicht nur dem Nawāb von Oudh, sondern auch dem Mahārāja von Benares als Schatzmeister. Gleiches gilt für Rāja Lāl Bacchrāj, der sich an dem nach ihm benannten Ghāṭ eine stattliche Villa schuf. Beide gehörten Kaufmannsfamilien an, die Benares im 18. und 19. Jh. zu einem führenden Handels- und Finanzplatz entwickelten und damit auch der Bautätigkeit nachhaltige Impulse verliehen.

Zeitgleich mit den Palästen und Residenzen an den Ghāṭs entstanden an der Peripherie der Stadt Landsitze. Eine Stadtkarte von James Prinsep, Archäologe und Epigraphiker im Dienste der britischen Kolonialverwaltung, aus dem Jahr 1822 läßt das dichte Nebeneinander von eng bebauter Stadt und vorgelagerten Gartenanlagen erahnen; noch 1958 gab es nur etwa sechzig Meilen Straße,

Palast des Mahārāja von Darbhanga am Darbhaṅgāghāṭ mit einem hohen Turm, der einen Aufzugschacht birgt, um 1915 errichtet

aber fünfmal mehr Gassen – die geeigneten Transportmittel jener Zeit waren Fahrrad und Rikscha, bis in den späten siebziger Jahren auch in Benares die knatternden Motorrikschas Einzug hielten.

Die schnelle und raumgreifende Urbanisierung hat heute nahezu sämtliche Landsitze verdrängt. Nur in entlegenen Außenbezirken sieht man hin und wieder noch ein Beispiel dieses Bautyps. Die Banārsīs unterscheiden übrigens deutlich zwischen städtischem und ländlichem Baustil: Als ›reif, gebrannt‹ (*pakkā*) bezeichnen sie eine geschlossene, bis zu fünfgeschossige Bauweise in Ziegeln und mit soliden Steinen, ›unreif, ungebrannt‹ (*kaccā*) nennen sie Lehmbauten mit Traufgasse oder auf dem Land. Das gilt für die Bebauung der Stadtviertel wie für die der Ghāṭs. Die Sandsteine für Säulen und Fenstergewände der Paläste und Treppenanlagen stammen überwiegend aus der Gegend von Chunar, etwa zwanzig Kilometer südlich von Benares, und wurden mit Booten herbeigeschafft.

Die Briten richteten sich von Beginn an in einer eigenen Wohngegend, dem Cantonment, ein. Ursprünglich ein Platz für Paraden und die Baracken ihrer Ostindiengesellschaft, entwickelte sich das Areal mehr und mehr zu einer großzügigen Wohn- und Gartenanlage mit Residenzen und Quartieren für die zahlreichen Diener, mit Verwaltungsgebäuden wie Post, Gerichtshof, Schulen, Banken und Gefängnis, einer eigenen Kirche und einer Bahnstation. Bis heute trennt die Eisenbahnlinie dieses Gebiet streng von der Altstadt (Karte S. 18).

Manche Bauten der Engländer sind wahre Paläste in einer Mischung aus georgianischen, klassizistischen und neugotischen Stilen. Das Queen's College, 1848-52 im neugotischen Stil erbaut, gehört mit seinen Arkaden, Türmen und Anbauten zu den schönsten Stücken britischer Architektur in Indien. Es beherbergt nach einer wechselvollen Geschichte jetzt die Sanskrit University. Die St. Mary's Church am Clark's Hotel, bereits 1815 nach dem Londoner Vorbild St. Martin-in-the-Fields in georgianischem Stil gebaut und am 5. September 1824 durch den Bischof von Kalkutta, Reginald Heber, konsekriert, erscheint architektonisch weniger prunkvoll. Der damalige Mahārāja von Benares, Babu Shiv Narayan Singh, stiftete die Kirchenglocke. Auch die große Alfred Hall bzw. Benares Town Hall erinnert an die Zeit anglo-indischer Haßliebe: der Mahārāja von Vizianagaram stiftete sie zur Begrüßung von Prinz Alfred im Jahr 1870; sieben Jahre später übergab sie der Prinz von Wales (der spätere König Edward VII.) dann der Stadt .

Wasserarchitektur

Seit Jahrhunderten hat Benares mit dem Ganges zu kämpfen. Die extremen Pegelschwankungen und die gerade während des Monsun reißende Strömung des Flusses gefährden immer wieder die ufernahen Bauten. Daher ist die Einfassung und Eindämmung des Wassers zweifellos das zentrale Thema des Stadtbaus. Zwischen den Mündungen der Nebenflüsse Assī und Varaṇā, einer Strecke von beinahe sechs Kilometern, liegen mittlerweile 84 Ghāṭs – 1930 war kaum die Hälfte baulich gefaßt.

Heute läßt sich nicht mit Gewißheit bestimmen, wann man begann, Ghāṭs und Uferzone zu befestigen. Vermutlich sahen alle Ghāṭs einmal aus wie die heute noch natürlichen, unbebauten Zugänge am Ādikeśavaghāṭ oder zum Teil noch am Assīghāṭ. Die

Tempel der Sumerudevī in Ramnagar, 1890 von Ishwari Narain Singh errichtet

meisten Treppenanlagen und Podeste stammen aus dem 18. und 19. Jh., doch sind sie danach mehrfach durch Naturgewalten oder von Menschenhand zerstört worden. Der Prozeß der Erneuerung und des Ausbaus hält unvermindert an. Erst 1990/91 hat die Stadtverwaltung das nördliche Ende des Rājghāṭ in Stein gefaßt; gleichzeitig wurden die Stufen des Pāṇḍeyaghāṭ erneuert. Seitdem sind alle Lücken zwischen Assīghāṭ im Süden und Prahlādaghāṭ im Norden geschlossen. Lediglich die Technik hat sich im Lauf der Zeit geändert: Während man früher von weither geholte, massive Steinplatten verwendete, die von Eisenspangen zusammengehalten wurden, verlegt man heute dünne Betonplatten.

Die Treppenanlagen sind unterschiedlich hoch. Die langen Stufenfluchten, die oft vom Ganges direkt in die Stadt führen, überwinden Höhenunterschiede von dreißig bis fünfzig Metern – bezogen auf den niedrigen Wasserstand im Frühjahr. Am Darbhaṅgaghāṭ ebenso wie am Maṇikarṇikāghāṭ oder Kedāraghāṭ sind es lediglich fünf Meter bis zu einer breiteren Stufe, die den Pilgerpfad und einen Stufenbrunnen aufnimmt. Etwa alle fünfzig bis hundert Meter besteht dann die Möglichkeit von dieser Stufe aus in die Stadt zu gelangen.

Kreisförmige oder achteckige Vorsprünge, die wie Bastionen wirken, gliedern den unteren Bereich der Uferzone in abwechslungsreiche, überschaubare Abschnitte. So erscheinen die einzelnen Wohnquartiere bis herunter an die Ghāṭs erweitert, was besonders bei den morgendlichen Waschungen mit ihrer intimen Mischung von Alltag und Religiosität deutlich wird: Die Ufersegmente bilden zeitweilig sogar den Mittelpunkt des Viertels. Die von auswärts kommenden Pilger hingegen, die eine von viel mehr Trubel begleitete Öffentlichkeit herstellen, zieht es in erster Linie zum Maṇikarṇikāghāṭ, Assīghāṭ, Daśāśvamedhaghāṭ und Pañcagaṅgāghāṭ. An den übrigen Ghāṭs bleibt es – außer bei bestimmten Festen – eher ruhig und fast dörflich.

In engem Zusammenhang mit dem Ganges stehen die bebauten Wasserstellen und Stufenbrunnen (*kuṇḍa*) von Maṇikarṇikā, Kedāra und Lolārka, da sie vom Flußwasser gespeist werden. Die Bezeichnung allein identifiziert jedoch nicht den Bautyp, denn Kuṇḍa wird andernorts synonym für Sarovara (›schöner See‹), Dhārā (›Strom, Wasserstelle‹) oder Talao (›Teich‹) benutzt. Jeder der vielen Brunnen hat seine eigene Geschichte: das Maṇikarṇikākuṇḍa markiert den Ort der Weltschöpfung, welchen Viṣṇu mit seinem Diskus geschaffen hat (s. S. 46f.); das Gaurīkuṇḍa am Kedāraghāṭ beansprucht, das ursprüngliche (*ādi*) Maṇikarṇikākuṇḍa zu sein, das Lolārkakuṇḍa am Tulsīghāṭ ist dem Sonnengott Sūrya gewidmet.

Neben den Stufenbrunnen bestehen große – nicht immer in Stein gefaßte – Wasserreservoire und Teiche. Häufig handelt es sich um Reste größerer Binnenseen, die teils miteinander verbunden waren und von denen die erwähnte Karte James Prinsep's von 1822 noch über dreißig verzeichnet. Mittlerweile wurde ein Großteil gänzlich trockengelegt oder verlor seinen Zufluß an Frischwasser, so daß einige Teiche in der Hitzezeit zu trüben Tümpeln verkommen.

Während der rituellen Umwandlungen der Stadt suchen die Pilger zahlreiche dieser auch um Benares herum verstreuten Brunnen, Wasserreservoire und Teiche auf, im Süden etwa das Durgākuṇḍa, im Norden das Kālamocanakuṇḍa oder noch weiter nördlich, jenseits der Varaṇā, die Kapiladhārā. Zu anderen Kuṇḍas pilgert man an bestimmten, kalendarisch fixierten Tagen. Am Sūryakuṇḍa beispielsweise badet man mit Vorliebe bei einer Sonnenfinsternis. Zum Lolārkakuṇḍa kommen am sechsten Tag der lichten Hälfte des Monats Bhādrapada (August/September) Frauen, um dort um Söhne zu bitten: Sie steigen in den Stufenbrunnen hinab und binden dabei einen Zipfel ihres Sari an den Dhotī (›Hüftwickel, Beinkleid‹) ihres Mannes, der sie begleitet. Und in der dunklen Hälfte des Monats Āśvina (September/Oktober) sowie am Vollmond von Mārgaśirṣa (November/Dezember) zieht es viele zum Piśācamocanakuṇḍa, denn dies ist eine den Verstorbenen geweihte Monatshälfte, und der Ort gilt als günstig für deren Seelenfrieden. Dort soll sogar Bhairava von einem bösartigen Dämonen (*piśāca*) befreit (*mocana*) worden sein.

Einige dieser Wasserstellen müssen einst im Kult eine bedeutende Rolle gespielt haben. So fand man am Bakariākuṇḍa im Norden von Benares unzählige buddhistische und viṣṇuitische Relikte, darunter eine Skulptur aus der Gupta-Zeit, die jetzt im Kunstmuseum der Benares Hindu University (Bhārat Kalā Bhavan) zu sehen ist. Sie zeigt Kṛṣṇa, wie er den mythischen Berg Govardhana anhebt. Am Sūryakuṇḍa an der Godaulia-Kreuzung wiederum fand man etliche Sūrya-Scheiben aus dem 8.-12. Jh.

Besonderer Verehrung erfreut sich der ebenfalls außerordentlich alte Nāgakūpa (Nāg Kuān) am Caukīghāṭ, zu dem am fünften Tag der lichten Hälfte von Śrāvaṇa (Juli/August) Tausende strömen – einige tauchen an diesem Tag in den tiefen Brunnen hinab. Wasser der Unterwelt, des Hortes der Schlangen (*nāga*), sollen den Nāgakūpa speisen. Rituelle Handlungen, die an einen vorhinduistischen Schlangenkult erinnern, lassen sich übrigens in ähnlicher Form an anderen Orten beobachten. Im Volksglauben sind es noch heute die Schlangen, die das Wasser bzw. den Regen aufhalten und damit Dürrekatastrophen herbeiführen können.

Der Nāgakūpa gehört zu einer Gruppe von Brunnenschächten (*kūpa*), die teils große Tiefe aufweisen. Mit seinen fast zehn Metern gilt er als der tiefste Brunnen von Benares. Ein entsprechender Schacht findet sich im südlichen Kandwa, der Kardamakūpa. Ihn verehrt man, indem man einfach hineinschaut. Architektonisch einmalig ist der Yūpasarovara im Norden der Stadt, über dem ein dreigeschossiges Brunnenhaus aufragt, das den Schacht von allen Seiten zugänglich macht und damit kosmologisch beziehungsreich einfaßt.

Yūpasarovara: dreigeschossige Brunnenanlage, deren Schacht von vier verschiedenen Richtungen aus zugänglich ist; dadurch ergeben sich vielfältige kosmische Bezüge

Islamische Bauten

Benares ist die heilige Stadt der Hindus, doch sollte man nicht übersehen, daß über 25 Prozent der Bevölkerung der islamischen Religion angehören und sich die islamische Geschichte der Stadt schon über tausend Jahre erstreckt. 1989 wählte die ›Hindu‹-Stadt sogar einen Muslim zu ihrem Bürgermeister. Seit den ersten Angriffen auf Benares (s. S. 28ff.) entstanden auch Bauten des – für die Stadt neuen – Glaubens: Die islamische Eroberung war ein Glaubenskrieg, bei dem die Gefallenen zu Märtyrern (*shahīd*) werden konnten, die direkt in das Paradies eingehen, also ohne daß die Grabesengel sie befragen. Die Moscheen (*masjīd*) von Benares und insbesondere die Gräber der Märtyrer ziehen viele islamische Stadtbewohner und Pilger an. In Benares nennt man die heiligen Orte der Muslime Mazār, ein Synonym für das sonst gebräuchliche Wort Dargāh.

Zu den ältesten dieser Stätten gehört die Ganj-i-Shahīd-Moschee aus dem 14. Jh. mit ihren zahlreichen Märtyrergräbern. Sie wurde Mitte des 19. Jh. entdeckt, als die Briten den alten Bahnhof von Benares bauten. Auch anderen Shahīds verlieh man den Status einer Moschee, etwa dem Bitthu Shahīd im Trilocan Mohalla, bekannt als Yakkhamba Masjīd. Nicht wenige Shahīds geben den zugehörigen Mohallas, in denen dann auch überwiegend Muslime wohnen, ihren Namen, so im Falle des Mīr Wāhid Muhammad Shahīd oder des Qutb Shahīd, benannt nach dem Eroberer Qutb-ud-dīn Aibak. Herausragend ist auch das im Westen der Stadt gelegene Mazār des Scheichs und Seelenführers (*pīr*) Maqdam Shāh, das seine Schüler (*murīd*) Ende des 18. Jh. mit einer Moschee ausstatteten und zu einem Pilgerort ausbauten.

Das Ritual in den Mazārs ähnelt dem in Hindu-Tempeln: Der Gläubige erbittet Segen, spendet Süßigkeiten und Blumen und ruft schließlich Allah an. Jedes Mazār hat einen Jahrestag (*urs*), zugleich der Todestag des jeweiligen Märtyrers, an dem sich dessen Seele mit Gott vereinigt. An diesem festlich begangenen Tag wird das Grab mit Rosenwasser gewaschen und mit Sandelholz abgerieben sowie die Stoffbedeckung (*chādar*) erneuert.

Die ältesten noch bestehenden Moscheen sind die (Bibi) Raziā-Moschee im Stadtteil Chauk, benannt nach der Prinzessin Raziyyat-ud-dīn (reg. 1236-40) aus der sogenannten Sklavendynastie von Delhi, sowie eine Hallenmoschee am Rājghāṭ, ebenfalls aus dem 13. Jh. Die Razia-Moschee auf der höchsten Erhebung von Benares und die Steine, mit denen sie erbaut wurde, sind teils so alt, daß Diana Eck mit einem Blick auf die alten Texte wohl zurecht vermutet, hier habe sich einst der ursprüngliche Viśvanātha erhoben.

Auch eine andere Moschee steht auf den Trümmern eines Viśvanātha, und zwar auf dem Tempelbau des 16. Jh. Es handelt sich um die bereits erwähnte Jñānavāpī (Gyanvapi)-Moschee (s. S. 65; Abb. S. 29), bei deren Errichtung man ganze Bausegmente des alten Tempels übernahm (eine Tempelwand steht noch heute). Diese Moschee bot häufigen Anlaß für Konflikte. So wollten 1809 Hindus einen kleinen Schrein zwischen der Moschee und dem wiederaufgebauten Viśvanātha-Tempel errichten, was zu äußerst gewalttätigen Auseinandersetzungen zwischen Hindus und Muslimen führte. Noch im Herbst 1990 lebten diese alten Spannungen wieder auf, als radikale Hindus in Ayodhya auf dem Gelände einer Moschee einen Rāma-Tempel errichten wollten, weil sie dort die Geburtstätte des Gottes sehen. In Ayodhya wie in Benares mußte der Ausnahmezustand verhängt werden und ständige Polizeiüberwachung wurde angeordnet.

Die Götter und ihre Tempel

Die Liste erfaßt nur die wichtigsten Heiligtümer. Vgl. auch die Liste der Ghāṭs im vorigen Kapitel.

Heiligtümer	**Besonderheiten**
Ādikeśava	Viṣṇu-Tempel am Zusammenfluß von Gaṅgā und Varaṇā
Ādiviśveśvara	Vermutlich ältester Viśvanātha-Tempel
Ālamgīr-Moschee	Größte Moschee von Benares, in der Zeit

	von Aurangzeb (reg. 1658-1707) gebaut; bis Mitte des 19. Jh. besaß sie nur zwei (heute vier), aber wesentlich höhere Minarette
Annapūrṇā	Die ›Nahrungsreiche‹; eine von Neun Durgā-Göttinnen; einer der meistbesuchten Tempel, errichtet vom Rāja aus Poona im 16. Jh.; Standbild der Göttin 1977 vom Śaṅkarācārya, einem Ordensführer, aus Śṛṅgerī gestiftet
Bareganeśa	Bedeutender Gaṇeśa-Tempel, oft anläßlich von Festen aufgesucht
Bindhumādhava	Einst größter Viṣṇu-Tempel, 1669 von Aurangzeb zerstört
Daṇḍapāṇi	Volksgottheit, Wächter und ›Polizist‹ von Kāśī; gilt als Bhairava
Ḍhuṇḍhīrāja	Gaṇeśa-Schrein, besonders bei Wallfahrten aufgesucht
Durgā	Einer der populärsten Tempel, auch Affentempel genannt: im nordindischen Stil mit ummauertem Tempelbezirk; im 18. Jh. von Rāṇī Bhavānī errichtet; besonders an Dienstagen aufgesucht; Göttin akzeptiert Tieropfer
Dvādaśeśvara	Tempel mit Hunderten figürlicher Darstellungen in der Außenwand, die unter anderem die 108 Stationen der Pañcakrośīyātrā abbilden
Jñānavāpīkuṇḍa	Etwa drei Meter tiefer ›Brunnen der Weisheit‹, mit Gitter und Tuch abgedeckt; Ort des rituellen Beschlusses von Wallfahrten
Jñānavāpī-Moschee	1669 von Aurangzeb erbaut; die Ostseite bewahrt die Monumente des ursprünglichen Viśvanātha-Tempels
Kālabhairava	Wächter (*koṭvāl*) von Benares, der über die Reinheit der Stadt wacht; der Tempel wurde um 1825 erbaut

Kāśīkarvat	Tempel mit Liṅga in einem etwa drei Meter tiefen Schacht; berüchtigt für seine rüden Priester
Kedāreśvara	Tempel mit Liṅga in natürlicher Form
Lāṭhbhairava	›Bhairava des Stocks‹; Säulenrest mit Bhairava-Gesicht, 1809 von Muslimen zerstört; liegt in Muslim-Gegend
Lolārkakuṇḍa	›Brunnen der Zitternden Sonne‹; großer Stufenbrunnen mit Sūrya-Relief an der inneren Brunnenwand, errichtet von Mahārāṇī Āhalyā Bāi Holkar von Indore, Madhya Pradesh (1785)
Maṇikarṇikāghāṭ und -kuṇḍa	Meistverehrtes Ghāṭ und Stufenbrunnen, Verbrennungsplatz
Mān-Mandir	Palast von Mahārāja Man Singh (vor 1585) und Observatorium von Jai Singh II. (1737)
Paśupati-Tempel (Tripureśvara)	Tempel des ›Herrn der Tiere‹ mit Holzschnitzereien, errichtet von Mahārāja Rājendra Vikram Shāh von Nepal (reg. 1816-47)
Piśācamocana	Tempel mit Piśāca (Dämon), flankiert von Viṣṇu und Śiva, am gleichnamigen Kuṇḍa
Razziyat-ud-dīn-Moschee	Älteste Moschee von Benares (13. Jh.)
Śaṅkaṭādevī	›Göttin der Gefahren‹; ursprünglich Mātṛkā-Tempel
Śaṅkaṭāmocana	Tempel mit Hanumān-Statue und Rāma-Gemälden; besonders dienstags und samstags aufgesucht
Śītalā	Die ›Kühlende‹; eine der Neun Mātṛkā-Göttinnen; sie hilft gegen Fieber und besonders gegen Pocken
Sumeru(devī)	Etwa 35 Meter hoher Tempel in Ramnagar mit zahlreichen śivaitischen und viṣṇuitischen Skulpturen; als Staatstempel der Könige von Benares 1890 errichtet

Tulsīmānasmandir	Moderner Tempel für Rāma, Lakṣmaṇa und Sītā; Tulsīdās' »Rāmacaritamānasa« ist in die Marmorwände eingraviert; elektrische Figuren mit Szenen des »Rāmāyaṇa«
Viśālākṣī	›Weitäugige‹; stark frequentiertes Heiligtum, dort wo Devīs Auge herabgefallen sein soll; Tempel bereits im 12. Jh. erwähnt
Viśvanātha (Viśveśvara)	Śiva geweihter Haupttempel von Benares; nach mehrfachen Zerstörungen 1777 wiederaufgebaut von Königin Āhalyā Bāi von Gwalior, Rajasthan; 1839 von Ranjit Singh aus Lahore vergoldet

Ādiviśvanātha-Tempel, Neubau des 19. Jh.

Baumgottheiten: Verehrung
eines Pīpal-Baumes (am Assīghāṭ).
– An einem Samstag, der dem Saturn gewidmet ist, umrunden Frauen
einen Pīpal-Baum und winden dabei einen Faden siebenfach um den Stamm

Das religiöse Leben

Die Welt der Götter

Śiva irrt in den Bergen des Himalaya umher, halbnackt, das Haar lang, in der Hand seinen Dreizack. Kein Zuhause will er, keine Frau, nur noch Askese üben. Zu sehr ist er enttäuscht, daß ihn die anderen Götter nicht am großen Opfer des Dakṣa teilnehmen ließen. Doch Pārvatī, die Tochter des Himālaya, spürt ihn auf. Sie will ihn heiraten. »Du trägst feine Kleidung, er aber ein Tigerfell. Du salbst dich mit Sandelholzöl, er mit Asche. Das ist nicht recht«, meint einer zu ihr. Doch Pārvatī läßt nicht ab, kasteit sich und nimmt so Śiva für sich ein.

Gemeinsam suchen sie eine angemessene Bleibe. Śiva bereist die ganze Erde, bis er Kāśī erblickt. »Herausragend über alle heiligen Stätten, der beste aller Orte, höher als alles Wissen – dies ist mein Platz, dies ist Avimukta, die Stadt, die ich nie verlassen will«, spricht Śiva und läßt sich mit seiner Gemahlin nieder. Die anderen Götter folgen ihm. Kāśī wird zur Stadt Śivas und der gesamten Götterschar. Doch nicht lange währt ihr Glück. Eine schreckliche Dürre sucht das Land heim, sechzig Jahre lang und noch immer kein Ende abzusehen. Da bittet der Schöpfergott Brahmā den auch von den Göttern geachteten König Ripunjaya, Herrscher von Kāśī zu werden. Er willigt ein, verlangt aber, daß alle Götter Kāśī verlassen.

*80 000 Jahre vergehen. Śiva und die anderen Götter werden unruhig, wollen in ihre geliebte Stadt zurückkehren. Sie sinnen nach Wegen, den König, der mittlerweile den Namen Divodāsa angenommen hat, zu vertreiben. Erst schickt Śiva die 64 Yoginīs, um irgendwelche Vergehen des Königs herausfinden zu lassen. Doch die Halbgöttinnen bleiben unter anderen Gesichtern in Kāśī und kehren nicht zurück. Auch Brahmā kommt noch einmal – in Gestalt eines alten Brahmanen, der den König um das Material für zehn (*daśa*) Pferdeopfer (*aśvamedha*) bittet. Divodāsa erfüllt die Bitte, und Brahmā bleibt ebenfalls in versteckter Form. Dann schickt Śiva Scharen (gaṇa) ungezählter Begleitgötter, doch auch sie lassen sich in der Stadt als ›unscheinbare‹ Liṅgas nieder.*

Schließlich versucht es Gaṇeśa, der Führer der Gaṇas. Er verkleidet sich als Astrologe und weissagt dem König, daß er ei-

nem Brahmanen zu gehorchen habe, der bald erscheinen werde. Dies ist Viṣṇu, der dem König aufträgt, einen Śiva-Tempel, den Divodāśeśvara (oberhalb des Mīrghāṭ) zu errichten. Kaum ist dies geschehen, holt ein göttlicher Wagen Divodāsa in den Himmel, und die Götter können alle unbehelligt nach Kāśī zurückkehren.

So kommen dem »Kūrmapurāṇa« und dem »Kāśīkhaṇḍa« nach alle Götter (wieder) nach Benares. 330 Millionen sollen es sein. Doch Kāśī ist vor allem Śivas Stadt. Hier hat er sich als der ›Große Gott‹ (Mahādeva, Maheśvara) niedergelassen, hier sitzt er in all seinen mannigfaltigen Formen.

Gekennzeichnet durch sein Drittes Auge, verfilzte Haarkrone oder Flammenhaar, mit Asche eingerieben, ausgestattet mit Dreizack (*triśūla*), Sanduhrtrommel (*ḍamaru*), Schädelschale, Schlange, Schwert und Beil, Mondsichel, Antilopenfell, Rosenkranz oder Glocke, begleitet von seinem Bullen (Nandī) oder seinem Sohn Gaṇeśa, vereint mit Umā (Umāmāheśvara) oder Pārvatī (Śiva-Pārvatī), so tritt er auf – als der ›Große Yogī‹ (Mahāyogin) und ›Weise Lehrer‹ (Dakṣiṇāmūrti), als ›Herr des Tanzes‹ (Naṭarāja, Nāṭeśvara), als Jäger, als Schutzgott von Königen und Bettlern, als Besieger von Dämonen und des Todes, als Eroberer von Himmel, Erde und Unterwelt, als Keuscher und ständig Erregter, als Vernichter und Wiedererschaffer der Welt ... Er hat sich manifestiert, als ›Herr des Universums‹ im Viśveśvara- bzw. Viśvanātha-Tempel, als ›Herr von Kedāra‹ oder ›Herr über das Feld (der Befreiung)‹ im Kedāra-Tempel, als ›Dreiäugiger‹ im Trilocana-Tempel, als ›Herr der Tiere‹ im Paśupati-Tempel, als ›Herr von Schwert und Beil‹ im mächtigen Śūlaṭaṅkeśvaraliṅga, als ›Herr des Zusammenflusses‹ im Saṃgameśvaraliṅga, als ›Besieger eines Elefantendämons‹ im Kṛttivāseśvara-Tempel.

Widersprüchlich, Gegensätze vereinend, uralte, vorhinduistische Traditionen und neue Strömungen in sich aufnehmend wird Śiva meist in einem schlichten Symbol und Zeichen verehrt: dem Liṅga, einem in der Regel bildlosen, länglichen, oben abgerundeten Stein, der in einem Ringstein stehen kann, welcher die Vulva (*yoni*), gedacht als Śivas weibliche Hälfte, symbolisiert. Im Liṅga vor allem zeigt Śiva seine unermeßliche Größe – auch den anderen Göttern gegenüber.

Brahmā und Viṣṇu streiten sich, wer der eigentliche Schöpfer der Welt sei. Da erscheint am Himmel ein unendlich langes Lichtstrahl-Liṅga, heller als zehn Millionen Sonnen. Völlig verwirrt beschließen Brahmā und Viṣṇu, herauszufinden, was dieses Licht denn sei, aber auch nach hundert Jahren können sie dessen Anfang und Ende nicht ergründen. Da gibt sich ihnen Śiva zu erkennen und wird als der Größte von allen respektiert.

Śivas Frau ist Devī, die ›Göttin‹, aber Devī ist nicht nur Śivas Frau, sondern auch das Eine im vielen, die Einheit im Gegensatz: Mutter und Jungfrau, Ehefrau und Gefährtin, todbringend und lebensspendend. Tausend Namen bezeichnen auch sie, und auch in ihr vereinen sich vorhinduistische Göttinnen und Kulte.

Als Pārvatī, die ›Bergtochter‹ des Himālaya und der Nymphe Menā, ist sie ganz an Śiva gebunden, fast schon gezähmt und wohlwollend. Aber Pārvatī ist zunächst Umā, die Tochter des Sehers Dakṣa, der den aschebeschmierten, halbnackten Rudra-Śiva als Schwiegersohn ablehnt. Dann wird sie Satī, die ›Reine, Wahre‹, die sich aus Kummer über Śivas Verstoß ins Feuer wirft und so das Vorbild für manch ›treue‹ Witwe schafft. Danach erst wird sie als Pārvatī wiedergeboren, als diejenige, die Śiva ein perfektes Weib sein will und sich Kinder wünscht, doch Śiva nur schwer an sich binden kann. Die Söhne Gaṇeśa und Karttikeya muß sie ihm trickreich abringen.

Ebenso abhängig sind die Frauen von Brahmā und Viṣṇu. Brahmās Gemahlin ist Sarasvatī, möglicherweise einst eine Flußgöttin. Sarasvatī wird mit der Göttin der Rede (Vāc) identifiziert und ist die Göttin der Künste und Wissenschaften, die eine Stabzither (*vīṇā*) oder ein Buch in der Hand trägt. Viṣṇus Frau – Lakṣmī oder Śrī – gewährt Glück und Reichtum. Kṛṣṇa aber hat keine Ehefrau. Als glühender Liebhaber betört und verführt er Tausende Hirtinnen, doch seine Hauptgeliebte ist Rādhā. Beider Liebe zueinander, bar der sozialen und rituellen Konventionen, dient im Bhakti-Kult als Vorbild für eine wahre, reine Gottesliebe.

Ohne Mann, ohne Liebhaber ist Durgā, es sei denn, sie gilt als der wilde Aspekt von Śivas Frau. Wild gibt sie sich, wenn sie als Mahiṣāsuramardinī den Büffeldämonen Mahiṣa tötet und in Siegerpose auf ihm steht, wenn sie als fratzenartige, skelettöse Cāmuṇḍā mit schlaffen Brüsten auf einem Leichnam sitzt oder wenn

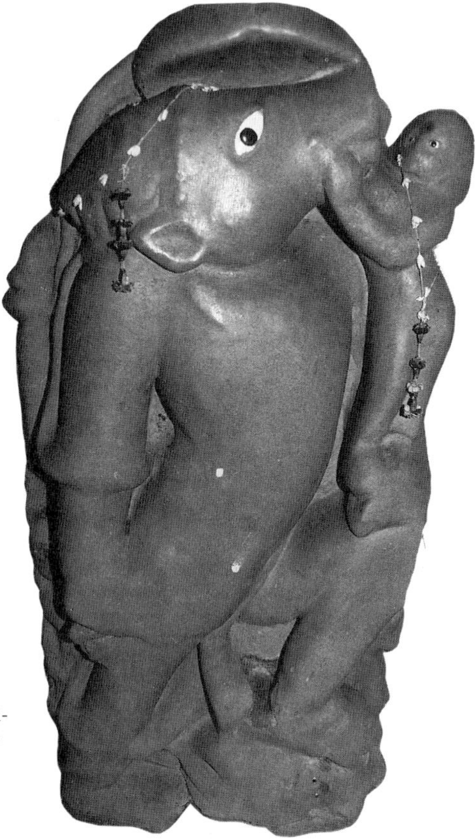

Tāmravarāha: Erscheinungsform Viṣṇus als Eber (am Weg vom Muktimaṇḍapa zum Maṇikarṇikāghāṭ)

sie als kopflose Cinnamastā, behängt mit einer Kette aus Menschenschädeln, Blut aus ihrem Hals in die Mäuler von zwei Menschenfresserinnen spritzen läßt. Ob sie als einen Tiger reitende Kālī (die ›Schwarze‹) oder als alle verhöhnende Gruppe von ›Müttern‹ (*mātṛkā*) Tier- oder gar Menschenopfer verlangt, ob sie als Śītalā (die ›Kühlende‹) Fieber und Pocken verbreitet, immer muß ihre schier unstillbare, blutrünstige Gier gesättigt werden. Erst dann ist sie eine Göttin, die Fruchtbarkeit und Leben spendet, die Felder und Ernte, Kinder und Erwachsene vor Unbill schützt.

Ganz anders Viṣṇu, der Erhalter des Universums. Meist ausgestattet mit Diskus, Keule, Lotus und Muschelhorn, begleitet vom Sonnenadler Garuḍa, besitzt Viṣṇu ein bewahrendes, ausgleichendes Wesen, doch ist auch er ein vielschichtiger Gott, der zahlreiche andere Götter in sich vereint. So kennt man ihn eher unter den Namen Hari, wenn er mit Śiva auftritt (Hari-Hara), Nārāyaṇa oder Śeśanārāyaṇa, wenn er zwischen den Weltperioden auf einem Schlangenbett im kosmischen Ozean ruht, Vaikuṇṭha, wenn er Herr des gleichnamigen Paradieses ist, oder als Viśvarūpa, der ›Allgestaltige‹. So stieg er in zehn Erscheinungsformen (*avatāra*) auf die Erde herab. Als Fisch (Matsya), Schildkröte (Kūrma), Eber (Varāha) und Mann-Löwe (Narasiṃha) kam er im Goldenen Zeitalter (*kṛtayuga*), als Zwerg (Vāmana) und als die Helden Paraśurāma und Rāma erschien er im Silbernen (*tretayuga*), als Hirtengott Kṛṣṇa im Kupfernen Zeitalter (*dvāparayuga*); im gegenwärtigen Eisernen Zeitalter (*kaliyuga*), das im Jahre 3012 v. Chr. begann, trat er bereits als Buddha auf und wird noch – so die Vorhersage – als apokalyptischer Reiter Kalkin auf einem weißen Pferd erscheinen.

Viṣṇus beliebteste Erscheinungsformen sind Rāma, die Hauptfigur des Rāmāyaṇa-Epos, dessen Leben und heldenhafte Taten alljährlich im Monat Āśvina (September/Oktober) auch in Benares besungen werden, und Kṛṣṇa, der Mittel- und Höhepunkt unter den zehn Avatāras: mal friedlicher, eine Flöte spielender Hirtengott (Gopāla, Govinda), mal freches, abgöttisch verehrtes Kind (Bāladeva, Bālajī), mal heldenhafter Gott (Vāsudeva-Kṛṣṇa), der im »Gesang des Erhabenen«, der »Bhagavadgītā«, den Wagenlenker und Heerführer Arjuna über die Welt und sein Krieger-Ethos belehrt. Arjuna ist einer der fünf Pāṇḍavas, die im Mahābhārata-Epos vehement gegen ihre Halbbrüder, die Kauravas, kämpfen. (Auch die Pāṇḍavas haben ihre Schreine, etwa im Tempel des Pāśapāṇivināyaka in Shivapur.)

In Kāśī finden sie alle zusammen, die großen und die kleinen Götter, die Wächter des Universums, der Sonnengott Sūrya, der Mondgott Candra, die Neun Planetengötter (*navagraha*), umgeben von Nymphen (*apsarā*) und himmlischen Musikanten (*gandhārva*), befeindet von Dämonen (*asura*) und Geistern (*bhūta*), Riesen (*daitya*) und Kobolden, Hexen und Gespenstern, begleitet von heiligen Kühen, Affen, Elefanten, Schlangen ...

Götterdienste

Von allen Göttern hat nur Brahmā, der Schöpfergott, keinen eigenen Kult mehr, keine Tempel und kaum Statuen. Die anderen aber erfreuen sich regen Besuchs und steter Bewirtung. Wer an welchen Gott glaubt, das tritt zurück hinter der Frage, wer welchen Gott verehrt. Denn der Glaube und das stille Gebet reichen nicht aus. Die Götter wollen versorgt sein – von verschiedenen Priestern: Pūjārīs dienen ihnen in Tempeln, Karmākhāṇḍīs veranstalten im Hause Opfer (*yajña*), Waschungen (*abhiṣeka*) und lebenszyklische Riten (*saṃskāra*), Ghāṭiās nehmen am Ganges zum Teil verunreinigende Geschenke an, Vyāsas und Kathābacakas erzählen Mythen, Kīrtanīs singen heilige Gesänge. Die Mythen, ob schriftlich in Texten, vornehmlich den Purāṇas, bewahrt oder vom Vater dem Sohn weitererzählt, beleben die alten Heiligtümer und schaffen stets neue.

In den Innenhöfen, im eigenen Haus, im obersten, reinsten der Stockwerke, mehr noch als in den Tempeln, werden die Götter gekleidet, gewaschen und ernährt. Meist sind es fünf: Śiva, Viṣṇu, Gaṇeśa, Sūrya und Devī. Die kleinen Messing- oder Lehmstatuen stehen in einem Hausaltar und dieser in einer abgetrennten Kammer oder Nische, um sie vor Verunreinigung zu schützen. In der Mitte sitzt die jeweils bevorzugte Wunschgottheit. Jeder Hindu wächst in seine Familie, seinen Clan, seine Kaste, seine Region und damit auch in seine Götterwelt hinein.

Dvādaśeśvara: Liṅga mit zwölf aufgesetzten kleinen Liṅgas aus Kristall, mit Gaben von Bilva-Blättern

Letztlich drücken all diese Gruppierungen lediglich aus, daß das Eine Göttliche verschieden sein kann. Benares gehört zu den Sieben Heiligen Stätten, den Saptapurīs, doch wer in den anderen sechs (Ayodhya, Mathura, Haridwar, Ujjain, Dwarka und Kanchi) stirbt, wird erst in Kāśī wiedergeboren, bevor er Befreiung erlangen kann. Acht Bhairavas hüten die Stadt in ihren Haupt- und Nebenrichtungen. 56 Gaṇeśas bewahren sie in ihren Sieben heiligen Feldern achtfach vor Unglück. Sieben-, acht- oder neunfach zeigen sich Durgās, Caṇḍīs, Mātṛkās oder Gaurīs als Eine Göttin. Zwölf Lichtstrahl-Liṅgas sind über Indien verteilt, ein jedes einem Monat und weiteren Kriterien zugeteilt, alle finden sich noch einmal in Benares, ebenso die Vier Kardinal-Tīrthas (Badrinath, Rameshvaram, Dwarka und Puri) oder die Zwölf Sonnen, die 42 kleinen Liṅgas am Kapiladhārā und die 108 (zwölf mal neun) Orte der Pañcakrośī-Uṃgehung.

Den fünffachen Aspekt, bei dem das Eine sich vierfach zeigt, repräsentiert etwa das viergesichtige (*caturmukha*) Liṅga. Das Emblem Śivas weist an den Seiten vier modellierte Büsten auf, die jeweils einem der vielen Aspekte Śivas zugeordnet sind: Kräften (Befreiung, Zerstörung, Bewahrung und Schöpfung) oder Farben (gelb, schwarz, rot, weiß). Doch die blanke Oberseite, der fünfte Aspekt, vereint alles in sich. Śiva hat viele Gesichter und doch keines.

Am Oṃkāra-Tempel, im Norden der Stadt, ist dieses Prinzip verwirklicht. Um den Haupttempel, der eines der ältesten Liṅga von Benares birgt, sollen früher vier Schreine gelegen haben, welche für die Elemente der aus fünf Teilen zusammengesetzten heiligen Silbe *om* stehen, nämlich *a*, *u*, *m*, die Nasalierung des Diphtongs (*bindhu*) und der Klang dieses Lauts (*nāda*).

> *Śiva hört den Schöpfergott die Silbe* oṃ *aussprechen. Da erscheint er als Liṅga, als Oṃkāreśvara (›Herr von Om‹), und läßt Brahmā die Welt erschaffen.*
>
> (»Kāśīkhaṇḍa«, Kapitel 73)

In diesem Tempel hat sich Śiva also selbst gezeigt. Auch wenn das Liṅga von Menschenhand stammt, gilt es als selbstentstanden (*svayambhūta*), gleiches gilt für den Kedāreśvara im Süden der Stadt. Hier handelt es sich um einen natürlichen Stein mit einer

Mittellinie, der wie auch der Kardameśvara in Kandwa von einer kleinen, zaunartigen Yoni-Einfassung umgeben ist.

Jeden Morgen, mit nüchternem Magen verehrt König Māndhātri Śiva in Kedāra im Himalaya und auch in Kāśī. Als er älter und älter wird, erlaubt ihm Śiva, vorher Kicchari zu sich zu nehmen. Und da man diese Speise aus Linsen und Reis nicht alleine essen darf, bietet sich Śiva als Māndhātris Gast an. Kaum hat der König das Mahl in zwei Teile geteilt, zeigt sich Śiva versteinert im Teller als Liṅga, als ›Herr von Kedāra‹ und erspart dem König damit die weite Reise.

(»Kāśīkedāramāhātmya«, Kapitel 19-20)

Ob natürlich oder kunstvoll gestaltet, ob am Ort ›von selbst entstanden‹ oder von anderen heiligen Stätten herbeigeschafft – all das sagt nichts darüber aus, wie alt ein Heiligtum ist und wie große Verehrung es genießt. Lāṭhbhairava im Norden der Stadt etwa besteht aus nichts anderem mehr als einem ganz und gar mit Mennige beschmierten und mit einem Tuch verhängten Säulenrest, aus dem eine vergoldete Maske des Gottes schaut (Abb. S. 94). 1809, bei einer äußerst gewalttätigen Auseinandersetzung zwischen Muslimen und Hindus, wurde die ehedem viele Meter hohe Säule kurz und klein geschlagen – ihrer Heiligkeit schadet das nicht. Im Gegenteil, man erzählt sich, daß dieser Stein ohnehin langsam absinke, und wenn er dem Boden gleich sei, käme das Ende des Dharma, das Ende von Ordnung, Recht und Anstand.

In Bhairava, dem ›Schreckenerregenden‹, auch Bhairon genannt, der eine Kette aus Menschenschädeln trägt und auf einem Hund reitet, haben sich ursprüngliche Dorfgottheiten erhalten, die es zu besänftigen gilt. Mit seinem Aufstieg in die Schar von Śivas Begleitgöttern oder mit seiner Manifestation als Śiva selbst kommt Bhairava in Benares die Funktion eines Wächters (*koṭvāl*) zu. So als Kāla- (›Schwarzer‹) Bhairava oder als Daṇḍapāṇi (›Stockträger‹) in der Viśvanātha-Gasse. Bhairava, dessen Tempel aus dem 16. Jh. stammt, dessen Heiligtum aber sicherlich auf vorhinduistische Zeit zurückgeht, entscheidet mit seinem 140 cm langen Stock (*lāṭh*) darüber, wer in Kāśī leben darf; auch über die Götter urteilt er. Den Würdigen gibt er zu essen, hilft dabei der Göttin Annapūrṇā (die ›Nahrungsreiche‹), die Unwürdigen verdammt er.

Lāṭhbhairava:
das Gesicht des Bhairava schaut aus dem zu einem Liṅga umgestalteten Stumpf eines steinernen Schaftes heraus (s. auch Umschlagrückseite)

Nicht alle Hindus betrachten Daṇḍapāṇi als Erscheinungsform des Bhairava. Seine Stellung ist weitgehend unabhängig, er fungiert weder – ebenso wie viele andere (Halb-)Götter und Geister, meist Bīr oder Bhūta genannt – als Begleiter noch als Wächter der großen Götter. Bīr oder Bhūta finden sich überall in Benares, besonders am Stadtrand. Meist identifiziert man sie mit einem einfachen, manchmal rot bemalten Stein oder einem Mauerloch. Herausragend sind etwa der Lahurābīr und der Daitrabīr oder der Karamanbīr auf dem Gelände der Benares Hindu University.

Solche Wesen machen die Menschen, besonders die Kinder, krank, führen Mißernten oder andere Katastrophen herbei – es sei denn, man besänftigt sie mit unreinen Speisen wie Alkohol, Eiern oder gar Tieropfern. Viele Hindus tragen Amulette, um die Geister fernzuhalten, streichen den Kindern Ruß um die Augen, damit der Böse Blick nicht auf sie fällt, oder hängen Spiegel vor die Türen, so daß die aufdringlichen Wesen vor ihren eigenen Fratzen erschrecken. Ist einer vom Geist befallen, hilft nur noch der Exorzist, meist ein lokaler Heiler.

Bīr:
ein mit einer Nische versehener Kegel auf einer Plattform (neben dem Unmattabhairava); Ort des unbefriedeten Geistes einer Witwe

Auch die Göttinnen müssen zum Teil mit unreinen Speisen oder Substituten beschwichtigt werden, um Gefahren abzuwenden. Die Śaṅkaṭādevī (›Göttin der Gefahren‹), eine der mächtigsten Devīs in Benares, drückt dies sogar in ihrem Namen aus. Einst besaßen viele dieser gefährlichen Göttinnen ›nur‹ in ihrem jeweiligen Dorf Wirkkraft. Erst allmählich wuchs ihre Bekanntheit, ihr Einfluß, bis sie schließlich in das allgemeine hinduistische Pantheon aufgenommen wurden. Die vedische Religion kennt den Typus der schreckenerregenden Göttin kaum. Die sogenannte Pockengöttin Śītalā am Daśāśvamedhaghāṭ, die in Benares auch als eine der ›Mütter‹ (*mātṛkā*) gilt, wird in den Sanskrit-Lobpreisungstexten nicht einmal erwähnt.

Die Sitze dieser Göttinnen befanden sich früher meist im Umkreis von Benares, außerhalb der Stadtgrenzen. Da man sie sämtlich als Manifestationen einer einzigen Göttin betrachtet, faßte man sie in Gruppen zusammen, etwa zur Caũsathīdevī (*caũsathī* heißt ›64‹), mit der 64 Yoginīs (›Hexen‹) verehrt werden, oder zu 64 Pīṭha-Göttinnen, mit denen man Teile der Leiche von Satī verehrt: Am Viśālākṣī-Schrein weit oberhalb des Mīrghāṭ und unweit des Viśvanātha-Tempels soll beispielsweise ihr Auge herabgefallen sein, aber auch der Vārāhī-Tempel am Mīrghāṭ, der Mayūrī-Tempel am Lakṣmīkuṇḍa und der Kāmākhyā-Tempel im Südwesten beanspruchen, zu diesen Pīṭhas (›Sitz, Podest‹) zu gehören.

Am Stadtrand, im bis zum Beginn dieses Jahrhunderts wenig bewohnten Süden, liegt der Durgā-Tempel, auch als Affentempel bekannt. Vor der Tempelhalle, zu der Nicht-Hindus der Zugang verwehrt bleibt, steht ein Opferpfosten, an den Opfertiere angebunden werden. Zwar erhält die Göttin heute meist eine Kokosnuß an Stelle eines Tieropfers, bei großen Festen jedoch köpft man Ziegen. Die Tiere müssen makellos und möglichst männlichen Geschlechts sein, und sie müssen das Opfer freiwillig annehmen, was sie durch ein vorheriges Schütteln des Kopfes bezeugen.

Solch ein Opfer Śiva oder Viṣṇu darzubringen, wäre ein großes Sakrileg. Sie bekommen nur reine, vegetarische Speisen, und Priester wie Pilger müssen sich rituell reinigen, bevor sie sich dem Gott nähern. Der Gottesdienst an einem kleinen Liṅga-Schrein, in dem Śiva verehrt wird, unterscheidet sich kaum von den Verrichtungen in großen Tempeln. In letzteren mag der Aufwand größer, mögen die Materialien wertvoller sein, das Prinzip aber ändert sich nicht.

Ein Gottesdienst am Assīghāṭ

Die nachfolgende Schilderung ist aus der Erinnerung an das Jahr 1974 geschrieben, als Axel Michaels für mehrere Wochen am Assīghāṭ wohnte. Das Geschehen ist stilisiert wiedergegeben und mit im Hinduismus typischen Pūjā-Segmenten ergänzt worden, die an dem genannten Heiligtum nicht obligatorisch sind.

Wo der Nebenfluß Assī in den Ganges fließt, wacht Śiva als Herr über diese heilige Verbindung, verewigt im Assīsaṃgameśvaraliṅga, das in einem kleinen Schrein am Assīghāṭ steht. Dorthin kommt jeden Morgen ein frommer Brahmane aus der Umgebung, um Śiva einen eigenen Gottesdienst (*pūjā*) darzubringen. Zunächst zieht er sich die Schuhe und alle Ledersachen aus, dann spült er den Mund (*ācamāna*) und purifiziert sich innerlich mit Atem- und meditativen Konzentrationsübungen. Schließlich folgt ein formeller Beschluß (*saṃkalpa*), bei dem die Verehrung ausdrücklich und in vorgeschriebenen Formulierungen bekräftigt wird, sowie die Ahnen angerufen und die Götter um Beistand gebeten werden. Auch für religiöse Gelübde (*vrata*) gelten diese Vorriten. Als Zeuge (*sākṣin*) dafür ruft man in Benares gern den Sākṣīgaṇeśa an, der nicht zu der Gruppe der 56 Gaṇeśas (s. S. 92) gehört und dessen Tempel sich an der Viśvanātha-Gasse befindet.

Nach dem formellen Beschluß nimmt der Brahmane im Ganges ein Reinigungsbad. Er könnte auch in einem Stufenbrunnen oder lediglich symbolisch baden, indem er sich etwas Wasser über das Haar träufelt. Verfügt er allerdings nicht über das heilige Wasser des Ganges, so muß er Wasser zunächst mit Mantras, bestimmten Blüten, Reiskörnern und anderem heiligen, um dann damit die übrigen Ritualgegenstände (Glocke, Opferlöffel oder Öllampe etc.) zu reinigen.

Mit Gesten und der Rezitation von Opfersprüchen (*mantra*) oder einem Gebet stimmt sich der Brahmane auf die Verehrung des Gottes ein. Ob im Haus oder Tempel, der Gott wird wie ein Gast behandelt und bewirtet. Man weckt ihn mit einer Glocke oder indem man seine(n) Namen ruft. Der Brahmane imitiert das Geräusch einer Glocke und schreit laut »Brrr, brrr« – das letzte Geräusch, das aus dem Haupt Dakṣas zu vernehmen war, nachdem ihm Śiva aus Zorn über seine Mißachtung (Dakṣa hatte ihn zu einem wichtigen Opferfest nicht eingeladen) enthauptet hatte. Śiva hatte sich über diesen Laut köstlich amüsiert, und indem der Brahmane den Gott schon frühmorgens daran erinnert, stimmt er ihn heiter für den Tag.

Anschließend wäscht der Priester den Gott bzw. das Liṅga, salbt ihn mit Gangeswasser oder mit einer Mischung (*pañcāmṛta*) aus Milch, Ghī, Honig, Joghurt und Zucker. Daraufhin bemalt er ihn mit Sandelholzpaste und Zinnober, trägt sakrale Zeichen auf das Liṅga auf. Schließlich grüßt er den Gott mit flach aufeinander gelegten Händen und wäscht und berührt seine Füße – alles Gesten des Respekts, die auch im Alltagsleben vorkommen. Als besonders verdienstvoll gilt es, etwas vom Waschwasser der Füße zu trinken. Vom Wasser am Ādikeśava-Tempel jenseits des Rājghāṭ-Plateaus sagt das »Kāśīkhaṇḍa«, es sei besser als die Milch der Mutterbrust, da dort Viṣṇu seine Füße gewaschen habe. Aus diesem Grund heißt der Ort auch Pādukātīrtha, ›Heilige Stätte des Fuß(wassers)‹.

Nach der Begrüßung kleidet der Brahmane den Gott, legt ihm mitgebrachte Schmuckstücke und ein Tuch um. Er schwenkt eine Öllampe mit drei Dochten um ihn herum, dann halten er wie auch die, die schon aus der Umgebung herbeigeeilt sind, ihre Hände über die Flammen, um so die Kraft des Gottes auf sich zu übertragen. Nicht nur das Liṅga, sondern auch alle anderen Götter im Umkreis segnet der Brahmane mit seinem Handeln. Es ist dies der Höhepunkt des Gottesdienstes, bei dem sich Gläubige und Gott in der Flamme treffen.

Wenig später gibt er ihm Speise, Reiskörner – geschält, unzerbrochen und ungekocht müssen sie sein –, Sesam- und Gerstenkörner, einige Früchte, manchmal auch eine Betelnuß oder Süßigkeiten, die besonders der dickbäuchige Gaṇeśa liebt. Jener ist auch Modakavināyaka, ›Gaṇeśa des Konfekts‹, wie ein häufig zu Beginn und Ende einer Wallfahrt aufgesuchter Schrein im Kāśīkarvat-Tempel heißt. Das Essen ist die wichtigste Darreichung. Der Gott benötigt es, um zu ›überleben‹, und daher muß es täglich serviert werden. Selbst die Göttin Annapūrṇā muß von Priestern und Gläubigen genährt werden, obwohl sie selbst, wie ihr Name besagt, ›voller Nahrung‹ ist, und als die große Ernährerin gilt, die an ihrem Tempel zur Mittagszeit Arme und Bedürftige speist.

Der Brahmane reicht also dem Gott die Nahrung und verteilt anschließend einen Teil davon an die Umstehenden. Auch bei Tieropfern wird bis auf den Kopf, den der Priester erhält, alles wieder mitgenommen. Nur bei Feueropfern (*homa*), etwa für Agni, ›verschlingt‹ der Gott selbst die Gaben. Da der Gott von den Speisen gegessen hat, sind die zurückerhaltenen Speisen eigentlich Nahrungsreste geworden: Aber was im sozialen Kontext oft verunreinigt und erniedrigt, nämlich zu essen, was ein anderer übrigläßt, ist hier Zeichen einer religiösen Unterordnung unter den Gott.

Nach dem Essen – es ist schon hell geworden – bringt der Brahmane Blüten dar – Tagetes, weißen Jasmin, Rosen, Hibiskus und Blätter des Bel-Baumes –, wobei er Śiva in all seinen Namen anruft. Manchmal rezitiert er Hymnen aus einem heiligen Text, etwa aus der »Bhagavadgītā« oder das »Loblied von Śivas Tausend Namen« (»Śivasahasranāmastotra«). Bei viṣṇuitischen Heiligtümern trägt man gerne Lieder vor, begleitet von einem Harmonium.

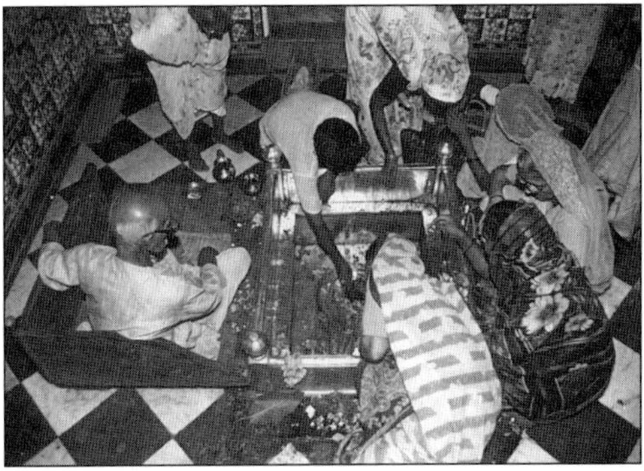

Geben und Nehmen am Liṅga des Trilocaneśvara: Gläubige opfern Blumen, Süßigkeiten und Früchte und bezahlen die religiösen Dienste des Brahmanen

Als Zeichen ihrer Teilnahme an der Zeremonie drückt der Brahmane den Gläubigen zum Abschluß ein rotes Mal, die Ṭīkā, auf die Stirn oder bindet ihnen ein Band um das Handgelenk. Sie geben ihrerseits dem Brahmanen eine Geldspende (*dakṣiṇā*) oder werfen sie für ihn über das Liṅga. Den Schrein noch einmal umwandelnd, ziehen sie von dannen, während der Brahmane den Platz ›aufräumt‹, die mitgebrachten Ritualgegenstände und die über das Heiligtum geworfenen Gegenstände einpackt, den Schrein ausfegt und Śiva schließlich wieder entläßt, indem er sich von ihm verabschiedet. Am Ende sieht alles aus, als ob nichts geschehen wäre. Nur die Blüten, Reiskörner und die frische Bemalung erinnern an die Pūjā, den Gottesdienst.

All dies vollzieht sich tausendfach in Benares, besonders während der Morgenstunden und in der Abenddämmerung – voller Variationen in der Abfolge und den Ritualteilen (*upacāra*), abhängig von der Gottheit, vom Anlaß, Zeitpunkt, Ort und Priester. Es gibt kürzere und wesentlich längere Versionen des Gottesdienstes, es gibt von Laien alleine oder durch einen Priester vollzogene Pūjās, eine für alle gültige Ritualordnung und Liturgie besteht nicht. Der Priester folgt seiner Tradition, seiner Schule, vielleicht auch seiner Sekte, der Laie folgt dem, was er kennt, was er bei Vater, Mutter und Familienpriester gesehen und gelernt hat – hier zeigen sich Merkmale einer Glaubenswelt, in der weder ein einzelner Gott noch seine Priester andere Götter oder Priester ausschließen und verketzern.

Göttergaben und Devotionalien

Pūjā-Teller	Kleine aus Blättern des Pipal-Baumes zusammengenähte Teller mit Blüten (Tagetes, Hibiskus, Rosen etc.), etwas Zinnober, einem Beutel Zuckerkügelchen (*ilaycīdāna*) und ein paar Münzen werden als Gaben für die Götter mit in den Tempel genommen
Kreide, Pasten	Für das Auftragen von Stirnmalen (*ṭīkā, ṭīkuli*) zur Zierde sowie als Zeichen der Teilhabe an religiösen Zeremonien nimmt man: Kreide, Lehmbrocken und Sandelholzpaste (*candana*) in weißer und gelber Farbe; rotes und orangefarbenes Zinnober (*sindūra*), lose und eingepackt; zum Teil künstlich eingefärbtes Kreidepulver; rote und verzierte Plastikpunkte. Frauen ziehen, sind sie verheiratet, außerdem ihren Haarscheitel rot nach. – Bemalte Holztöpfe und hölzerne oder steinerne Mörser verwendet man für das Reiben der Paste
›Andenken‹	Götterbilder und -statuen, kleine Podeste (*siṃhāsana*) für die Statuen, Weihrauchständer, Kupferteller, in kleinen Kupferkrügen verschlossenes Gangeswasser, Eimer mit Löffel für Gangeswasser, Yak-Wedel, Öllampen, Kalender, Postkarten, Heftchen mit Götterhymnen oder Lobpreisungen auf Benares – all dies wird von Pilgern meist nicht vor Ort gebraucht, sondern als Andenken oder für Hausrituale mitgenommen
Steine	Schwarze Ammonitenschalen (*śālagrāma*) aus dem Himalaya gelten als Symbole Viṣṇus, eiförmige Jade- und Opalsteine als Śivaliṅgas; hinzu kommen aus Ton, Holz oder Metall geformte Liṅgas
Ringe	Ringe aus Glas für Frauen und Kinder sowie aus Metall für Männer dienen zur Zierde

Ketten (*mālā*)	Ketten in verschiedenen Größen und Stoffen (z. B. Sandelholz, Glasperlen) sowie Anhänger mit Götterfiguren oder der heiligen Silbe *oṃ* dienen ebenfalls zur Zierde oder zum Gebet, etwa zum Aufsagen von Götternamen; die Tulsīmālā mit 108 Basilienkrautsamen ist Viṣṇu, die Rudrākṣamālā mit unterschiedlich vielen Samen des Elaecarpus-ganitrus-Strauches (Bengalische Quitte) ist Śiva geweiht
Glocken, Muscheln	Große Glocken und Muscheln (*śaṅkha*) nimmt man zum Wecken und Anrufen der Götter, kleine Muscheln zur Zierde und zum Spielen einer Art Schach
Fäden, Schnüre	Kurze gelbe und rote Fäden (*rakṣadhāgā*) werden im Tempel der Gottheit bzw. dem Priester gereicht und danach als Schutz gegen Geister um die rechte Hand gewickelt. Lange weiße Schnüre sind die Heiligen Schnüre (*janeu*) der Zweimalgeborenen. Mehrfach gewickelte, kleine weiße Baumwollfäden dienen als Dochte für Öllampen. Vor allem Kinder tragen schwarze Baumwollfäden (*bhairavadhāgā*) als Schutz gegen Dämonen um den Hals

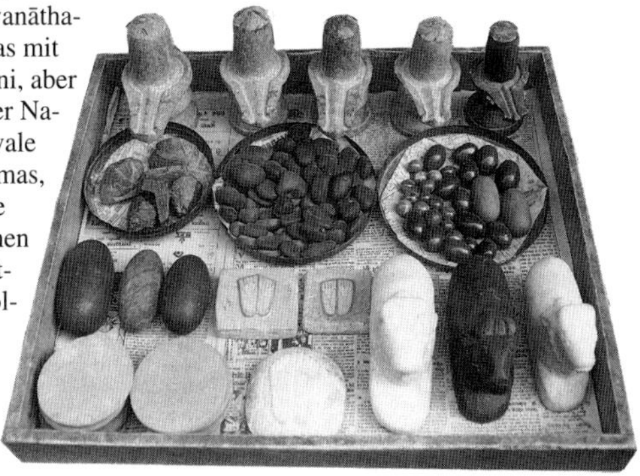

Devotionalien (in einem Laden am Viśvanātha-Tempel): Liṅgas mit Podest und Yoni, aber auch als von der Natur geformte ovale Steine; Sāligrāmas, Viṣṇu geweihte Steine, von denen es heißt, sie enthalten einen goldenen Kern; Fußabdrücke Viṣṇus und Nandis, Śivas Reittier

Prozessionen und Umgehungen

Kāśī teilt sich in verschiedene heilige Zonen oder Felder, die Pilger aus verschiedenen Anlässen umwandeln. Mit jeder Umgehung hat der Pilger teil an den sakralen Qualitäten, die der eingeschlossene Raum besitzt. Eine der kürzesten ist die Umgehung des inneren Stadtbereichs, die Antargṛhayātrā, die längste ist die

Die drei Bezirke der Stadt werden durch eigene Umwandlungen definiert, die jeweils an ihrem zentralen Heiligtum (1 Viśveśvara, 2 Oṃkāreśvara, 3 Kedāreśvara) beginnen und durch Orte in den vier verschiedenen Richtungen orientiert werden. Um den Viśveśvara legt sich schalenförmig die Umwandlung des Avimukta-Raumes, der durch den Oṃkāreśvara im Norden und den Kedāreśvara im Süden begrenzt wird

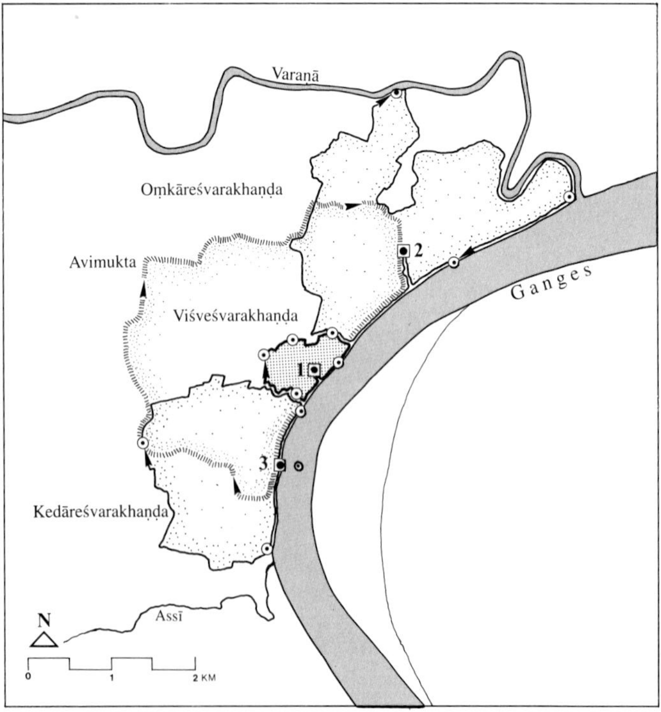

fünftägige Pañcakrośīyātrā (Panchkoshi Jatra), die Umwandlung des heiligen Feldes von Kāśī in einem Radius von fünf Krośa (ein Krośa hat 3,5 km) mit dem Madhyameśvaraliṅga als ›Herrn der Mitte‹.

Der Madhyameśvara ist auch in die Avimuktapradakṣiṇā einbezogen, eine kleinere Umgehung, bei der in einem Radius von einem Krośa jener heilige Kreis umrundet wird, welchen Śiva ›nie verlassen‹ (*avimukta*) will. Oft zeigen solche Prozessionen alte Stadtstrukturen auf. So die Nagarapradakṣiṇā (›Stadtumgehung‹), welche den Stadtbereich zwischen den Nebenflüssen Varaṇā und Assī umfaßt, oder die Umgehung von drei Stadtsegmenten, bei welcher der Oṃkāreśvara im Norden, der Viśvanātha in der Mitte und der Kedāreśvara im Süden jeweils die zentrale Gottheit bilden; sie geben ziemlich genau historische und rituelle Schwerpunkte der Stadt wieder.

Die Umgehung des inneren Stadtbezirks (Antargṛhayātrā)

Antargṛhayātrā (Antargrihiyatra) heißt die weiträumige, spiralförmige Umwandlung des Vīśvanātha-Tempels. Nur wenige Pilgergruppen begeben sich auf diese Prozession, obwohl sie, streng genommen, die Voraussetzung für die Pañcakrośīyātrā bildet. Es bedarf der Führung eines Pilgerpriesters, um die vielen Heiligtümer aufzufinden, die ein einmaliges und sonst meist verborgenes Bild von Benares eröffnen. Die Prozession, die etwa sechs Stunden dauert, darf an jedem Tag vollzogen werden, doch bevorzugt man die Tage vor Śivarātri, die Woche vor dem Vollmond im Monat Phālguna (Februar/März), den Beginn eines Schaltmonats oder einen der glückverheißenden Tage vor dem Vollmond im Monat Kārttika (November/Dezember).

Die Prozession beginnt – nach dem üblichen Bad im Ganges – mit dem Ablegen des Pilgerversprechens am Sitz des Vyāsa-Brahmanen neben dem Jñānavāpī-Brunnen. Anschließend suchen die Pilger den Viśvanātha- und den Annapūrṇā-Tempel auf und zollen Daṇḍapāṇi, Ḍhuṇḍhīrāja und anderen Gaṇeśas Respekt, denn sie werden ihnen helfen, etwaige Hindernisse oder Störungen während der Prozession zu überwinden.

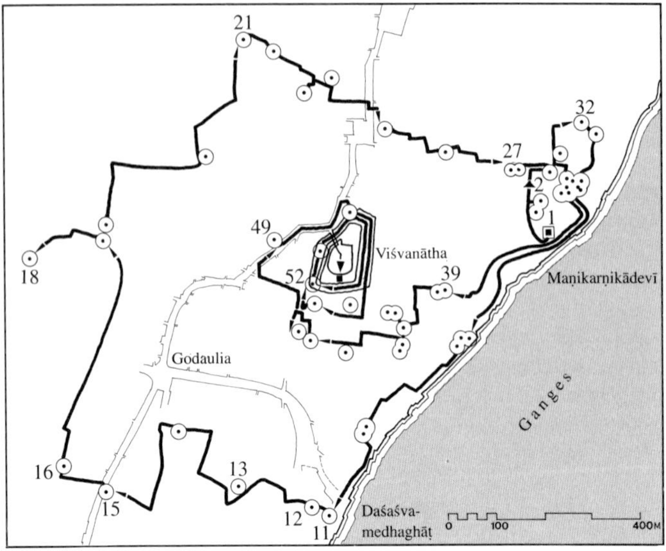

Antargṛhayātrā (auch Viśveśvara Khaṇḍayātrā genannt): Pilgerweg zur Umgehung des ›Herrn des Universums‹, Viśveśvara. In siebenfacher Umgehung nähert sich der Pilger langsam dem Ziel. Der Weg beginnt mit der Verehrung der Maṇikarṇikādevī (Nr. 1) und berührt insgesamt 77 Heiligtümer, bevor Viśveśvara erreicht wird (2 Maṇikarṇikeśvara, 11 Śūlaṭaṅkeśvara, 16 Harīkeśeśvara, 18 Dhruveśvara, 21 Asthitakṣepataḍāgeśvara, 27 Pitāmaheśvara, 39 Karuṇeśvara, 49 Īśāneśvara, 52 Ḍhuṇḍhīrāja; s. auch Liste S. 107 f.)

Danach führt der Weg hinunter zum Maṇikarṇikākuṇḍa, um dort der Maṇikarṇikādevī (Nr. 1) zu gedenken. Nur diejenigen, die sich einem kundigen Priester anvertrauen, verehren die etwa 60 cm hohe Statue der Göttin im nahegelegenen Haus eines Dube-Brahmanen, wohin sie 1809 nach den Unruhen zwischen Hindus und Muslimen in Sicherheit gebracht worden war. Einmal im Jahr, am ›Unzerstörbaren Dritten‹ (*akṣayatṛtiyā*) des Monats Vaiśākha (April/Mai) kehrt sie jedoch auf einer Lade für eine Nacht an den Ort des Ursprungs zurück: auf die Treppen des nach ihr benannten Kuṇḍa oberhalb des Ganges.

Von diesem Kuṇḍa führt eine Treppenanlage hinauf zum tief unter dem heutigen Gassenniveau gelegenen Maṇikarṇikeśvara

(Nr. 2), mit dessen Verehrung die Pañcakrośīyātrā beginnt. In einem benachbarten Hof folgt der Kamaleśvara (Nr. 3) – ein Liṅga, das ebenfalls im 19. Jh. hierhin verlegt worden war. Der ihm geweihte Tempel stand zuvor an dem heute von Ruinen gekennzeichneten Abhang neben dem Maṇikarṇikākuṇḍa.

Der Weg führt vorbei am Gomaṭha mit legendären Architekturfragmenten des ursprünglichen Viśvanātha-Tempels und dem prachtvollen Staatstempel von Jagdishpur (Bihar). An der nächsten Kreuzung biegt der Weg wiederum im Uhrzeigersinn rechts ab. Nach einer erneuten Wendung hinter dem mächtigen Tempel der Śaṅkaṭādevī folgt der Vāsukīśvara (Nr. 4) mit dem Liṅga des ›Herrn der Schlangen‹ und der Parvateśvara (Nr. 5) im benachbarten Ānanda-Akhāṛā. Von dort geht es die Treppenanlage des Sindhiaghāṭ hinab, um unterhalb der nepalischen Tempelanlage den Gaṅgākeśava, die Lalitādevī und den im Ganges versunkenen Jarāsandheśvara (Nr. 6-8) zu verehren.

Es gibt auf dem Prozessionsweg noch mehrere Orte, an denen das ursprüngliche Liṅga nicht mehr vorhanden ist. In solchen Fällen genügt es, daß der Brahmane den Ort kennt oder sich an die Stelle erinnert, wo einige Reiskörner dargebracht werden müssen. Es gibt aber auch zwei neue Liṅgas an alten Orten (Nr. 51 und 65) und zwei alte Liṅgas an neuen Orten (Nr. 3 und 70). Solche Umformungen und -deutungen spiegeln den Tribut wider, welchen Prozessionen den historischen und baulichen Veränderungen immer wieder haben zahlen müssen.

Nach zwei weiteren Liṅgas am Mān Mandir Ghāṭ erreicht die Umgehung mit dem Śūlaṭaṅkeśvara (Nr. 11) ihren südlichsten Punkt. Häufig ist der Zugang zu diesem großen Liṅga versperrt, der Eingang zum Schutz gegen die Schlamm- und Wassermassen des Monsun zugemauert. Das gilt auch für den in den Gängen des nahen Rāma-Tempels geradezu verborgenen (Ādi-)Varāheśvara (Nr. 12).

Nun führt der Weg nach Westen, und wieder verblüfft die Kraft der historischen Überlieferung: Obwohl zahlreiche Heiligtümer zunächst nicht als solche ins Auge fallen, ist ihre Tradition weiter lebendig – die Pilger suchen sie auf. So liegt der Brahmeśvara (Nr. 13) im Hof einer modernen Schule und der Kāśyapeśvara (Nr. 15) in einem Neubau an der Hauptstraße. Mehrere Heiligtümer sind heute in Privathäuser integriert, und nichts deutet von außen dar-

Der Tempel des Īśāneśvara wird als Wohnung genutzt (Nr. 49 der Antargṛhayātrā)

auf hin, daß diese eine Pilgerstätte bergen. Die Bewohner lassen die Gläubigen indes meist gerne ein, selbst wenn sie zuerst ihr Bettzeug wegräumen müssen, um das Liṅga zugänglich zu machen. Vollzieht man die Antagṛhayātrā, so wird man nur etwa 15 Gebäude mit Vorhallen oder Śikhara-Turm, die als Tempel erkennbar sind, finden – und keiner davon stammt aus der Zeit vor dem 19. Jh.

Nach einem kurzen Abstecher zum Dhruveśvara (Nr. 18), der ebenfalls im Hof einer Schule liegt, geht es nach Norden bis hin zum Asthitakṣepataḍāgeśvara (Nr. 21), einem ›von selbst entstandenen‹ (*svayambhūta*) Liṅga, dessen Durchmesser fast 80 cm beträgt. Der Weg zurück zum Ganges verläuft dann ziemlich geradlinig bis zur Śaṅkaṭādevī, in deren Umkreis der Pitāmaheśvara (Nr. 27) eine Besonderheit bildet: man kann lediglich durch eine kleine Öffnung im Straßenpflaster einen Blick auf ihn werfen, denn die Treppenanlage, die zu ihm hinabführt, wird nur am Śivarātri-Tag geöffnet. Noch mindestens sieben weitere Liṅgas sind im ›Untergrund‹ der Stadt verborgen (Nr. 2, 13, 20, 23, 31, 34 und 46). Den Zugang zur ›Unterwelt‹ vermitteln während der Stadtumgehung auch zwei Brunnen, in die man im Zusammenhang mit dem Kalaśeśvara (Nr. 28) und dem Candreśvara (Nr. 29) hineinschauen muß.

Nach dem Ātmavīreśvara (Nr. 30), der in einer großen, der Śaṅkaṭādevī benachbarten Tempelanlage steht, folgen drei unscheinbare Vināyakas (Nr. 35, 36 und 38), und danach steigt man – zum zweiten Mal – die Treppen des Sindhiaghāṭ hinab. Vom Maṇikarṇikāghāṭ aus nähert sich der Weg nun langsam, in sechs immer engeren Kreisen dem Viśvanātha-Tempel. Ist mit der ersten Umgehung das Feld, das heißt der innere Bezirk der Stadt, abgesteckt, so führt der Weg jetzt in einer Spirale auf das Ziel zu. Auffallend ist dabei, daß der sechsten Umgehung um den heute von der Moschee eingenommenen Ort des ursprünglichen Viśvanātha eine siebte folgt. Wie die vierte und fünfte Umgehung schließt sie wieder den Bezirk des Viśvanātha ein und berührt dabei die vier Vināyakas im Osten sowie Gaṇanātha im Westen (Nr. 71-75) und schließlich auch Daṇḍapāṇi (Nr. 76), den Wächter des Bezirks. Erst dann geht es zum Ziel und Zentrum: in den Hof des Viśvanātha.

Mit einer solchen Prozession ›windet‹ sich der Teilnehmer durch Gassen und zwischen Häusern hindurch hinunter zu den Ghāṭs und wieder hinauf. Mal sucht er dunkle, teils tiefgeschossige Keller, mal luftige Dachterrassen von Palästen auf. Schon nach wenigen Metern verliert der Außenstehende jede Orientierung, obwohl oder gerade weil er auf seinem Weg immer wieder Orte entdeckt, die er kurz zuvor erst passiert hat. Die Spirale verengt sich im Verlauf der Umgehung immer mehr – insgesamt sieben Mal – möglicherweise eine Anspielung auf die Sieben Welten der hinduistischen Kosmologie.

Die Heiligtümer der Antargṛhayātrā

1 Maṇikarṇikā
2 Maṇikarṇikeśvara
3 Kamaleśvara
4 Vāsukīśvara
5 Parvateśvara
6 Gaṅgākeśava

7 Lalitādevī
8 Jarāsandheśvara
9 Someśvara
10 Dālabheśvara
11 Śūlaṭaṅkeśvara
12 Varāheśvara
13 Brahmeśvara
14 Agastīśvara
15 Kāśyapeśvara
16 Harīkeśeśvara
17 Vaidyanātheśvara
18 Dhruveśvara
19 Gokarṇeśvara
20 Hāṭakeśvara
21 Asthitakṣepataḍāgeśvara
22 Kīkaseśvara
23 Bhārabhūteśvara
24 Citragupteśvara
25 Citraghaṇṭādevī
26 Paśupatīśvara
27 Pitāmaheśvara
28 Kalaśeśvara
29 Candreśvara
30 (Ātma-)Vīreśvara
31 Vidyeśvara
32 Agnīśvara
33 Nāgeśvara
34 Haricandreśvara
35 Ciṇṭāmaṇivināyaka
36 Senāvināyaka
37 Vasiṣṭheśvara, Vāmadeveśvara
38 Sīmāvināyaka
39 Karuṇeśvara
40 Trisaṃdhyeśvara
41 Viśālākṣī
42 Dharmeśvara, Dharmakūpa
43 Viśvabāhukā
44 Āśāvināyaka
45 Vṛddhāditya
46 Caturvakreśvara
47 Brāhmīśvara
48 Manaḥprakāmeśvara
49 Īśāneśvara
50 Caṇḍīcaṇḍīśvara
51 Bhavānīśaṅkara
52 Ḍhuṇḍhirāja
53 Rājarājeśvara
54 Lāṅgalīśvara
55 Nakulīśvara
56 Parānneśvara
57 Paradravyeśvara
58 Pratigraheśvara
59 Niṣkalaṅkeśvara
60 Mārakaṇḍeśvara
61 Apsareśvara
62 Gaṅgeśvara
63 Jñānavāpī
64 Nandikeśvara
65 Tārakeśvara
66 Mahākāleśvara
67 Maheśvara
68 Mokṣeśvara
69 Vīrabhadreśvara
70 Avimukteśvara
71 Modavināyaka
72 Pramodavināyaka
73 Sumukhavināyaka
74 Durmukhavināyaka
75 Gaṇanāthavināyaka
76 Daṇḍapāṇi
77 Viśveśvara

Die große Umgehung von Kāśī (Pañcakrośīyātrā)

Die Pañcakrośīyātrā (Panchkoshi Jatra; s. S. 103), die große Umgehung von Kāśī, schließt das heilige, segenspendende Feld (*kṣetra*) des Viśvanātha oder Viśveśvara ein. Das Zentrum des Umwandlungskreises bildet jedoch nicht dieses bedeutendste Liṅga von Kāśī, sondern der Madhyameśvara, der ›Herr der Mitte‹, etwa 1,5 km weiter nördlich. Der Radius des Kreises (fünf [*pañca*] Krośa) bemißt sich nach der Entfernung von dort zum Dehalīvināyaka, demjenigen Gaṇeśa, der das westliche Tor (*dehalī*) von Benares bewacht. Im gegenwärtigen Kaliyuga, dem schlechtesten der vier zyklisch wiederkehrenden Weltzeitalter, ist der Umfang auf 25 Krośa geschrumpft. Im Goldenen Zeitalter betrug er, so die Purāṇas, noch 84 Krośa.

Die 108 Heiligtümer der Umgehung werden erstmals im Kāśīrahasya-Text (›Geheimnis von Kāśī‹; 14. Jh.) aufgelistet, auch wenn die Prozession selbst schon in früheren Texten erwähnt ist. Kapitel und Versnummer sind heute an den einzelnen Heiligtümern angebracht. Das erleichtert es den Pilgern – die meisten von ihnen machen sich ohne Führer auf den Weg –, den Ort aufzufinden und den passenden Vers in ihrem Wallfahrtsbüchlein nachzuschlagen. Organisationen wie die 1925 gegründete Śrī Datār Pañckoś Maṇḍalī arrangieren heutzutage aber auch Umgehungen unter kundiger Leitung.

Eine solche Wallfahrt zu unternehmen, bedeutet in erster Linie religiöses Verdienst (*puṇya*) zu erwerben. Man ›schneidet‹ gewissermaßen aus dem Alltag einige Tage heraus und weiht sie den Göttern. Es handelt sich dabei um eine Art Sakrament: Die Gegenwart der Götter zeigt sich in faßbaren und erfahrbaren Zeichen – den 108 Heiligtümern, die das Pantheon wie den Kosmos vollständig repräsentieren. Freilich beschränken sich die Verehrungen nicht auf diese 108 Stätten, vielmehr beziehen die Pilger meist unzählige weitere Göttersitze – in Gedanken oder durch rituelle Gesten – in ihre Verehrungen ein.

Allen, die eine Pañcakrośīyātrā vollziehen, gewährt Śiva die Reinwaschung von Vergehen. Selbst das Schlachten einer Kuh oder der Mord an einem Brahmanen können so gesühnt werden. Die Priester betonen dies unablässig und wissen Textstellen zu zi-

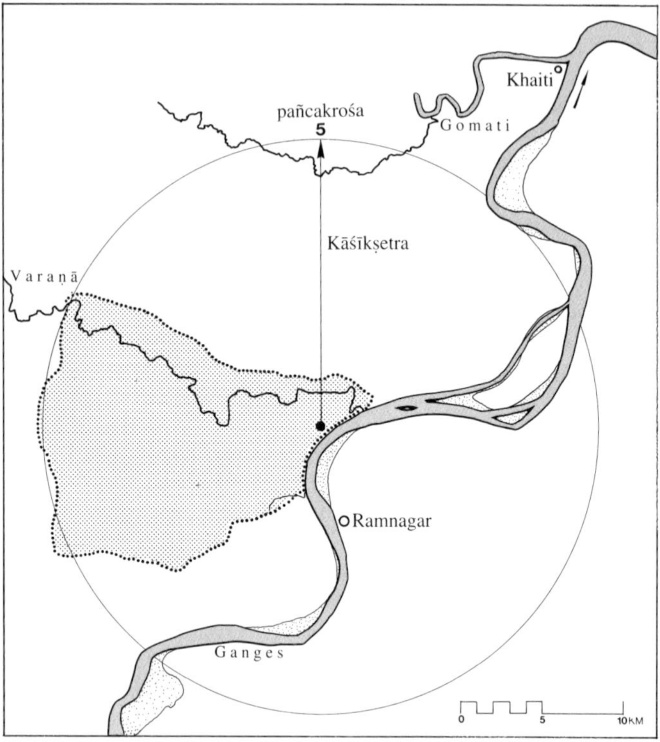

Pañcakrośīyātrā: Der Kreis mit einem Radius von fünf Krośa (17,6 km) definiert den ursprünglichen heiligen Bereich; die Pilger umziehen während der Prozession jedoch nur einen kleinen Teil davon (in der Karte grau angegeben)

tieren, die ihre Ausführungen belegen. Freilich verflüchtigt sich das religiöse Verdienst sofort, wenn man die Grenze des durch die Pañcakrośīyātrā markierten heiligen Feldes überschreitet. Als fast schon unauslöschlich und nie sühnbar gelten die während der Umwandlung begangenen Übel. Sie sind, so sagen die Priester, mit Viṣṇus Donnerkeil für immer festgeschrieben. Deshalb gilt es, diese wenigen Tage höchst aufmerksam zurückzulegen, ohne Begierde, Zorn oder Neid, und unter allen Umständen sollen die Pilger vermeiden, beim Gehen Insekten zu töten.

Nicht zuletzt wegen solcher Gefahren, die der einfache Pilger oft nicht einmal erahnt, trifft man auf der Prozession kaum traditionelle und gelehrte Brahmanen. Sie äußern gelegentlich, daß das wahre Kāśī im Inneren zu suchen sei, und das könne nur gelingen, indem man jedes Verlangen, selbst das nach religiösem Verdienst, überwinde. Doch kommt eine solch esoterische Einstellung den Bedürfnissen der breiten Bevölkerung nach religiöser Betätigung nicht entgegen.

Da Kāśī als zeitlos gilt, ist grundsätzlich jeder Zeitpunkt für die Umgehung angemessen, und doch gibt es bevorzugte Anlässe, etwa in den Tagen vor und nach Śivas Großer Nacht (Mahāśivarātri) im Februar/März, in der Woche nach dem Vollmond im Oktober/November oder in unreinen Schaltmonaten, die nach dem lunisolaren Kalender der Hindus etwa alle drei Jahre eingeschoben werden müssen, um den Mondkalender an die Jahreszeiten anzugleichen. Auch der Zeitraum für die Pañcakrośīyātrā ist nicht genau festgelegt, jedenfalls finden sich in den überlieferten Texten keine zwingenden Vorschriften. Junge, in den Ringervereinen organisierte Männer legen die etwa 65 Kilometer lange Wegstrecke während Śivarātri sogar in knapp zwanzig Stunden zurück, und es gibt viele, die Kāśī mit dem Fahrrad, Motorroller oder Bus an einem Tag ›umgehen‹.

Erst nachdem Ende des 19. Jh. an fünf Orten entlang des Weges große Rasthäuser (*dharamśālā*) errichtet wurden, wendet man im allgemeinen fünf bis sieben Tage für eine Umwandlung auf: Zum Auftakt werden Viśvanātha und Annapūrṇā, das göttliche Paar, verehrt. Am zweiten Tag legt man das Gelübde am Muktimaṇḍapa-Tempel ab und beginnt die Prozession, die bis nach Kandwa führt. Am dritten Tag geht es bis nach Bhīmacaṇḍī am äußersten südwestlichen Rand des heiligen Feldes und am vierten Tag bis Rāmeśvara im Nordwesten am Varaṇā-Nebenfluß. Der fünfte Tag führt nach Shivapur (in der Mitte der nördlichen Wegstrecke), der sechste bis Kapiladhārā, und am siebten gelangt man durch die nördlichen Stadtviertel von Benares zurück zum Ausgangspunkt.

Die vergleichsweise moderne Infrastruktur der Rasthäuser wird freilich besonders in den heißen Monaten, wenn die Temperaturen auf 45° C ansteigen, kaum angenommen. Dann bevorzugen es die Pilger, das Gelübde schon kurz nach Mitternacht abzulegen, um durch die kühle Nacht zu ziehen und tagsüber, vor allem in der

Mittagszeit, im Schatten großer Bäume zu ruhen. Hinzu kommt, daß viel mehr Frauen als Männer auf die Pañcakrośīyātrā gehen, die lieber an Orten nächtigen, an denen man sich durch eine größere Öffentlichkeit beschützt fühlt, also auf beleuchteten Dorfplätzen oder in zur Straße gelegenen Lauben statt in den engen Dharamśālās. Auch die letzte Nacht wird nicht in den Rasthäusern bei Kapiladhārā verbracht, sondern am Weg zum Ganges, von wo aus man bequem noch am frühen Morgen in Benares einziehen kann und wo schon Boote für das letzte Wegstück warten.

Die Gliederung der Umgehung in 108 Orte legt zahlreiche kosmische Bezüge nahe. In der Zahl verbergen sich beispielsweise die Multiplikationen der neun Planeten mit den zwölf Monaten oder der vier Himmelsrichtungen mit den 27 Mondhäusern (*nakṣatra*). Zeit und Raum der Umgehung werden auf diese Weise kosmische Qualitäten zugeordnet, und die Neunheit drückt zudem den auf die Eine Mitte hin zentrierten und orientierten Raum im Achsenkreuz der (Himmels-)Richtungen aus.

An den Namen der Orte läßt sich ablesen, daß nicht nur große und kleine Traditionen oder der heilige Subkontinent Indien, sondern das gesamte Universum durchmessen wird. An fast jedem zweiten Ort steht ein Liṅga, dessen Name meist auf *-īśvara* (›Herr‹) oder, in einer euphonischen Lautverbindung, auf *-eśvara* auslautet. Hinzu kommen eine anthropomorphe Gestalt Śivas (Nr. 52), zehn Göttinnen (Devī, Durgā, Gaurī), elf Gaṇeśas bzw. Vināyakas, zwei Bhairavas, drei Erscheinungsformen Viṣṇus (Nr. 89, 92 und 97), drei Figuren aus dem »Rāmāyaṇa« (Nr. 76-78) und dreizehn Begleitgötter (*gaṇa*), diese interessanterweise nur im südwestlichen, einst dünn besiedelten Bereich. Verehrt werden auch zwei heilige Erdbereiche (*bhūmi*; Nr. 72 und 85) und elf Wasserstellen, nämlich sechs Brunnen oder Wasserbecken (*kuṇḍa, kūpa, sarovara, tīrtha*), zwei Flußmündungen (*saṃgama*) und drei Ghāṭs.

Reihenfolge und Zusammenstellung der Göttersitze und heiligen Stätten lassen keine klare Systematik erkennen, doch waren wohl Kāśīs Acht Vināyakas (Nr. 16, 20, 50, 67, 69, 83, 93 und 105) für den Wegverlauf prägend: Sie sichern punktförmig die Grenze des heiligen Feldes und sind ausnahmslos in die Umgehung einbezogen. Demgegenüber werden andere klassische Göttergruppen Kāśīs nur ausschnittsweise berührt. Man besucht nur

42 Liṅgas in einem kleinen Tempel in Kapiladhārā; Liṅgas treten in vielfältigen Konfigurationen auf, um konzentriert an einem einzigen Ort weitläufige Raumbezüge herzustellen

einen der Acht Bhairavas, Unmattabhairava (Nr. 34), eine der Neun Caṇḍīs, Durgā (Nr. 18), und nur eine der Neun Gauris, Maṅgalā (Nr. 99). Die anderen Götter dieser Gruppen sind dennoch nicht ausgeschlossen. Im Gegenteil: Die aufgesuchten Götter/Göttinnen bzw. Heiligtümer markieren gewissermaßen Schnittstellen, erweitern den Raum, den die Umwandlung umschließt, und beziehen auf diese Weise auch die übrigen Gottheiten ihrer jeweiligen Gruppe indirekt mit in die Pañcakrośīyātrā ein.

In ähnlichem Sinne zählt man Kedāreśvara (Nr. 13), Vṛṣabhadhvajamahādeva (Nr. 88) und Viśvanātha (Nr. 108) zu Indiens Svayambhū- (›von selbst entstanden‹) Liṅgas oder den Someśvara (Nr. 6) sowie wiederum Kedāreśvara und Viśvanātha zu Indiens Zwölf Jyotir- (›Lichtstrahl‹-) Liṅgas. So wird mit der Umgehung Kāśīs der gesamte Raum des heiligen Subkontinents besetzt – der Tempel Rāmeśvara (Nr. 74) markiert übrigens die Südspitze Indiens und der Kedāreśvara den Himalaya.

Nachgerade unzählige solcher Bezüge ließen sich benennen, da jedes Heiligtum aufgrund seiner Mythologie noch weitere Orte einbindet. Was man aber ausweiten kann, weil es unendlich ist, das läßt sich auch auf das Eine zusammenziehen. So steht tatsächlich in Benares ein Tempel mit einzigartigen Skulpturenreliefs, welcher der Pañcakrośīyātrā insgesamt gewidmet ist; dort am Dvādaśeśvara kann der Gläubige die Umgehung an einem Ort vollziehen. Ferner gibt es den Tempel einer Kāśīdevī am Lalitāghāṭ: Wenn das Universum in Kāśī sein kann, dann kann sich Kāśī auch in einem einzigen Tempel manifestieren. Auf jeder Maßstabsebene kann das Prinzip realisiert werden, bis hin zu dem Punkt, wo weder Bildnis noch äußere Wege nötig sind, wo – in höchster Vervollkommnung – der Weg ein innerer wird, wo das Vielfache Eines und das Eine vielfach ist.

Bericht von einer Pañcakrośīyātrā

Vom 20. bis 24. April 1991 haben Niels Gutschow und Rana P. B. Singh an einer Pañcakrośīyātrā teilgenommen. Der nachfolgende Bericht beruht auf Notizen, die während der fünftägigen Umwandlung gemacht wurden.

Erster Tag

Früh morgens herrscht am Muktimaṇḍapa-Tempel ein geschäftiges Treiben. Wir gehen zum Vyāsa-Brahmanen, der dort auf einem Podest thront, um das Pilgergelöbnis für die große Umgehung von Kāśī abzulegen. Vor uns liegen 108 Heiligtümer, vor uns liegen fünf Tage Gehen. Es ist der achte Tag der lichten Hälfte des doppelt gezählten Monats Vaiśākha im Vikrama-Jahr 2048 (April 1991). Ein Schaltmonat, der im hinduistischen Mondkalender etwa alle drei Jahre eingeschoben werden muß, und daher eine unreine, befleckende Zeit wie eine Sonnenfinsternis, der man mit reinigenden Handlungen entgegenwirkt. Und so begeben sich in diesen Tagen besonders viele Hindus auf die Pañcakrośīyātrā. Am ersten Tag des Schaltmonats befand sich auch der Mahārāja von Benares unter den fast 2000 Pilgern.

Viele Pilgergruppen haben schon in der Kühle der Nacht die erste Etappe zurückgelegt. Auch haben sie am Tag zuvor bereits Viśvanātha und Annapūrṇā, das göttliche Paar, aufgesucht und den Gaṇeśa Ḍhuṇḍhīrāja gebeten, alle Hindernisse auf der bevorstehenden großen Umgehung von Kāśī zu beseitigen. Es sind fast nur Frauen, die mit Düngemittelsäcken auf dem Kopf herbeikommen,

Am Anfang der Pañcakrośīyātrā – aber auch bei anderen Stadtumgehungen – nimmt ein Vyāsa-Brahmane, auf seinem Thron am Jñānavāpī-Brunnen sitzend, das Gelöbnis der Pilger ab

in denen sie ihre Habe verwahren. In kleinen Gruppen hocken sie um den Muktimaṇḍapa-Tempel herum oder kaufen noch ein gerahmtes, buntes Bild mit einer Pilgerkarte, das die Stationen der Umgehung visualisiert. Die Frauen reden miteinander und oft stellen sie fest, daß man aus der gleichen Gegend kommt oder einen gemeinsamen Verwandten hat. So bilden sich immer wieder neue Gruppen, die beschließen, den Weg zusammen zurückzulegen.

Ein Bruder des Vyāsa-Brahmanen hat uns die Utensilien für das Ritual des Gelöbnisses besorgt. Vor jeden legt der Vyāsa eine Betelnuß, die, wie er sagt, das Liṅga darstellt, das tief unten im Jñānavāpīkuṇḍa, dem Brunnenschacht des Tempels, liegen soll. Er erzählt, daß vor nicht allzu langer Zeit das Gelübde (*saṃkalpa*) noch direkt am Brunnen abgenommen wurde, doch heute ist der Schacht mit einem Gitter und einem weißen Tuch abgedeckt, auf dem sich Blüten und Reiskörner häufen: Religiöse Eiferer hatten sich mitunter in den Brunnen zu Tode gestürzt.

Der Brahmane besprenkelt die Betelnuß mit Wasser aus dem Ganges, dann uns, und nach dieser äußeren Reinigung benetzen wir die Lippen dreimal mit dem heiligen Wasser, purifizieren uns

innerlich für alle Vergehen in Gedanken, Worten und Taten. Der Priester bittet die Götter um Beistand und fordert uns auf, 108mal Reiskörner und Kristallzucker über die Betelnuß zu werfen, während er in Versform alle Orte am Pilgerweg aufzählt, die wir aufsuchen wollen. Verschmitzt fragt er, ob wir bereit seien, den 65 Kilometer langen Weg nach alter Vorschrift barfuß zurückzulegen. Doch lächelnd befreit er uns aus unserer Verlegenheit, denn längst hatte er die Götter um Nachsicht für unser Schuhwerk gebeten.

Śūlaṭaṅkeśvaraliṅga
(Nr. 8 der Pañcakrośīyātrā)

Wir lassen die Betelnüsse beim Vyāsa-Brahmanen und begeben uns zum Ganges an das Maṇikarṇikāghāṭ, den Ort der Weltschöpfung und des Todes. Wieder waschen wir uns, diesmal im Ganges selbst, befeuchten die Lippen und werfen ein paar Tropfen über den Kopf. Hoch über dem Ufer, am Maṇikarṇikeśvara (Nr. 1), bei Śiva als dem ›Herrn des Maṇikarṇikā(-kuṇḍa)‹, beginnen wir die Prozession. Das Liṅga liegt im zweiten Untergeschoß einer Sektenherberge. Es ist nur in dem blanken, kupfernen Schein der Yoni zu erahnen und wirkt entrückt, gleichsam einer anderen Welt zugehörig.

Wir gehen weiter zu Siddhivināyaka (Nr. 2) am Gassenrand gelegen, ein Gaṇeśa, der uns auf unserem Pilgerweg Vollkommenheit und Erfolg (*siddhi*) sichern soll. Bis zum Assīghāṭ im Süden verehren wir insgesamt zwölf Liṅgas und zwei Göttinnen, Bandīdevī und Lalitādevī, die nicht nur alte Menschen mit einem beiläufigen »Mā!« (›Mutter‹) grüßen. Oft sind die Liṅgas der Pañcakrośīyātrā in winzigen Kammern untergebracht, wovon sich eine an die andere reiht und damit ein Gewirr von Gängen und Räumen entlang der Gaṅgā entstehen läßt. Nur der emporragende, schwarze Śūlaṭaṅkeśvara (Nr. 8), der ›Herr von Spieß und Beil‹, steht in einer großen Halle (Abb. S. 116/117).

Manchmal können wir das Liṅga nicht finden. Die anderen Pilger haben wir aus den Augen verloren. Selbst der Brahmanen-Priester, der uns auf der ersten Wegstrecke hilft, muß in den Toreingängen, stufigen Gassen und Hinterhöfen die Bewohner fragen. Am Haus eines Seidenfabrikanten führt nur ein enger Zugang hinunter zum flachen, kaum erkennbaren Kuppelbau des Sarveśvara (Nr. 12), des ›Herrn von Allem‹. Mißmutig erzählt der Kaufmann, daß die meisten Pilger jetzt mit dem Boot zum Assīghāṭ ruderten und daher kaum noch einer hier vorüberkäme. Der Jarāsandheśvara (Nr. 5), der »Herr des (legendären) Königs von Magadha«, ist schon seit Jahrhunderten verschwunden (eine Nachbildung befindet sich hoch über dem Mīrghāṭ), doch die Pilger verehren ihn an seiner ›ursprünglichen‹ Stelle im Ganges, indem sie ein paar Reiskörner in das Wasser werfen.

Nach einiger Zeit erreichen wir das Gaurīkuṇḍa, einen kleinen Stufenbrunnen, der den ›wahren‹ Ort der Weltschöpfung markieren soll und darin mit dem Maṇikarṇikākuṇḍa konkurriert. Hoch oben liegt der Kedāreśvara (Nr. 13), der ›Herr von Kedāra‹. Das Liṅga, ein von einer flachen Messingbrüstung umrahmter Felsblock, stammt aus dem Himalaya, erklärt der Brahmane. Zuvor schon hatte er uns am Prayāgeśvara vom heiligen Ort Prāyaga

Rund eingefaßtes Liṅga des Kedāreśvara, der als Fels in Erscheinung tritt (Nr. 13 der Pañcakrośīyātrā)

bei Allahabad erzählt, wo die Flüsse Gaṅgā, Yamunā und Sarasvatī zusammenfließen. Er wies auf die Abbildungen dieser Flußgöttinnen in den Sockeln von kleinen Tempelbauten am Aufgang zur Stadt vor dem Palast der Königin Āhalyā Bāi hin und meinte, daß man in Kāśī alle heiligen Orte Indiens wiederfinden könne. Nur wenige Schritte weiter, im Dattātreyamaṭha, steht der Hanumādīśvara (Nr. 14). »Das Liṅga hat (der Affengott) Hanumān gestiftet«, erklärt unser Pilgerführer, »wie (der Mondgott) Soma den Someśvara (Nr. 6) und Varāha (die Erscheinung Viṣṇus als Eber) den Varāheśvara (Nr. 9). Alle Götter sind in Kāśī, alle haben ein Liṅga gegeben.«

Es ist später Vormittag geworden, als wir endlich das Durgākuṇḍa erreichen. Hier soll nach dem »Kāśīrahasya« der erste Tag der Umgehung enden. Wir waschen uns im großen Becken neben dem Durgā-Tempel und bringen der Göttin eine Laḍḍū-Süßspeise dar. Mit den Worten »Du bist die Große Göttin von Kāśī, segne mich und verleihe mir Kraft wiederzukommen«, wenden sich die Pilger an Durgā. Und mit der erneuten Bitte an den Durgāvināyaka (Nr. 20), den Wächter des Bezirks, die Pilgerfahrt von Hindernissen zu befreien, gehen wir zu unserem ersten Nachtquartier im Süden der Stadt. Der Brahmane verläßt uns am Abend. Nun würden wir uns alleine zurechtfinden, wir müßten nur den anderen Pilgern folgen und zur Not den Weg erfragen, meint er.

Zweiter Tag

Kurz nach vier Uhr morgens macht sich ein Mann hinter uns bemerkbar. Er kommt, wie er sagt, aus dem südlichen Teil von Benares und will noch heute bis Rāmeśvara gehen, etwa vierzig Kilometer weit. Am Abend zuvor hatte er den Viśvanātha verehrt und dann in der Nacht die erste Etappe der Umgehung zurückgelegt. »In der Dunkelheit konnte ich manchen heiligen Ort nicht gleich finden, deshalb hat es so lang gedauert«, sagt er, wie wenn er sich entschuldigen müßte. Wir begleiten ihn ein Stück, sind aber zu langsam. So zieht er allein weiter, bis seine Mahādeva-Śambhū-Kāśī-Viśvanātha-Rufe kaum noch hörbar sind und er in der Dunkelheit verschwindet.

Wir gehen auf der kreisförmigen Straße entlang der Benares Hindu University, die den alten Pilgerweg offensichtlich nach Norden gedrängt hat. Auch die alte Mündung der Assī am Saṃgameśvara (Nr. 17), dem ›Herrn des Zusammenflusses‹, war nicht mehr vorhanden, denn vor ein paar Jahren hat man den Bachverlauf nach Süden verlegt.

Es ist noch dunkel, als wir den Viśvakarm(an)eśvara (Nr. 21), den ›Herrn des Universalen Architekten‹, erreichen, der kleine Tempel ist noch geschlossen. Um Einlaß zu erlangen, müßten wir den zuständigen Priester wecken, und so verehren wir das Liṅga von außen und ziehen weiter zum Kardameśvara (Nr. 22), dem ›Herrn des (uranfänglichen) Lehms‹, mit dem die Welt gebaut wurde oder Prajāpati die Welt geschaffen haben soll. Das Liṅga steht im einzigen alten Tempel von Benares, der an einem großen befestigten Teich, dem Kardamatīrtha (Nr. 23), liegt. Hier haben etwa 2000 andere Pilger übernachtet, die meisten sind schon weitergezogen. Wir reichen dem Liṅga Blumen, etwas Zuckerwerk (*ilaycīdāna*), Reiskörner und Wasser dar. Bei einem Brahmanen vor dem Tempel erneuern wir das Pilgergelöbnis und geben ihm ein paar Münzen. Er drückt uns ein rotes Mal, die Ṭīkā, auf die Stirn.

Gleich neben dem Tempel müssen wir, sagen uns die Erfahrenen, in den tiefen Schacht des Kardamakūpa (Nr. 24) schauen und dann Nīlakaṇṭheśvara und Somanātheśvara (Nr. 26 und 27) verehren, zwei Helfer aus Śivas Begleitschar (*gaṇa*). Im Tempel des Nīlakaṇṭheśvara hängt über dem Liṅga ein Bündel Miniaturbetten – Verstorbenen zugedacht, damit sie bequem ihre Ruhe finden und den Hinterbliebenen nicht im Traum erscheinen. Auch der Somanātheśvara ist noch eng mit dem Volksglauben der Dorfkul-

Legenden zu den Farbabbildungen

1 Wäscher am Ganges, im Hintergrund die Paläste der Mahārājas von Udaipur und Darbhanga
2 Maṇikarṇikāghāṭ – Pilgerort und Stätte der Leichenverbrennungen
3 Hochzeit am Daśāśvamedhaghāṭ
4 Pilgerpriester und Badende am Daśāśvamedhaghāṭ
5 Śivarātri-Fest am Mārkaṇḍeyamahādeva-Tempel: Pilger bringen Gangeswasser in die Kultkammer
6 Abgesunkener Śiva-Tempel nördlich des Maṇikarṇikāghāṭ
7 Kuhstatue am Gāyāghāṭ
8 Traditionelle Pilgerkarte von Benares, indischer Farbdruck
9 Pilgerfrauen trocknen ihre Saris am Ādikeśavaghāṭ
10 Verkauf von Blumengirlanden in den Gassen der Altstadt

2

3

4

5

আসল বড় কাশীর
MAP OF KASHI
Sri Durga
Moon
Temple of Annapurna
श्रीश्री काशी विश्वनाथ जी का मन्दिर
শ্রীশ্রী কাশী বিশ্বনাথের মন্দির
अन्नपूर्णा मन्दिर
অন্নপূর্ণা মন্দির
Temple of Lord
Biswanath
University
South

8

क्षेत्र का द्वादशज्योती लिङ्ग शिव अवतार सहित
West
Sun
BARUNA
Sivapur
Lat Bhairab
STATION
Bharat Mandir
Kach Hari
Road
Biseswar Ganj
Ghantaghar
SARNATH
North
STATION
Kasi Karbat
Madhobraw Dharhara
First Keshob
Ghat
Mogalsarai
East
GANGA

tur verbunden, wenngleich sein einfacher Tempel erst 1891 gebaut wurde, wie eine Inschrift bezeugt.

Fast sämtliche Gebäude, die während der Umgehung aufzusuchen sind, stammen vom Ende des 19. Jh. Rot-orange gestrichen, liegen sie stets auf der rechten, reinen Seite des Pilgerwegs. Links stehen die Pilgerunterkünfte, und jenseits davon verläßt man den geweihten Raum; nur dort darf man in den Feldern seine Notdurft verrichten.

Mit Tagesanbruch ziehen wir weiter. Langsam lassen wir die Altstadt von Benares mit ihrem lauten Treiben hinter uns. Die Heiligtümer, die wir – fast schon im Vorübergehen – verehren, sehen merklich anders aus. Unter die Liṅgas mischen sich in diesem südwestlichen Bereich der Unmattabhairava (Nr. 34)), der zu den Acht Bhairavas von Kāśī gehört, sieben weitere Gaṇas, mit Dreizack, Schwert oder Keule in den erhobenen Händen als Krieger dargestellt. Auch eine Gandharva-Figur (Nr. 51) im Tempel der Bhīmacaṇḍīdevī (Nr. 49), ein himmlischer Musiker mit einer Vīṇā-Laute, und der von den Höllenqualen befreiende Narakārṇavatāraka-Śiva (Nr. 52) besitzen diese Gestalt.

Die Göttin Bhīmacaṇḍī markiert den Endpunkt des zweiten Tages, und so gebührt ihr wieder eine besondere Gabe. »Sie ist eine Jungfrau«, sagt eine Frau, »man darf ihr kein Zinnober geben, nur Blumen, Süßigkeiten, eine Kokosnuß und dunkelrote Hibiskusblüten.« Schon eilen Verkäufer dieser Gaben herbei und erklären weiter: »Die Hibiskusblüte ist Śakti, Śivas weibliche Hälfte, und die Kokosnuß bringt Glück!« Der Brahmane neben dem fast ganz verhängten Bildnis der Göttin zerschlägt eine Kokosnuß an der Sockelkante und läßt die Milch auf die Statue fließen. Den größeren Teil der Splitter gibt er als Prasāda an die Frau vor uns zurück, zieht ihr mit Zinnober einen Strich über die Stirn und wendet sich dann uns zu. Auch wir opfern das, was die Göttin verlangt – ohne zu fragen, was es bedeutet.

Wir sind die letzten, die am späten Vormittag eines der zwölf Dharamśālās (Pilgerherbergen) erreichen. Überall vor den Rasthäusern hocken Dorffrauen, die Tonschalen, Kartoffeln und Tomaten sowie Kuhdung als Brennmaterial zum Verkauf anbieten. Wir lassen uns in ein Dharamśālā führen, wo einige Pilger in den Arkaden auf Tüchern lagern. Alle haben nur ein Laken, etwas Kochgeschirr und trockene Nahrungsmittel bei sich. Jede Gruppe bereitet

Auf der Pañcakrośīyātrā: eine Gruppe von Pilgerinnen aus Mirzapur kurz nach dem Aufbruch von Rāmeśvara am späten Nachmittag

allein für sich Nahrung zu – selbst wenn sie mit anderen gemeinsam die Stadt umwandert –, denn nur so ist es möglich, die Kastenreinheit zu bewahren. Daher sind auch die irdenen Töpfe nur zum einmaligen Gebrauch bestimmt.

Allerorts unterhält man sich. Ähnlich wie auf einem Marktplatz herrscht im Hof lautes Stimmengewirr, doch die Schlafenden lassen sich davon nicht stören. Eine Frau aus Benares berichtet uns, sie habe schon vor 14 Tagen die Pañcakrośīyātrā unternommen und insgesamt schon über zwanzigmal Kāśī umrundet, ja sie sei schon bis zur Göttin Kanyākumārī an der Südspitze Indiens und bis nach Badrinātha im Himalaya gepilgert.

Für den Abend haben sich einige Frauen einen Pilgerpriester bestellt, der den Ablauf der Prozession in Versform vorträgt. Nach jedem Vers stimmt die Gruppe in die Anrufungen an Śiva bzw. Viśvanātha ein: »Hara Hara Mahādeva Śambhu Kāśī-Viśvanātha Gange Hara!« In der Nacht schlafen die Frauen vor den Stufen der Häuser, im Licht der Straßenbeleuchtung. Wir aber ziehen uns auf die Stufen eines Tempels am Gandharvakuṇḍa (Nr. 48) zurück.

Dritter Tag

Kurz nach Mitternacht werden wir bereits wieder geweckt: Frauen stehen auf, um am Teich ein Bad zu nehmen und aufzubrechen. Wir ziehen mit einer Gruppe von 38 Frauen aus der Umgebung von Benares weiter, die sich am Ende des ersten Tages zusammentaten. Gegen vier Uhr erreichen wir den Bhairavtalao, eine Teichanlage, die der Mahārāja von Benares im 19. Jh. einrichtete, bevor er seinen Palast in Ramnagar bezog. An diesem Teich hatten die meisten Pilger übernachtet, doch sind sie schon weitergezogen.

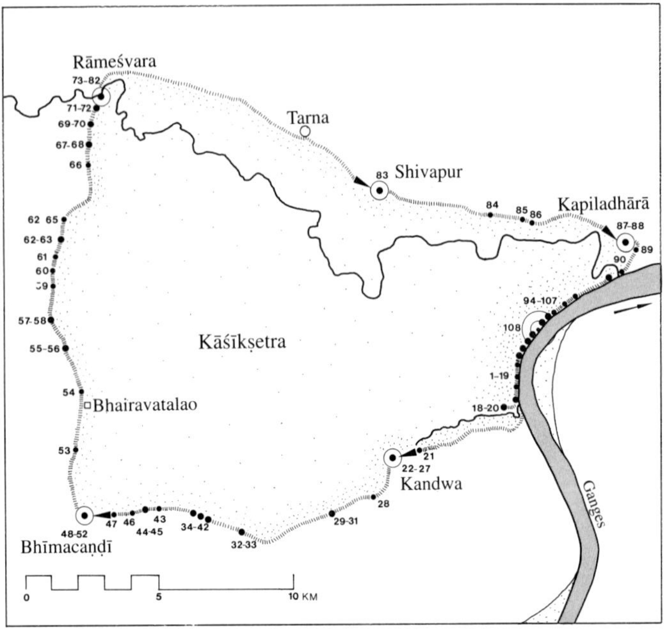

Pañcakrośīyātrā: Die durch 108 Orte der Verehrung gegliederte Pilgerroute beginnt am Maṇikarṇikeśvara (Nr. 1) und endet am Viśvanātha (Nr. 108; s. auch Liste S. 142 ff.). Eine Untergliederung in ›Stationen‹ wurde durch den Bau von Unterkünften *(dharamśālā)* im 19. Jh. vorgegeben; die Pilger folgen jedoch den Gegebenheiten des Tages

Noch immer hört man entlang des Wegs die Anrufung Śivas: Eine der Frauen skandiert laut »Hara, Hara!«, und alle stimmen ein. Lachend beginnt man von vorne, wenn der Kanon abreißt. Wir gehen im Troß von nahezu 500 Menschen mal mit dieser, mal mit jener Gruppe. Immer wieder bestätigt ein Lächeln, daß man sich bereits vorher begegnet ist. Vertrautheit stellt sich allmählich ein, auch ein wenig Gemeinschaftsgefühl.

Eine wichtige Zwischenstation bildet der Dehalīvināyaka (Nr. 67), den wir am Morgen erreichen. Er setzt den äußersten Punkt des Radius der Pañcakrośīyātrā fest (s. S. 109). Wir verehren den Gaṇeśa im Tempel und ein Relief mit 16 weiteren Gaṇeśas an der Außenwand (Nr. 68).

Kurz vor Rāmeśvara, dem Ziel dieses dritten Tages, kommen wir zum Tempel der Göttin Rudrāṇī (Nr. 71), wo wir nicht nur dem Liṅga im Tempel und einem Gaṇeśa Verehrung erweisen, sondern auch der Erde, auf der der Tempel liegt. Der Ort heißt Tapobhūmi (›Erde der Askese‹), weil Pārvatī, Śivas Frau, sich hier kasteit hat. Bevor wir den Rāmeśvara-Tempel (Nr. 74) betreten, waschen wir uns am Varaṇā-Fluß. In der weiträumigen Tempelanlage sind noch sechs weitere Liṅgas (Nr. 75-80) der Pañcakrośīyātrā und ein Bau mit dem Bildnis von Vihāri Dās, dem Begründer des Rāmeśvaramaṭha. »Dem ist mal beim Kochen das Butterfett ausgegangen«, sagt ein Yogi im Hof, der von den Pilgern Gaben entgegennimmt, »und da hat er einfach vom Fluß Wasser geholt, das sofort zu Ghī wurde! Ja, ja, der war schon ein rechter Siddha (einer, der zu Lebzeiten Vollkommenheit erreicht hat).«

Mit den meisten Pilgern – nur wenige wollen noch heute Shivapur erreichen – richten wir uns in einer Herberge ein. Bald steht der stechende Qualm schwelender Kuhfladen über dem Hof. Man kocht Mehlklöße und Kartoffeln, Reis und Linsen. Mit Glut stopfen die einen ihre Wasserpfeifen, andere haben heißes Salzwasser bereitet, um ihre vom Laufen wunden Füße zu waschen.

Am späten Nachmittag gehen auch wir nach Shivapur. 15 Kilometer Fußmarsch ohne jeden Ort der Verehrung. Allein die großen Bäume neben der Straße spenden Schatten, und der tut not, obwohl die schier unerträgliche Mittagshitze schon ein wenig nachläßt. Hinter der Varaṇā-Brücke treffen wir auf eine Gruppe von etwa vierzig Frauen, die sich am Durgā-Tempel in Benares zusammengetan haben. »Schaut mal«, sagt eine Frau, »die Alte dort mit dem Wanderstab, die kenne ich. Sie ist 105 Jahre alt und umrundet Kāśī schon zum sechsten Mal!«

In der Nacht erreichen wir Tarna, ein kleines Dorf in der Nähe von Shivapur. Wir beschließen, mit den anderen Pilgern auf dem Dorfplatz unter der Krone eines weit ausladenden Baumes die Nacht zu verbringen.

Vierter Tag

Bis zum frühen Morgen klingen die gepreßt gesungenen Lieder der Frauen durch die Nacht. Gegen drei Uhr brechen wir wieder auf und kommen nach einer Stunde zum Draupadīkuṇḍa, einem großen Teich mit fünf Dharamśālās für den vierten, aber ebenfalls kaum genutzten Haltepunkt der Umgehung. Im Tempel steht Pāśapāṇivināyaka (Nr. 83), der sechste der Gaṇeśas, die die acht Richtungen von Kāśī bewachen. Neben ihm sind die fünf Pāṇḍava-Brüder des Mahābhārata-Epos mit ihrer Braut Draupadī abgebildet. Nur ihr Kopf ist zu erblicken, der Rest verhangen. Im Inneren stehen sie noch einmal, diesmal als Liṅgas.

Am Straßenrand hockt im Halbdunkel ein Brahmane mit zwei Frauen in weißen Saris und ohne jeden Schmuck. Es sind Witwen, die im Namen ihrer Männer Kāśī umwandeln. Alleine dürfen sie die Heiligtümer nicht verehren. Daher haben sie einen Brahmanen bei sich, der für sie und ihre Gatten das Notwendige verrichtet. Zwei Tage zuvor hatten wir einen Sohn getroffen, der im Namen seines Vaters ging.

Als wir den Pṛthivīśvara (Nr. 84), den ›Herrn der Erde‹, in der Vorstadt von Benares ereichen, ist es längst hell geworden. Über dem kleinen Tempel hat man einen zweiten Bau errichtet. So ist das Liṅga doppelt geschützt und zugleich aus der Umgebung herausgehoben. Unweit dieses Heiligtums befindet sich ein ›Himmelsfleck‹, Svargabhūmi (Nr. 85) – wieder ein Stück Erde, das wir verehren, denn hier hat Śiva mit Pārvatī verweilt, als er Kāśī umwandelte.

Nicht minder bedeutungsvoll erscheint kurz darauf der Yūpasarovara (Nr. 86; Abb. S. 78), ein tiefer Brunnen, der von drei Ebenen und vier Richtungen aus benutzt werden kann: Im Erdgeschoß von Norden her, im Obergeschoß von Westen, im zweiten Obergeschoß von Süden und auf dem Dach von Osten. »Die drei Stockwerke sind die Drei Welten (Himmel, Erde und Unterwelt), und der Brunnenschacht ist der Yūpa (die Weltensäule und Mittelpunkt des Universums)«, erklärt uns ein Pandit.

Inzwischen steht die Sonne hoch am Himmel. Wir suchen Schatten und rasten unter einem Baum am Sonatalao, einem ausgetrockneten Teich. Dort hat man notdürftig ein Becken hergerichtet, in dem viele Pilger baden. Es gehört nicht zu den 108 Orten der Umgehung, aber den meisten geht es gar nicht um solche Listen von Heiligtümern. Sie wollen, ganz im Sinne der Pañcakrośīyātrā, alle Göttersitze von Kāśī verehren.

Die Kapiladhārā (Nr. 87), die ›Wasserstelle des Weisen Kapila‹, wird bereits im »Mahābhārata« erwähnt. Sie soll, so hören wir, Gaṅgāsāgara repräsentieren, die Ozeanmündung der Gaṅgā, und eine Waschung in ihr soll die Last der Vergehen abstreifen wie kein anderer Ort. Daher baden hier fast alle Pilger, und sie verehren ein Bildnis des Weisen, aber auch den Vṛṣabhadhvaja (›Stierbanner‹) Mahādeva (Nr. 88) auf einem kleinen Hügel über der Wasserstelle oder 42 kleine Liṅgas, die drei Gruppen aus je 14 im »Kāśīkhaṇḍa« erwähnten Liṅgas bilden. Neben dem Vṛṣabhadhvaja steht eine Messinghaube, in die das fünffache Angesicht Śivas gearbeitet ist. Diese Haube wird dem Liṅga aufgestülpt, wenn ein Pilger dessen Salbung (*abhiṣeka*) wünscht und bezahlt.

Am Abend sehen wir überall Pilger, die schon ihre Schlafstätten eingerichtet haben. Viele nächtigen am Tempel des Jau(Yava)-vināyaka, dem ›Gaṇeśa der Gerste‹, auf den sie das in Kapiladhārā in Tüten erworbene Getreide streuen. Wir aber gehen zum Ānandaguhā (›Versteck der Wonne‹), einem ummauerten Hof hoch über dem Ganges auf dem Platz einer alten Burg. Die Erde, auf der wir unsere Decken ausbreiten, ist noch warm von der Hitze des Tages. Mitten in der Nacht springen plötzlich zwei Frauen auf, reden sich gegenseitig als Geister (*bhūta*) an und tanzen einen wilden Stocktanz. Alle lachen und sind ausgelassen, denn das Ziel ist nicht mehr fern.

Fünfter Tag

Früh morgens gehen wir mit den ersten hinunter zum Ganges. Nach einer Waschung besteigen die meisten ein Boot und fahren bis zum Rājghāṭ oder auch gleich bis zum Maṇikarṇikāghāṭ. Die Mehrzahl der Pilger geht ohne einen Priester, der Anweisungen geben könnte, und Brahmanen treffen wir nur selten (s. S. 111), dafür aber viele Leute, hauptsächlich Frauen, aus der Umgebung oder den unteren Kasten von Benares. Strenggläubig sind sie alle, aber Rechtgläubigkeit beansprucht keiner. Da kann es nicht schaden, ein paar Göttern vom Boot aus die Gaben zuzuwerfen.

So überqueren nur wenige die Varaṇā, um auf der anderen Seite den Saṃgameśvara (Nr. 91), Śiva als ›Herrn des Zusammenflusses (von Varaṇā und Gaṅgā)‹, zu grüßen. Erst auf unseren Zuruf hin öffnet der Priester den Tempel. Er geleitet uns auch hinauf zum Ādikeśava-Tempel (Nr. 92), eine der wenigen Manifestationen Viṣṇus auf der Pañcakrośīyātrā, und zeigt uns den in einem Privathaus verborgenen Kharvavināyaka (Nr. 93). Zum Prahlādeśvara

Der Brahmane des Saṃgameśvara (am Zusammenfluß von Ganges und Varaṇā) sitzt mit einer Replik des Liṅga vor dem Tempel. Gegen eine Gabe von Reis, Früchten oder Blumen erhalten die Pilger von ihm Wasser und die Ṭīkā, eine rote Markierung auf der Stirn

(Nr. 94), etwa zwei Kilometer entfernt, will er aber nicht mehr mitkommen. Wir müssen auf unserem Weg oft nachfragen, um dieses Liṅga zu finden, das an Prahlāda, einen mythischen Verehrer Viṣṇus, erinnert.

Der Trilocaneśvara-Tempel (Nr. 95), den wir wenig später aufsuchen, ist Śiva als ›Dreiäugigem‹ gewidmet. Sein drittes Auge auf der Stirn war entstanden, als Pārvatī ihm neckisch die Augen zuhielt und damit die Welt in tiefe Finsternis stürzte. Von hier an führt der Weg nun vom Fluß hinauf bis in die Stadt. Manchmal treffen wir auf eine Spur von Gerstenkörnern, die Pilger noch vom Jauvināyaka übrig hatten und weiter für die Götter verstreuen. Aber die Gerstenspur verrät uns auch, daß sich kaum einer die Mühe macht, alle restlichen Heiligtümer zu verehren.

Selbst zum hoch oben über dem Pañcagaṅgāghāṭ (Nr. 96) gelegenen Bindhumādhava (Nr. 97) kommen, wie ein Priester dort bitter beklagt, nur noch selten Pilger. Aber vielleicht liegt das auch daran, daß die große Ālamgīr(Aurangzeb)-Moschee die Silhouette des Steilufers dominiert. Wieder müssen wir nach den Liṅgas und einem Gaurī-Tempel fragen, bis wir schließlich das Maṇikarṇikāghāṭ erreichen, wo das letzte Bad vorgenommen werden soll. Die Pilger der Pañcakrośīyātrā, die wir dort wiedertreffen, gehen unter in dem dichten Treiben von morgendlichen Waschungen und Totenverbrennungen. Unbeirrt suchen wir und die anderen den Maṇikarṇikeśvara (Nr. 104) auf, um ihn wie auch den Siddhivināyaka (Nr. 105) zum zweiten Mal zu verehren.

Am Ghāṭ nehmen wir die Spur der Gerste wieder auf, die an den Vorräten der Holzhändler vorbeiführt und unweit des Saptāvarṇa- (›Siebenfarbigen‹) Vināyaka (Nr. 106) abrupt endet. Zwei Brahmanen an diesem Gaṇeśa-Tempel erinnern die Pilger mit lauter Stimme an den Jauvināyaka, den Gaṇeśa der Gerste, und fordern den Rest ihres mitgenommenen Getreides ein, das sie in der Kultkammer horten.

Es sind nur wenige Minuten zum Ziel: dem Viśvanātha-Tempel. Während die anderen auf den mit einem Tuch bedeckten Jñānavāpī-Brunnen Blüten werfen und Mahākāleśvara (Nr. 107) und schließlich Viśvanātha (Nr. 108) verehren, gehen wir zum Vyāsa-

Bindhumādhava mit zuständigem Priester (Nr. 97 der Pañcakrośīyātrā)

Brahmanen, der am Muktimaṇḍapa schon auf uns wartet, um uns vom Gelöbnis zu entbinden. Wieder sagt er die 108 Orte auf, während er jedesmal Reiskörner auf eine Betelnuß streut. Wir sagen unseren Namen und der Vyāsa bezeugt vor den Göttern schon jetzt, daß wir am zwölften Tag der lichten Hälfte des Monats Vaiśākha die Pañcakrośīyātrā in Kāśī beendet haben. Als Zeichen des Vollzugs schnürt er uns einen roten Faden um das Handgelenk.

Versorgt mit Gangeswasser sowie Blumen und Zuckerwerk als Prasāda aus dem Viśvanātha-Tempel begeben wir uns auf den Heimweg. In einer Gasse erwerben wir wie jeder Pilger ein kleines Heft, das Götter und Stationen der Umgehung aufführt. Zuhause besprenkeln wir alle Räume mit dem heiligen Wasser. Der Hausherr liest den Text des Pilgerheftes vor und facht ein Feuer an, in das wir 108mal Sandelholzsplitter und Getreidekörner werfen.

Danach wird das Feuer kurz in jeden Raum des Hauses gestellt. Nachbarn sind gekommen, denn es hat sich längst herumgesprochen, daß wir die Pañcakrośīyātrā vollzogen haben. Man verteilt das Prasāda an alle, um sie teilhaben zu lassen an dem erworbenen Verdienst. Ein Mahl mit Freunden des Hauses beschließt den Tag und unsere Umgehung des heiligen Feldes von Kāśī.

Die Heiligtümer der Pañcakrośīyātrā

1	Maṇikarṇikeśvara	14	Hanumādīśvara
2	Siddhivināyaka	15	Lolārkeśvara
3	Gaṅgākeśava	16	Arkavināyaka
4	Lalitādevī	17	Saṃgameśvara
5	Jarāsandheśvara	18	Durgādevī
6	Someśvara	19	Durgākuṇḍa
7	Adālabheśvara	20	Durgāvināyaka
8	Śūlaṭaṅkeśvara	21	Viśvakarmaneśvara
9	Varāheśvara	22	Kardameśvara
10	Daśāśvamedheśvara	23	Kardamatīrtha
11	Bandīdevī	24	Kardamakūpa
12	Sarveśvara	25	Virūpākṣa
13	Kedāreśvara	26	Nīlakaṇṭheśvara

27 Somanātheśvara
28 Nāganātha
29 Cāmuṇḍādevī
30 Mukteśvara (Mokṣeśvara)
31 Karuṇeśvara
32 Vīrabhadreśvara
33 Vikaṭākṣadurgā
34 Unmattabhairava
35 Nīlagaṇa
36 Kālakūṭagaṇa
37 Vimalādurgā
38 Mahādeveśvara
39 Nandīkeśagaṇa
40 Bhṛṅgīrīṭagaṇa
41 Gaṇapriya
42 Virūpākṣa
43 Yakṣeśvara
44 Vimaleśvara
45 Mokṣadeśvara
46 Jñānadeśvara
47 Amṛteśvara
48 Gandharvakuṇḍa (-sāgara)
49 Bhīmacaṇḍīdevī
50 Caṇḍavināyaka
51 Raviraktākṣagandharva
52 Narakārṇavatāraka-Śiva
53 Ekapādagaṇa
54 Mahābhīma
55 Bhairavanātha
56 Bhairavīdevī
57 Bhūtanātheśvara
58 Somanātheśvara
59 Sindusarodhanatīrtha
60 Kālanātheśvara
61 Karpadīśvara
62 Kāmeśvara
63 Gaṇeśvara
64 Vīrabhadragaṇa
65 Cārmukhagaṇa
66 Gaṇanātheśvara
67 Dehalīvināyaka
68 Ṣoḍaśavināyaka
69 Udaṇḍavināyaka
70 Utkaleśvara
71 Rudrāṇīdevī
72 Tapobhūmi
73 Varuṇātīrtha
74 Rāmeśvara
75 Someśvara
76 Bharateśvara
77 Lakṣmaṇeśvara
78 Śatrughneśvara
79 Dyāvābhūmīśvara
80 Nahuṣeśvara
81 Asaṃkhyātatīrtha
82 Devasaṃdheśvara
83 Pāśapāṇivināyaka
84 Pṛthivīśvara
85 Svargabhūmi
86 Yūpasarovara(-tīrtha)
87 Kapiladhārā
88 Vṛṣabhadvajeśvara (Vṛṣabhadvajamahādeva)
89 Jvālānṛsiṃha
90 Varaṇāsaṅgama
91 Saṃgameśvara
92 Ādikeśava
93 Kharvavināyaka
94 Prahlādeśvara
95 Trilocaneśvara
96 Pañcagaṅgā
97 Bindhumādhava
98 Gabhastīśvara

99	Maṅgalāgaurī	104	Maṇikarṇikeśvara
100	Vasiṣṭheśvara	105	Siddhivināyaka
101	Vāmadeveśvara	106	Saptāvarṇavināyaka
102	Parvateśvara	107	Mahākāleśvara
103	Maṇikarṇikā	108	Viśvanātha

Asketen und Sekten

Bei den alle zehn Jahre stattfindenden Volkszählungen in Indien wurden 1971 Asketen zusammen mit Bettlern oder Geisteskranken und Asketenherbergen zusammen mit Irrenhäusern aufgelistet – der Einfachheit halber und weil die Form der Fragebögen nichts anderes zuließ. Es hätte wohl auch eines langen Fragebogens bedurft, hätte man damals das gesamte Spektrum des indischen Asketenlebens erfassen wollen: Sektenbrüder, einzeln umherziehende Sādhus, Mitglieder von Kasten asketischen Ursprungs – und eine große Schar von Gauklern, Moritatenerzählern, Musikern oder gar untergetauchten Verbrechern, die sich mehr oder weniger asketisch gebärden.

Nahezu alles findet sich: Eremiten, Mönche und Nonnen, sich kasteiende Büßer und Fakire, spirituelle Lehrer, mystische Seher, Propheten oder Weise, Sektenführer, Priesterasketen an Tempeln, magisch-heilende oder wahrsagende Asketen, ekstatisch-schamanenartige Asketen, waffentragende, militante Asketen – nur Märtyrer gibt es kaum, denn trotz manch gewaltsamen Kampfes zwischen den Sekten genießt im Hinduismus das Ideal einer mit dem eigenen Blut verteidigten Wahrheit des Glaubens kein allzu hohes Ansehen.

Vielfältig sind auch die asketischen Praktiken: So ernährt sich ein Asket vielleicht von Milch, ein anderer hält zwölf Jahre seinen Arm hoch, ein dritter sitzt permanent unter einem tropfenden Wassereimer und bildet auf diese Weise Śiva nach, wie er die Gaṅgā in seinem Haar einfängt – Praktiken, die nicht typisch für eine bestimmte Sekte sind, sondern die durchaus bei vielen verschiedenen

Sekten vorkommen. Äußerlich unterscheiden sich die Asketen eher durch vermeintlich nebensächliche Merkmale. Sie erkennen einander an den auf die Stirn aufgetragenen Sektenzeichen, an der Farbe der Kleidung und den rituellen Paraphernalien wie Ketten, Bettelschalen oder Stöcken, vor allem aber an den Namen und ritualisierten Grußformen. Sagt einer zum Beispiel »Jaya (Heil) Sītā-Rāma«, weiß der andere, daß es sich um einen Rāmānandī handelt und braucht lediglich noch zu fragen, welchem Sektensitz er angehört und wer sein Guru war, um sein Gegenüber einschätzen zu können.

Freilich ist mit ›Sekte‹ im indischen Sinne nicht eine kirchliche Organisation oder gar abgespaltene Gemeinschaft gemeint, sondern etwas, was man besser ›Tradition‹ nennen sollte. In Indien gibt es auch dafür verschiedene Wörter: ›Weg‹ (*pantha*), ›Überlieferung‹ (*sampradāya*), ›Gemeinschaft‹ (*saṅgha*) oder ›Gesellschaft‹ (*samāj*). Ebenso werden die Orte, an denen Asketen wohnen oder verweilen, unterschiedlich bezeichnet: ›Asketenherberge‹ (*maṭha*, ursprünglich ›Einsiedlerhütte‹), ›Einsiedelei‹ (*āśrama*), ›Ort‹ (*sthāna*), ›Gymnasium‹ (im altgriechischen Sinn des Wortes; *akhāṛā*) und ›Kloster‹ (*vihāra*).

Beschäftigt man sich mit Indien, so stößt man unweigerlich auf das Phänomen Askese, nicht zuletzt ein Schlüssel zum Verständnis des Hinduismus: Für die meisten Inder stellen Asketen oder spirituelle Führer ideale Leitfiguren dar. Kleider machen auch in Indien Leute, selbst die abgelegten. Über den 1972 verstorbenen Asketen Bhīmabābā, der stets nackt umherlief und sein Essen wie eine Kuh nur mit dem Mund zu sich nahm, spricht man in Benares noch immer voller Hochachtung. In der heiligen Stadt lassen sich viele Brahmanen von einem Asketen-Guru initiieren (*gurumukha*) und laden diesen zu der Initiation ihres Sohnes ein. Sektenherbergen führen Schulen, ayurvedische Kliniken und Apotheken oder Stätten sportlicher Ertüchtigung (*akhāṛā*) – alle auch von zahlreichen Laien besucht. Ferner organisieren sie regelmäßig religiöse Rezitationen oder Gesänge, die bei der Bevölkerung sehr beliebt sind.

Die indische Askese ist eine ritualisierte Form des sozialen Ausstiegs und der Selbstverleugnung durch die Kontrolle von Körper, Geist und Sprache mit einem eschatologischen, auf das Jenseits gerichteten Ziel. Die Mittel dazu sind: der Zölibat, eine detaillierte

Psychosomatik mit einer eigenen Diätetik und Kasteiungen, Verehrungen von jeweils verschiedenen Göttern und je nach Tradition variierende Initiationsformen mit einem ausgeprägten Guru- und Stifterkult.

Wichtiger als die zum Teil spektakulären Yoga-Stellungen und Körperkasteiungen – Sitzen auf Nagelbrettern oder im Dornengestrüpp (Abb. S. 151), Begraben bei lebendigem Leibe oder Ausmessen einer heiligen Strecke über Kilometer hinweg mit dem eigenen Körper – sind freilich für seriöse Asketen die inneren Übungen. Das Schweigegelübde, das nicht nur Wortlosigkeit, sondern auch das Ausschalten der Gedanken beinhaltet, sei, sagen viele, die härteste Praxis, weil es aggressiv mache. Auch sei es nicht schwierig, den Zölibat einzuhalten, aber sexuelle Träume zu unterdrücken und den nächtlichen Samenerguß zu vermeiden, bildet ein großes Problem, dem einige mit kalten Bädern oder extremen Fastenkuren entgegenzuwirken hoffen.

Die Asketen sehen einen engen Zusammenhang zwischen Speise und Bewußtsein. Fleisch und Fisch verzehren sie ohnehin nicht, und das Gemüse teilen sie ein in ›kalte‹ und ›heiße, sinnlich erregende‹ Speisen – letztere meiden sie möglichst. Alle diese Praktiken lassen sich selbst in der Gemeinschaft von Sektenbrüdern nur schwer durchhalten, weshalb sich manche Asketen in Einsiedeleien zurückziehen. Die meisten jedoch bleiben in den Herbergen und ziehen mit ihren Sektenbrüdern von einem heiligen Ort zum nächsten.

Körper und Leben der Asketen sind ein permanentes Ritual. Das mit Asche, Kuhurin oder Gangesschlamm eingeriebene Haar gilt einigen als Sitz der übernatürlichen Kräfte. Das Feuer, um das sie ständig sitzen, ist ein heiliger Platz und symbolisiert das ihnen wichtigste: Tapas, ein Ausdruck für ›Hitze‹ und asketisches Selbstopfer. Die Asche des Feuers (*vibhūti*), mit der sie sich einreiben, ist ebenfalls heilig und wird an Laien als heilspendendes Prasāda und sogar Aphrodisiakum weitergegeben. Das Marihuana, von manchen Asketen geraucht, gilt als Ausdruck von Śivas göttlichem Wahnsinn, das ewige Wandern als Zustand der angestrebten Bindungslosigkeit, das Betteln als Besitzlosigkeit.

Warum wird man in Indien Asket?

Meist bildet eine Lebenskrise die Ursache. Familienprobleme, ein Kastenausschluß, eine soziale Notlage, Verstoßungen, Heirats-

Die Votivfigur eines Yogi in Kapiladhārā (neben Śiva als Vṛṣabhadhvaja)

ängste. Die Asketen selbst bringen meist spirituelle Gründe vor, aber für viele, die in der Kastengesellschaft niedrigstehen oder das Leben kaum mehr fristen können, bedeutet die Zugehörigkeit zu einer Sekte einen sozialen Aufstieg. Trotz aller Anfeindungen, trotz des kargen Lebens hat man sein Auskommen und lebt in einer Gemeinschaft. Man wird geachtet und kann nach einer gewissen Zeit sogar anderen helfen, das Leben zu meistern. Denn viele Menschen bitten Asketen von gutem Ruf um Hilfe bei medizinischen, psychologischen, sexuellen oder auch finanziellen Problemen. Es kommt nicht selten vor, daß jemand einen Sādhu bittet, sein Sparbuch zu segnen, und kaum ein indischer Politiker holt nicht mehr oder weniger heimlich einen Rat bei seinem spirituellen Guru.

Asketen stehen daher nicht außerhalb der Gesellschaft, Ansehen, Achtung und Verehrung gewinnen sie auch dadurch, daß sie nicht in die unzähligen Kasten- und Gruppenrivalitäten verstrickt sind.

In wohl kaum einer anderen Stadt Indiens gibt es eine so große Zahl an Asketen und Sekten wie in Benares. Die indischen Sozialwissenschaftler Surajit Sinha und Baidyanath Saraswati haben sich 1967-69 die Mühe gemacht, sie zu zählen: In 235 Maṭhas lebten 1 187 Asketen und 97 ›Nonnen‹ permanent. Davon gehörte fast die Hälfte (48,8 %) einer śivaitischen Richtung an, während sich der Rest auf viṣṇuitische (36,6 %) und andere (14,6 %) Asketengruppen verteilte. Fast alle diese monastischen Zentren sind ab dem 18. Jh. entstanden, über die Hälfte sogar erst im 20. Jh. Auch nach der Unabhängigkeit Indiens (1947) wurden Jahr für Jahr zwei neue Sektenzentren gegründet, und ständig kommen weitere hinzu.

Daß śivaitische Sekten in Kāśī dominieren, ist nicht verwunderlich, denn Kāśī gilt als der Sitz Śivas. Ihre schätzungsweise 80-100 monastischen Häuser sind überwiegend in Gangesnähe angesiedelt. Die größte Gruppe bilden die Daśanāmīs, die sich in Benares hauptsächlich in drei Sektionen aufteilen: einen Stock tragende Daṇḍīs, militante und zeitweilig halbnackte Nāgās sowie meist in orangefarbene Gewänder gehüllte Paramahaṃsas.

Alle Daśanāmīs berufen sich auf Śaṅkara als Stifter, der im 8. Jh. einen absoluten Monismus, die Advaita-Vedānta-Lehre, predigte. Danach ist die Welt nur ›Illusion‹ (*māyā*), das ›höchste Wesen‹ (*brahman*) ohne Eigenschaften und Erlösung allein durch ›Erkenntnis‹ (*jñāna*) zu erreichen. Vieles aus dem mittlerweile auch verfilmten Leben des historischen Śaṅkara ist Legende. So wohl auch, daß er seine Anhänger auf Reisen durch ganz Indien in zehn Schulen aufgeteilt haben soll, die sich dadurch unterscheiden, daß sie ihren Adepten bei der Initiation verschiedene Namen verleihen – Giri, Sarasvati, Tīrtha oder Bhārati.

Der historische Śaṅkara, auch Ādiśaṅkara genannt, soll vier über ganz Indien verteilte monastische Zentren (*maṭha*) gegründet haben, deren Vorsteher Śaṅkarācārya heißen. Die Daśanāmīs in Benares behaupten jedoch, daß er in Kāśī ein fünftes Zentrum geschaffen habe, dieses aber in Vergessenheit geraten sei. Und wie zum Beweis dafür kann das Rājagurumaṭha im Gaṇeśa-Mohalla eine genealogische Liste seiner Śaṅkarācāryas vorzeigen, die bis in das Jahr 827 zurückreicht.

Unter den Daśanāmīs bilden die kurzhaarigen Daṇḍīs die größte Gruppe – so genannt, weil sie einen in orangefarbene Tücher gewickelten Stock (*daṇḍa*) tragen, an dem ein kleiner Beutel befestigt ist, in dem die Heilige Schnur des Asketen verborgen sein soll. Sie setzen sich fast ausnahmslos aus Zweimalgeborenen, vornehmlich sogar aus Brahmanen zusammen und nehmen keine Frauen in ihre Reihen auf. Viele Daṇḍīs sind aufgrund ihrer Kastenherkunft gebildet, und einige ihrer Maṭhas wie das Kāmarūpamaṭha am Daśāśvamedhaghāṭ, das Dakṣiṇāmūrtīmaṭha am Assīghāṭ oder das Kālīmaṭha am Lakṣmīkuṇḍa verfügen über hervorragende Sammlungen von Sanskrit-Manuskripten.

Die Paramahaṃsas, kurzhaarig wie die Daṇḍīs, nehmen Frauen auf, wenngleich nur wenige interessiert sind; auch sie lassen fast nur Zweimalgeborene initiieren. Als Paramahaṃsa werden in den asketischen Schriften mythische Vögel bezeichnet, die mit ihrem Schnabel das Wasser in der Milch herausfiltern können. Gemeint ist damit der höchste Zustand eines Asketen, der zwischen Wahrheit (Milch) und Lüge (Wasser) unterscheiden kann. Paramahaṃsa ist daher eine Art Titel, den auch Asketen aus anderen Sekten tragen. Während die Daṇḍīs in Benares sich meist in ihre eigenen Studien vertiefen, unterhalten die Paramahaṃsas auch Sanskrit-Schulen (*pāṭhaśālā*), etwa das Rājarājeśvarīmaṭha am Lalitāghāṭ oder den Saṃskṛta-Brahmavidyāmahāvidyālaya im Stadtteil Baradeo.

Unter den Daśanāmīs betreiben die langhaarigen Nāgās (›Nackte‹) die radikalste Form der Askese. Mitunter lassen sie sich bei ihrer Initiation vom jeweiligen Guru sogar kastrieren. Nāgās traten erstmals im 16. Jh. bei Auseinandersetzungen mit muslimischen Fakiren auf. Im 17. Jh. kämpften sie am Viśvanātha-Tempel gegen Aurangzebs Armee. Noch heute läßt sich ihre militante Tradition erkennen, vor allem, wenn sie bei großen Asketentreffen, etwa den Kumbhamelās, nackt, aber mit Speer und Schild bewaffnet, auftreten. Ihre Herbergen (*akhāṛā*), die auch Trainingsstätten für sportliche Übungen sind, liegen in Benares hauptsächlich am Śivāla- und am Hanumānghāṭ; besonders berühmt aber ist das Āvahana-Akhāṛā am Daśāśvamedhaghāṭ. Diese Akhāṛās sind streng organisiert (mit zahlreichen Zweigstellen im ganzen Land) und mitunter sehr wohlhabend. Sie besitzen häufig viel Land und verfügen – aus früherem Handel mit Seide und anderen Waren – über Vermögen.

Noch radikaler als die Nāgās geben sich die Aghorīs, deren heutige Sekte vermutlich auf den im 18. Jh. lebenden Stifter Kina Rām zurückgeht. Das Grab dieses Asketen steht im Aghorīpanthīpīṭha in Ravindrapuri. Die Aghorīs wollen durch ihr Verhalten ausdrücken, daß sie nicht mehr an der Welt hängen. So essen sie fast alles, selbst Exkremente, kochen ihre Speisen auf gestohlenen Leichenholzresten, trinken Alkohol und Urin oder rauchen Marihuana. Ihnen wird auch Nekrophagie nachgesagt. Da sie anstreben, durch ihre Praktiken übernatürliche Kräfte zu erwerben, haben sie eine vergleichsweise große Anhängerschaft, vor allem in der Mittelschicht von Benares. Zudem unterhalten sie ein Lepra-Krankenhaus, eine Grundschule und eine eigene Druckerei.

Die Liṅgāyats, auch Vīraśaivas genannt, bilden eigentlich eine Kaste und leben hauptsächlich im Bundesstaat Karnataka. Sie unterteilen sich in Laien und sogenannte Jaṅgama-Priester, von denen nur eine kleine Gruppierung, nämlich die Vīraktas, als Asketen bezeichnet werden können. Als Stifter der Liṅgāyats gilt Basava, der im 12. Jh. lebte und Kastenbeschränkungen ablehnte. In Benares haben die Liṅgāyats nur ein monastisches Zentrum, das üppig ausgestattete Jaṅgambarimaṭha nahe der Godaulia-Kreuzung, das jedoch auf eine lange, gut dokumentierte Geschichte zurückblicken kann und auch während der muslimischen Herrschaft mit zahlreichen Ländereien bedacht wurde. Das Maṭha mit seinen über 50 Räumen kann nahezu alle Jaṅgama-Pilger aufnehmen.

Die viṣṇuitischen Asketen unterscheiden sich von den śivaitischen äußerlich vor allem dadurch, daß sie ihre Sektenzeichen nicht horizontal (*tripuṇḍra*), sondern vertikal (*ūrdhvapuṇḍra*) auf die Stirn malen. In ihren Lehren weisen sie Śaṅkaras Doktrin zurück und lehren statt dessen, daß das höchste Wesen (*brahman*) als Gott (*īśvara*) erscheint und daß Erlösung zu Lebzeiten nicht möglich sei, sondern nur durch eine mystische Vereinigung (*bhakti*) mit Gott angestrebt werden könne. Erlösung ist also primär ein Gnadenakt des Gottes und nur sekundär eine Frage der rechten Erkenntnis. Aus diesem Grund legen viṣṇuitische Asketen die Heilige Schnur meist nicht ab.

Die Sektentradition der Viṣṇuiten unterscheidet zwischen vier Richtungen (*sampradāya*) mit geringfügig abweichenden Lehren;

Ein Asket auf einem Dornenbett, anläßlich des Śivarātri-Festes in Kaithi ▶

bekannt sind die einzelnen Sekten vor allem unter den Namen ihrer Stifter. Mit über fünfzig Maṭhas stellen die Rāmānandīs (oder Bairāgīs) in Benares den zahlenmäßig höchsten Anteil der viṣṇuitischen Asketen (sie bilden überhaupt die größte Gruppe indischer Sādhus). Ihr Gründer Rāmānanda soll im 13. oder 14. Jh. in Benares gelebt haben und sogar Lehrer des Mystikers Kabīr gewesen sein, doch entstand die Rāmānandī-Sekte wohl erst im 18. Jh. Die Rāmānandīs, die vieles – etwa die straffe Organisation in Akhāṛās und Zweigstellen – mit den Daṇḍīs und Nāgās gemeinsam haben, unterteilen sich in umherwandernde (*khalsā*), militante (*akhāṛā-malla, nāgā, tyāgī, mahātyāgī*) und in Herbergen verweilende (*sthānadhārī*) Asketen mit unterschiedlichen Initiationsformen und rituellen Praktiken. Sie nehmen Mitglieder aller Kasten auf, doch sitzen Asketen aus den niedrigen Śūdra-Kasten bei Festen in einer getrennten Reihe. Im Unterschied zu den Daśanāmī-Nāgās gehen die Nāgās der Rāmānandīs, die sich in zeitweilig in Herbergen wohnende Tyāgīs und stets umherziehende Mahātyāgīs gliedern, niemals ganz nackt.

Die Rāmānujīs (auch Śrīvaiṣṇavas genannt), die sich auf den Stifter Rāmānuja (um 1056-1137) berufen, sind in ihren hauptsächlich am Assīghāṭ und Pañcagaṅgāghāṭ liegenden Maṭhas als Asketen kaum auszumachen, da sie oft die Alltagskleidung beibehalten. Sie nehmen fast nur Brahmanen auf, betreiben Sanskrit-Schulen und können im Unterschied zu den Rāmānandī-Asketen, die – allerdings absichtlich – nur umgangssprachliche Texte benutzen, Sanskrit-Texte verstehen. Einer der bekanntesten Rāmānujīs in Benares war der sogenannte Deoraha Bābā. Über ihn erschien 1986 in einer angesehenen indischen Zeitung ein Artikel, in dem es unter anderem heißt: »Deoraha Baba ist ein direkter Schüler von Bhagwan Ramanujacharya aus Kanchipuram. ... Babas Alter beträgt mehr als 800 Jahre. ... Er lebte 50 Jahre in einer Höhle im Himalaya, 30 Jahre an einem Verbrennungsplatz, 50 Jahre auf einem Baum in Amarkantak in Madhya Pradesh ..., trieb mehrere Jahre auf Bananenblättern im Kamla-Fluß in Bihar ... Baba braucht kein Essen, ... trägt weder im Sommer noch im Winter irgendwelche Kleidung ...«

Die übrigen viṣṇuitischen Sekten besitzen – zumindest auf das Asketentum bezogen – in Benares eine vergleichsweise geringe Bedeutung, weil ihre Laienanhänger eindeutig dominieren. Wenn überhaupt, lassen diese sich nur an den Sektenzeichen auf der Stirn erkennen. Alle viṣṇuitischen Sekten haben keine oder kaum Kastenbeschränkungen und stehen Frauen offen. Die mit vier Maṭhas vertretenen Nimbārkīs (auch Nimāvats genannt), die sich auf den südindischen Stifter Nimbārka (12. Jh.) zurückführen und die Liebe zwischen Kṛṣṇa und Rādhā als Vorbild predigen, zeichnen sich dadurch aus, daß bei ihnen, zumindest in Benares, Frauen sogar überwiegen. Ihnen ähneln die Vallabhācārīs, benannt nach dem in Benares geborenen Stifter Vallabha (um 1479-1531), und die Gauḍīyās, als deren Stifter der bengalische Mystiker Caitanya (1486-1533) gilt.

Neben den śivaitischen und viṣṇuitischen Sekten gibt es Asketengruppen, die oft synkretistische Religionsformen entwickelt haben. Die über mehr als zehn Maṭhas verfügenden Udāsīs verehren die fünf hinduistischen Hauptgötter (*pañcāyatana*; s. S. 91) ebenso wie die heilige Schrift der Sikhs, das »Gurugrantha«. Ihre Sekte soll von Nānak (1469-1539), dem Stifter der Sikh-Religion, gegründet worden sein, doch sollen sich die Udāsīs unter Nānaks Sohn Śrīcandra von den Sikhs abgespalten haben. Wie die Rāmānandīs, denen die Nāgā-Sektion der Udāsīs im Erscheinungsbild ähnelt, verfügen sie über eine gute Organisation ihrer monastischen Zentren.

Große Bedeutung besitzen in Benares die Kabīrpanthīs, da ihr Gründer Kabīr – vermutlich im 15. Jh. – in Benares als Sohn eines muslimischen Webers geboren wurde. Kabīr wandte sich gegen jede Kastenbeschränkung und verehrte die Hindu-Götter ebenso wie Allah. Hauptzentrum der Kabīrpanthīs ist das Kabīrmaṭha am Kabīrchaura im Stadtzentrum, wo sich auch ein dem Stifter gewidmeter Tempel befindet, den der muslimische Herrscher Sikandar Lōdī (reg. 1489-1517) errichtet haben soll.

Zunehmend an Bedeutung gewinnt die Svāmīnārāyaṇa-Sekte, von Sahajānanda (1781-1829) gegründet und hauptsächlich in Gujarat verbreitet. In Benares versorgt sie unter anderem den Svāmīnārāyaṇa-Tempel in Machodari. Die Gemeinschaft entstand in der Auseinandersetzung mit der britischen Fremdherrschaft und beruht auf hinduistischen Werten, von christlichem Gedankengut durchsetzt. Viele Anhänger wurden in das Sektenzentrum nach Benares geschickt, um Sanskrit zu lernen. Ebenfalls neohinduistische Gemeinschaften, bei denen das asketische Leben weniger und der soziale Dienst am Nächsten stärker ausgeprägt ist, sind der von Śivānanda 1902 gegründete Ramakrishna-Advaita-Ashram in Laksha und der Āśrama von Ānandamayī Māi in Bhadaini sowie die Zweigstelle des Ārya Samāj in Bulanala, die Dayānanda Sarasvatī 1880 nach heftigen Widerständen der orthodoxen Brahmanen einrichtete.

Gespräch mit einem Asketen

Das folgende Gespräch mit dem Udāsī-Asketen Haridvārī Lāl führte Axel Michaels 1982 während Śivarātri in Deopatan bei Kathmandu. Haridvārī Lāl kommt regelmäßig nach Benares, um den Sādhubela-Āśrama im Stadtteil Bhadaini aufzusuchen.

Unter einem knolligen Pipal-Baum in Deopatan rekelt sich der alte Haridvārī Lāl in den letzten Strahlen der Abendsonne. Die verschlungenen Äste ragen bis über die Verbrennungsplätze am Bāgmatī-Fluß. Um den Baum hat man mit wuchtigen Steinen eine Plattform aufgeschichtet. Am Ende der steinernen Erhebung befindet sich ein Raum, in dem sich mehrere Udāsīs zum abendlichen Mahl versammelt haben. Die meisten tragen schwarze Gewänder, einige sind fast nackt.

Haridvārīs Blick ist in die Ferne gerichtet. Nur mit dem linken Auge kann er sehen, auf dem rechten ist er blind. Seine Wangen sind eingefallen. Inmitten der Stirn kleben Reste eines weißen Sektenzeichens. Er trägt nur einen grau-schwarzen Stoffetzen um die Hüfte, der Rest des Körpers ist mit Asche eingerieben.

– »Mahātmajī?«

»Ich antworte nicht! Nicht jetzt und nicht später!«

– »Warum nicht?«

»Es gibt keine Antwort, auch nicht auf frühere Fragen. Dieses elende Leben wird für alle Zeiten sein. Das sagt alles!« – Der Alte lächelt. Er zieht die dürren Beine an, so daß sich die trockene Haut auf dem Bauch in Falten legt. Zögernd schaut er nach seinen Gefährten, doch die sind für sich, rühren Kichererbsen in die mit Butterfett verdickte Gewürzmischung. Je weniger sie ihn beachten, desto mehr biegt er sich vor Lachen, bis auch sie lautstark einstimmen. Sofort bricht Haridvārī Lāl ab und stochert mit der Feuerzange in der Glut. Er wühlt in seinem Bündel nach etwas, das er nicht findet. Wieder entrückt sein Blick. Es wird dunkel über Deopatan.

– »Diese Asche, mit der du dich eingerieben hast, ...«

»Sie kommt vom Verbrennungsplatz!«

– »Nicht von deinem Feuer?«

»Nein, ich hole sie von den Leichenfeuern. Überall gibt es Leichen und Verbrennungsplätze.«

– »Gibt sie dir Kraft zu verfluchen?«

»So ist es!«

– »Bist du manchmal wütend? Hast du verflucht, weil du zornig warst?«

»Ja, aber das ist vorbei.«

– »Es muß viel Ärger in dir gesteckt haben.«

»Das kann ich dir sagen!«

– »Was war es? Wen hast du verflucht?« – Der Alte legt den Kopf nach hinten, um ihn gleich nach vorn zu schleudern:

»Er ist jetzt im Gefängnis.« – Dann beugt er sich vor und flüstert:

»Er kam zum Verbrennungsplatz und raubte Holz.«

– »Deshalb hast du ihn verflucht?«

»Ja, ja«, sagt er erregt mit lauter werdender Stimme und spricht so betont, daß es auch die anderen hören können:

»Aber - jetzt - ist - er - im - Gefängnis!«

Die Gefährten brüllen los, wollen nicht enden. Hunde, die nur warten, daß ihnen beim Kochen etwas zufällt, kläffen und jaulen. Alles bebt vor Lärm. Plötzlich bläst jemand mit einer Muschel dumpfe Laute, und die Unruhe klingt in einem gemeinsam gesungenen »Śiva om« aus. Haridvārī Lāl zittert:

»Ich brauche Feuerholz, hol' mir welches«, faucht er.

– »Aber du hast doch genug!«

»Das reicht nicht für die ganze Nacht, für Śivas Nacht. Ich lebe schließlich nicht unter einem Dach.« – Er bedeckt seine Haut, alle Poren mit Asche, als kleide er sich an. Ein Junge wirft Reisig auf sein Feuer, daß es auflodert. Schweißtropfen rinnen langsam über die Brust des greisen Asketen und waschen Streifen am nackten Körper frei. Sofort nimmt er neue Asche und bedeckt die entstandene Blöße.

– »Warum bist du ein Sādhu geworden?«

»Durch ein großes Schicksal wird man Mann und Körper, und

man muß viele Gebete zum Gott schicken, um das zu erreichen, was selbst für die Götter schwierig ist.« – Er senkt seinen Kopf, legt ihn in die aufgestützte Hand.

– »Seit wann bist du ein Sādhu?«

»Wie mein Ahnenguru Śricandra seit den Kindertagen, als ich noch ein kleiner Junge war. Und jetzt bin ich über neunzig.«

– »Dann hast du nicht geheiratet?«

»Von Kindheit an lebe ich so wie jetzt.« – Aus der Ferne ertönen Tempelglocken.

– »Mahātma, sicher fastest du gelegentlich.«

»Ich verschließe meinen Mund für 45 Tage im Monat Māgha und Kārttika.«

– »Hast du niemals gearbeitet?«

»Nein, niemals, niemals!«

– »Hast du keine Wünsche mehr?«

»Nein!«

– »... keine Lust mehr?«

»Was immer ich sage, es geschieht.« – Haridvārī Lāl krächzt es heraus, als wolle er nicht mehr reden.

– »Mahātmajī, es scheint, daß du Macht über eine andere Welt hast. Kannst du anderen diese Macht geben?« – Der Alte wendet sich ab und sagt ohne Regung:

»Komm' alleine, wann immer du willst, aber komme alleine. Doch höre, wenn du mir folgst, du wirst ein Sādhu! Und dann? Reiche Menschen haben dafür alles verlassen, weißt du das? Wenn du mir folgst, wenn du dein Haus verläßt, werde ich dir alles zeigen. Du wirst keine Macht mehr haben, keine Wünsche, keinen Körper. Und ich werde dir alles sagen. Aber höre! ... Wenn ich es dir sage, wirst du nicht mehr du sein!«

Feste, Feiern und Rituale

Der Festkalender Indiens richtet sich fast ausschließlich nach dem Mond. Der Jahreszyklus von zwölf Monaten zu je dreißig Tagen beginnt nach dem Vollmond im März (Caitrādipūrṇimānta). Die ›dunkle Hälfte‹ (*kṛṣṇapakṣa*) des abnehmenden Mondes beschließt am 15. Tag der Neumond (*pratipadā*). Dann folgt die ›lichte Hälfte‹ (*śuklapakṣa*) des zunehmenden Mondes mit dem Vollmond (*pūrṇimā*) am wiederum 15. Tag. Dieser Mondkalender muß dem Sonnenkalender angeglichen werden, andernfalls fiele nach einiger Zeit ein Frühlingsfest in den Winter. Durch eine komplizierte und variierende Berechnung verschieben sich daher die Daten der Feste ständig, vergleichbar dem Osterfest, dessen jeweiliger Zeitpunkt ja auch nach dem Mondkalender berechnet wird. So fällt z. B. Mahāśivarātri, die Große Nacht Śivas, auf den 19.2.1993, 10.4.1994, 27.2.1995, 17.2.1996, 7.3.1997, 25.2.1998 und 15.2.1999. Außerdem müssen zusätzliche, doppelt gezählte Tage und Monate eingeschoben werden. In 19 Jahren sind es etwa sechs Monate; in den kommenden Jahren treten sie zum Beispiel 1993 (18.8.-16.9.), 1996 (17.6.-15.7.) und 1999 (16.5.-13.6.) auf. Diese Schaltmonate, die man auch ›Monate des Übels‹ (*malamāsa*) nennt, gelten als unheilvoll und verlangen daher besondere rituelle Handlungen. In Benares begibt man sich dann bevorzugt auf die Pañcakrośīyātrā.

Jeder Tag des Mondkalenders hat seinen eigenen ›Herrn‹: Über den ersten Tag gebietet Agni, über den vierten (*caturthī*) Gaṇeśa, den fünften (*pañcamī*) Nāga, die Schlange. Besonders segensspendend sind die achten (*aṣṭamī*) und neunten (*navamī*) Tage, an denen auch die Geburtstage von Kṛṣṇa (Kṛṣṇajanmāṣṭamī im August/ September) und Rāma (Rāmanavamī im März/April) gefeiert werden. Der achte Tag eignet sich zudem besonders für Frauen zum Fasten wie auch der elfte (*ekādaśī*) Tag, der Viṣṇu geweiht ist. Hariśayanī-Ekādaśī im Juni/Juli beispielsweise bezeichnet den Zeitpunkt, an dem Viṣṇu in einen viermonatigen Schlaf fällt. Traumlos verbringt er die Monate auf dem Körper einer zusammengerollten Schlange, um an Prabodhini-Ekādaśī im Oktober/ November aufzuwachen – sehnlichst erwartet von seinen fastenden Anhängern.

Nur zwei Tage des Festkalenders richten sich nach der Sonne, nämlich die Wintersonnenwende am 14. Januar und das Frühjahrsäquinoktium am 14. April, mit dem das Jahr nach der Vikrama-Saṃvat-Zählung anfängt. Am 14. April 1993 beginnt danach das Jahr 2050. An beiden Tagen gilt ein Bad an einem der fünf bedeutenden Ghāṭs als verdienstvoll. Ebenso wird immer wieder die reinigende Kraft eines Bades während einer Sonnenfinsternis sowie

Während des Monats Kārttika (Oktober/November) werden an langen Bambusstangen Lichter (*ākāsadīpa*) hochgezogen, die den Manen den Ort markieren (hier das Maṇikarṇikāghāṭ)

an Neumond- und Vollmondtagen gepriesen, insbesondere am Kārttika-Vollmond im Oktober/November und Vaiśākha-Neumond im April/Mai. An solchen Tagen treffen manchmal über hunderttausend Pilger in Benares ein.

Die Feste sind in Benares keine herausragenden Stadtrituale wie etwa in Puri oder den Städten Südindiens, an denen fast die ganze Bevölkerung teilnimmt. Ein Gefühl der Gemeinsamkeit kommt in Benares allenfalls beim Bad im Ganges an herausragenden von Sonne und Mond bestimmten Tagen auf. Bevorzugte Plätze für ein solches Bad sind das Daśāśvamedhaghāṭ oder das Pañcagaṅgāghāṭ sowie für Beginn und Ende einer Prozession das Maṇikarṇikāghāṭ.

Die anderen Festtage unterscheiden sich nur geringfügig von nordindischem Brauch. Hier wie dort werden die Geburtstage der Götter gefeiert, von Rāma, Kṛṣṇa, Hanumān, der Gaṅgā, Viṣṇus Erscheinungsformen wie Narasiṃha (›Mann-Löwe‹) oder Varāha (›Eber‹) und von Dattātreya, einer synkretistischen Gottheit, die Brahmā, Viṣṇu und Śiva in sich vereint. Am Geburtstag von Rāma

zieht es viele Banārsīs zum Ghāṭ am Ādikeśava-Tempel ganz im Norden der Stadt. Zunehmend an Bedeutung gewinnt Buddhas Geburtstag am Jyeṣṭha-Vollmond (Mai/Juni), den die buddhistischen Gemeinden vor allem in den Gedächtnisstätten von Sarnath begehen.

Bei vielen Festen dominieren Frauen. So zum Beispiel an Tīj im August/September oder an Chaṭ (Oktober/November), das seit 15 Jahren im Norden Indiens immer populärer wird und bei dem auch in Benares ein starkes Polizeiaufgebot die ohnehin ständig über-

Bengalische Jugendliche bringen eine Statue der Sarasvatī (›Göttin der Künste‹) zum Ganges, um sie dort zu versenken

füllten Zugänge zum Ganges kontrollieren muß, um den herbeiströmenden Frauen ein Bad zu ermöglichen.

Auch am Dīpāvalī- oder Divālī-Fest im Oktober/November sind es überwiegend Frauen, welche zuhause oder am Lakṣmīkuṇḍa die Göttin Lakṣmī verehren, das Haus schmücken, die frisch erworbenen Götterfiguren und viele tönerne Lichterschälchen aufstellen sowie das Festessen vorbereiten. Erst in der Dunkelheit machen die Männer mit einem an Silvester erinnernden Feuerwerk lautstark auf sich aufmerksam, um so die Göttin Lakṣmī, die Glück und Reichtum verheißt, ins Haus zu bitten. Die bengalischen Bewohner übergeben in der Nacht des Neumonds zudem eine etwa einen Meter hohe Kālī-Figur aus Holz und Stroh dem Ganges.

Noch häuslicher ist ein Ritual (Rakṣābandhana) im Juli/August, bei dem die Schwestern ihren Brüdern einen Faden um das linke Handgelenk binden, um sie damit vor dem Einfluß der bösen Geister oder dem Boten des Todes (Yama) zu schützen. An Yamadvitīyā, zwei Tage nach Divālī, besänftigt man diesen Todesboten darüber hinaus mit einer Speisung.

Aus dem Haus heraus wirken dagegen mehrere Rituale, mit denen die Manen in ihrem ständig drohenden Groll besänftigt werden sollen. So etwa, wenn man der Ahnen (*pitṛ*) an den 15 Tagen der dunklen Monatshälfte im September/Oktober mit einem Bad am Maṇikarṇikāghāṭ, am Pitṛkuṇḍa oder am Piśācamocana-Teich gedenkt. Den unbefriedeten Seelen (*piśāca*), die als irrende Geister den Menschen nachstellen und die Wegkreuzungen besonders bei Nacht verunsichern, wird beim Piśācamocana-Teich auch am Tag vor Vollmond im November/Dezember geopfert. Dann kocht man in einem neuen, irdenen Topf ein einfaches Mahl und gart in der Asche Auberginen und Weizenmehlklöße. Viele bereiten diese Speise auch am Zusammenfluß von Gaṅgā und Varaṇā zu, unterhalb des Ādikeśava-Tempels, nachdem sie innerhalb von zwei bis drei Tagen die Stadt umwandert haben (*nagarapradakṣiṇā*).

Zu den Höhepunkten im Festkalender von Benares gehört der Moment, in dem große Figuren der Göttinnen Sarasvatī und Durgā den Fluten der Gaṅgā übergeben werden. Dies geschieht an Vasantapañcamī, dem ›Frühlingstag‹ nach Neumond im Januar/Februar für Sarasvatī, die Göttin der Künste, und während des elf Tage dauernden Durgā-Fests zwischen Neumond und Vollmond von Āśvina (September/Oktober). Am siebten Tag werden diese von muslimischen Handwerkern hergestellten Durgā-Figuren unter großer Anteilnahme der Bevölkerung aufgestellt und am elften in den Ganges geworfen, nachdem man am zehnten Tag (Daśaharā) Durgās Sieg über den Büffeldämonen Mahiṣāsura gefeiert hat.

Eine der bedeutendsten Prozessionen der Stadt ist die Aṣṭabhairavayātrā mit einem Kālabhairava gewidmeten Fest in der Vollmondnacht von August/September. Dann bringt man diesen Gott in Gestalt einer großen Maske von seinem Tempel in der Stadt zum Lāṭhbhairava im Norden (Abb. S. 94), wo seine Hochzeit immer wieder neu vollzogen wird. Noch in derselben Nacht kehrt er an seinen angestammten Platz in der Stadt zurück.

Fast sämtliche größeren Feste sind begleitet von einer Melā, einer Mischung aus Markt und Jahrmarkt. Stände mit Waren aller Art werden aufgebaut, fliegende Händler preisen ihre Waren an. Alles wird verkauft, was der Wallfahrer begehrt. Früchte, Nüsse, Süßigkeiten, salziges Heißgebäck und Milchtee stärken die Wartenden. Spiegel, Kämme, Ketten, Ringe, Glocken, Kosmetika und einfacher Schmuck erfreuen besonders Frauen. Verkäufer von

Götterbildern oder kleinen Opfertellern und -schälchen machen gute Geschäfte. Bettler, Geschichtenerzähler, Asketen und Gaukler bevölkern die bunte, mitunter recht laute Szenerie. Zum Festbesuch eines Tempels und zu Wallfahrten gehören meist auch diese weltlichen Vergnügungen.

Śivas Große Nacht (Mahāśivarātri)

Besonders wichtig für Benares ist die in ganz Indien gefeierte Mahāśivarātri, die ›Große Nacht Śivas‹, da dieses Fest die Bedeutung von Benares als Stadt Śivas unterstreicht. Jedes Jahr strömen Banārsīs und Pilger zu den verschiedenen Śiva-Heiligtümern der Stadt. Das mögen die Zwölf Jyotirliṅgas sein, die Svayambhūliṅgas oder auch die Acht Bhairavas. Dann erst versuchen sie, sich Einlaß in den Viśvanātha-Tempel zu verschaffen. Bis spät in die Nacht drängen sich die Gläubigen dorthin. Ein Labyrinth aus Stangen ist im Osten des Tempels installiert, um endlos lange Pilgerschlangen in eine geordnete Reihenfolge zu bringen. Auch zu anderen Śivaliṅgas gehen die Gläubigen, etwa zum Kedāreśvara oder zum Kṛttivāsaliṅga, das nur an diesem Tag verehrt werden darf, weil es jetzt, in einer Moschee im Stadtteil Maidagin gelegen, Hindus an gewöhnlichen Tagen nicht zugänglich ist.

Der Mythologie nach hatte sich in der Śivarātri ein Jäger im Dschungel verloren und kletterte aus Angst vor den wilden Tieren auf einen Bilva- bzw. Bel-Baum. Dort blieb er die ganze Nacht wach und ließ von Zeit zu Zeit etwas Wasser und ein paar Bilva-Blätter herunterfallen – und zwar auf ein im Laub verborgenes Śivaliṅga. Unbewußt und unbeabsichtigt verehrte dieser Niedrigkastige also Śiva durch Fasten, nächtliches Wachen, die von Śiva geliebten Bilva-Blätter und Wasser. Śiva war darüber so erfreut, daß er dem Jäger Befreiung oder einen Platz in seiner Nähe gewährte. Er exkulpierte damit den Jäger von seinem – bedingt durch das Töten – unheilvollen Leben.

In Erinnerung an diesen Mythos fasten viele und durchwachen die Nacht vor Śivarātri – bevorzugt am Jñānavāpī-Brunnen. An Śivarātri zieht es aber auch Tausende von Menschen nach Kaithi, etwa 27 Kilometer nordöstlich der Stadt, wo sich am Zusammenfluß von Gaṅgā und Gomatī ein Heiligtum des Mārkaṇḍeya-

Śivarātri-Fest in Kaithi: Verehrung des Gottes Mārkaṇḍeya mit Gangeswasser

mahādeva, einer Emanation Śivas, befindet. Dort entnehmen die Pilger der Gaṅgā mit einem neuen irdenen Topf Wasser, um es mit einem Bilva-Blatt in der Kultkammer des Tempels dem Liṅga darzubringen. Zweimal stehen die Pilger in einer drängelnden Menge zusammen, die sehnsüchtig auf das Tor schaut, denn nur in Schüben lassen die Tempeldiener sie herein. Zuerst in einen Vorhof und dann in das Innere der Tempelanlage, dort wo das Liṅga unter einem wachsenden Haufen von Tonscherben längst verborgen ist.

Mārkaṇḍeya repräsentiert einen Ṛṣi, einen einst hier im Wald lebenden Eremiten und Seher, der durch Śivas Einspruch gegenüber dem Boten des Todes Unsterblichkeit erlangte. Das »Mārkaṇḍeyapurāṇa« erzählt auch, wie einst ein Brahmane namens Mārkaṇḍeya, erschreckt vom Anblick der durch den Ozean umgebenen Erde, Viṣṇu bat, ihn zu retten. Viṣṇu antwortete: »Schau mich an, wie ich in Gestalt eines Kindes auf dem Blatt eines Baumes liege! Ich bin Kāla, der Tod, begebe dich in meinen Mund und suche dort Schutz!« Mārkaṇḍeya gehorchte und fand dort nicht nur zahlreiche Götter, himmlische Musikanten und Heilige vor, sondern die ganze Welt. Als er wieder zum Vorschein kam, sah er Viṣṇu immer noch in Gestalt eines Kindes.

Viṣṇu schluckte Mārkaṇḍeya, wodurch dieser höchstes Wissen, die Vereinigung mit dem Gott, den Tod und seine Überwindung erfuhr. Indem die Pilger nach Kasten getrennt in den dunklen Tempel des Mārkaṇḍeya stürmen und zurückkehren, wird diese mythische Begebenheit für sie sinnlich erfahrbar.

Rāmas Spiel (Rāmlīlā)

Das längste und prachtvollste Fest von Benares ist Rāmas Spiel (Rāmlīlā). Da ein Hindu sich das höchste Wesen als wunschlos vorstellt, besteht für dieses höchste Wesen auch kein Grund, die Welt zu erschaffen. Da es die Welt aber gibt, kann sie nur ein kosmisches Spiel (*līlā*) der Götter sein. In diesem Sinne führt man überall in Nordindien das Rāmāyaṇa-Epos auf oder läßt Vyāsa-Brahmanen den Text rezitieren. Das »Rāmāyaṇa« ist einer der beliebtesten Texte in Indien und hat durch eine mehrteilige Fernsehverfilmung noch an Popularität gewonnen.

In der Rāmlīlā von Ramnagar, dem größten Fest dieser Art, wird an dreißig Tagen Rāmas Leben in Szene gesetzt und in der Stadt an verschiedenen Plätzen aufgeführt. Die Textgrundlage bildet das »Rāmacaritamānasa« des Dichters Tulsīdās (um 1532-1623), eine Nachdichtung des Sanskrit-Epos in einem Hindī-Dialekt. Umrankt von zahlreichen Nebenepisoden geht es im wesentlichen um Rāmas Leben und den Sieg der Götter über den Dämonenkönig Rāvaṇa, der in Lanka residiert: Rāma wird als Sohn Daśarathas, des Königs von Kośala, geboren. Er heiratet in Janakpur die schöne und treue Sītā. Kurz vor seiner Inthronisierung in Ayodhya, der Hauptstadt Kośalas, müssen er, Sītā und sein Bruder Lakṣmaṇa für 14 Jahre ins Exil gehen. Dort entführt Rāvaṇa Sītā und bringt sie auf die Insel Lanka. Rāma und Lakṣmaṇa tun sich mit Hanumān, dem Affengott, zusammen und befreien Sītā. Rāma tötet den Dämonen und wird schließlich in Ayodhya gekrönt.

In Ramnagar und Umgebung gibt es eigens für die Rāmlīlā geschaffene Spielstätten, an denen bestimmte Episoden des Epos aufgeführt werden: Lanka liegt zum Beispiel im Südosten, Janakpur im Norden des Mahārāja-Palastes. Die meisten Figuren besetzt man mit Jugendlichen, die jedes Jahr neu ausgewählt werden, aber für bestimmte Rollen haben einige Familien das erbliche Recht der

Darbietung. Alle Schauspieler werden für die Dauer der Aufführungen selbst zu Göttern (*svarūpa*) und entsprechend verehrt. Sie haben keine persönlichen Namen mehr und dürfen auch nicht mehr als Individuen erkennbar sein. Besonders bei den abendlichen Āratīs – in diesem Fall handlungslose Szenen, bei denen sich die Figuren in gleißendem Fackellicht zeigen – erstarren sie zu Ikonen, auf die jeder Besucher einen glückverheißenden Blick (*darśana*) werfen möchte.

An manchen Tagen kommen bis zu 100 000 Zuschauer, zum Teil von weit her. Auch viele Asketen sind darunter, die im Budget des Festes berücksichtigt sind: Man bewirtet und beherbergt sie. Rāmlīlā wird dann zu einem Volksfest mit Teeküchen, Verkaufsständen und Picknick.

Der Mahārāja von Benares fungiert als Schirmherr der Feierlichkeiten und zeigt sich selbst oft auf einem mit einer Krone geschmückten Elefanten. Er sieht, hört und liest das »Rāmacaritamānasa«, denn vom Rücken des Elefanten schaut er zu, hört zugleich die Rezitationen und führt außerdem ein kostbares Manuskript des Textes mit sich. Chet Singh (reg. 1770-81), der als illegitimer Sohn des ersten Mahārāja erst nach einigen Thronstreitigkeiten an die Macht kam, förderte die örtliche Rāmlīlā in Ramnagar in erheblichem Maß. In einer Zeit, als das Muslimreich zerfiel und die Engländer erst langsam Fuß faßten, besaß der Mahārāja zwar Macht, aber kaum Autorität bei den Bewohnern der Region. Der Rāma-Kult bot sich als religiöse Legitimation der Herrschaft an, steht doch gerade dieser starke, heldenhafte Gott für ein hierarchisches, selbstbewußtes Hindu-Königtum. Chet Singh machte seine Residenz zu einer Stadt Rāmas (Ramnagar), die während der jährlichen Rāmlīlā für alle als Göttersitz sichtbar wurde.

Die Förderung der Rāmlīlā wurde von den Nachfolgern Chet Singhs beibehalten. Vornehmlich Udit Narain Singh (reg. 1795-1835) und Ishwari Prasad Narain Singh (reg. 1835-89) forderten viele Dichter auf, Kommentare zu Tulsīdās' Text zu schreiben, und statteten die Rāmlīlā mit dem bis heute beibehaltenen Prunk aus. Doch unterstützt heutzutage die indische Regierung den Mahārāja und trägt einen Teil der Kosten.

Aufführungen des »Rāmāyaṇa« und Rezitationen des Textes, wie sie im Monat Āśvina in ganz Benares stattfinden, sind seit

Historische Darstellung des Rāmlīlā-Festes, Lithographie nach einer Zeichnung von James Prinsep, 1830

Jahrhunderten beliebt, denn schon das Zuhören gilt als religiöses Verdienst. Die bloßen Lesungen dauern von einem bis zu dreißig Tagen und werden vorgetragen von einem bis zu 108 Rezitatoren. Diese sogenannten Rāmāyaṇīs besuchen spezielle Schulen, und manch einer bringt es zu landesweiter Anerkennung.

Mit dem Aufkommen einer reichen Händlerschaft im 19. Jh., die ihre eigenen Rāmāyaṇa-Rezitationen organisierte, hat sich freilich einiges geändert. Mehr und mehr wurde das Lesen des Textes zu einer ernsten, religiösen Zeremonie, während es früher ein zwar religiöses, doch auch belustigendes Volksfest war. Zudem haben die Brahmanen, die oft wahrheitswidrig behaupten, daß Tulsīdās seinen Text ursprünglich in Sanskrit verfaßte, einen größeren Anteil als früher. Und schließlich werden die Texte zunehmend in Privathäusern gelesen und nicht mehr wie einst auf der Straße. Allerdings sorgen die jetzt üblichen Lautsprecher dafür, daß noch immer viele Inder in den allseits geschätzten Genuß des Zuhörens gelangen.

Festkalender

kp = Kṛṣṇapakṣa (dunkle Monatshälfte mit abnehmendem Mond)
śp = Śuklapakṣa (lichte Monatshälfte mit zunehmendem Mond)

Fest/Zeitpunkt	**Gottheiten und Aktivitäten**
Caitra (März/April)	
śp 4 Navapratipadā (Neujahr)	Brahmanen werden rituelle Gaben gereicht
śp 1-9 Navarātri (Neun Durgā-Nächte)	Verehrung der Durgās, Gaurīs und Aṣṭamātṛkās in ihren Tempeln
śp 9 Rāmanavamī (Rāmas Neunter)	Feier von Rāmas Geburtstag in Rāma- und Viṣṇu-Tempeln, Bad am Rāmaghāṭ
14. April Meṣasaṃkrānti (Tagundnachtgleiche)	Bad an den fünf wichtigsten Ghāṭs, Verehrung von Gaṅgā und Sūrya

Vaiśākha (April/Mai)

kp 4 Gaṇeśavrata (Gaṇeśa-Gelübde)	Verehrung von Gaṇeśa mit Süßigkeiten, besonders im Bareganeśa-Tempel
śp 3 Akṣayatṛtīyā (Der Unzerstörbare Dritte)	Bad am Maṇikarṇikākuṇḍa und Trilocanaghāṭ, rituelles Mahl aus Kichererbsen und Gerste
śp 7 Gaṅgāsaptamī (Gaṅgās Siebter)	Feier der Herabkunft der Gaṅgā mit rituellem Bad im Fluß
śp 14 Narasiṃhajayantī (Narasiṃhas Geburtstag)	Verehrung Narasiṃhas, Besuch des Oṃkāreśvara-Tempels, Fest am Bareganeśa-Tempel
śp 15 Buddhajayantī (Buddhas Geburtstag)	Gedenkfeiern in Sarnath

Jyeṣṭha (Mai/Juni)

śp 8 Śītalāṣṭamī (Śītalās Achter)	Verehrung der Göttin Śītalā am gleichnamigen Ghāṭ
śp 10 Gaṅgādaśaharā (Gaṅgās Geburtstag)	Bad am Daśāśvamedhaghāṭ, Verehrung der Göttin Gaṅgā in ihren Tempeln

Āṣāḍha (Juni/Juli)

śp 2-4 Rathayātrā (Wagenprozession)	Wagenprozession zwischen Jagannātha-Tempel und Chetganj zu Ehren von Viṣṇu als ›Herrn der Welt‹ (Jagannātha)
śp 11 Hariśayanī-Ekādaśī (Viṣṇus Einschlafen)	Fasten und Verehrung Viṣṇus, Beginn einer viermonatigen Periode, in der Hochzeiten als ungünstig gelten
śp 15 Gurupūrṇimā (Vollmond des Lehrers)	Verehrung der eigenen Lehrer zuhause und des Guru Vyāsa im Vyāsa-Tempel in Ramnagar

Śrāvaṇa (Juli/August)

śp 1-9 Navagaurīpūjā (Neun-Gaurī-Verehrung)	Verehrung der Neun Gaurīs in ihren Tempeln; Fasten, tägliches Bad; Feste am Durgā-Tempel und -kuṇḍa
śp 5 Nāgapañcamī (Schlangen-Fünfter)	Verehrung von Nāgas und Takṣaka, besonders am Nāgakūpa am Caukīghāṭ; Wettkämpfe in den Akhāṛās
śp 15 Śrāvaṇi-Vollmond und Rakṣābandhana	Bad an den Fünf Ghāṭs; Schwestern binden ihren Brüdern einen Faden um das Handgelenk, um böse Geister von ihnen abzuwenden

Bhādrapada (August/September)

kp 3 Kājlī Tīj (Schwarzer Dritter)	Besuch des Viśālākṣī-Tempels, Fest bei Īśvargaṅgī in Chetganj und Śaṅkhudhārā in Bhelupura/ Khojwa; Fasten
kp 4 Bahulā	Verehrung der Kuh als Göttin; Frauen fasten und lauschen heiligen Geschichten, um so das Leben ihres Mannes zu sichern
kp 4 Gaṇeśacaturthī (Gaṇeśas Vierter)	Verehrung Gaṇeśas an seinen Tempeln, besonders am Baregaṇeśa-Tempel; Bad am Rāmaghāṭ
kp 8 Kṛṣṇajanmāṣṭamī (Kṛṣṇas Geburtstag)	Verehrung von Kṛṣṇa, zuhause und besonders im Kṛṣṇagopāla-Tem-pel in Matsyodari
śp 3 Haritālikā Tīj (Haritālas Dritter)	Verehrung von Pārvatī, Maṅgalāgaurī und anderen Göttinnen; Frauen fasten wie an Kājlī Tīj
śp 3 Varāhajayantī (Varāhas Geburtstag)	Verehrung von Varāha, der Erscheinung Viṣṇus als Eber-Gott, in seinen Tempeln
śp 6 Lolārkaṣaṣṭhī (Lolārkas Sechster)	Sonnenfest am Lolārkakuṇḍa in Assī, besonders mit der Bitte um

	Söhne verbunden; Fasten der Frauen
śp 8 - kp 8 Mahālakṣmī-yātrā (Lakṣmī-Prozession)	16tägige Verehrung von Lakṣmī am Lakṣmīkuṇḍa
śp 12 Vāmanadvādaśī (Vāmanas Zwölfter)	Verehrung Viṣṇus in seiner Erscheinungsform als Zwerggott (Vāmana); Bad am Zusammenfluß von Varaṇā und Gaṅgā, Besuch des Ādikeśava-Tempels
śp 15 Kālabhairavayātrā (Kālabhairavas Prozession)	Prozession mit einer Maske von Kālabhairava zum Lāṭhbhairava und zurück
Āśvina (September/Oktober)	
kp 1-15 Pitṛpakṣa (Monatshälfte der Manen)	Bad am Maṇikarṇikāghāṭ, Pitṛkuṇḍa und Piśācamocanakuṇḍa; Śrāddha-Zeremonien
śp 1-11 Rāmlīlā (Göttliches Spiel Rāmas)	Aufführungen und Lesungen des Rāmāyaṇa-Epos (in Ramnagar im ganzen Monat Āśvina)
śp 1-9 Navarātri (Neun Durgā-Nächte)	Verehrung der Durgās, Gaurīs und Aṣṭamātṛkās in ihren Tempeln
śp 10 Vijayādaśamī/ Daśaharā (Siegreicher Zehnter)	Rituelle Erneuerung des Sieges von Durgā über den Dämonen Mahiṣa; Installation von Durgā-Figuren am 7., die am 10. dem Ganges übergeben werden; Sieg von Rāma über Rāvaṇa während Rāmlīlā
śp 11 Bharatmilāp (Bharatas Treffen)	Letzter Tag der Rāmlīlā; große Inszenierung des Treffens zwischen Rāma und Bharata in Nati Imali
Kārttika (Oktober/November)	
kp 14 Hanumānjayantī (Hanumāns Geburtstag)	Verehrung von Hanumān in seinen Tempeln, besonders im Śaṅkaṭamocana-Tempel

kp 15 Divālī (Dīpāvalī)	Lichterfest zu Ehren von Lakṣmī; Bad am Lakṣmīkuṇḍa; Verehrung von neu erworbenen Lakṣmī- und Gaṇeśa-Figuren; Entzünden von Öllichtern und Feuerwerk
śp 1 Annakūṭa (Berg der Nahrung)	Verehrung von Annapūrṇā, Viśvanātha und Kṛṣṇa (besonders im Gopāla-Tempel) mit Mengen von Süßigkeiten und Erntegaben
śp 4 Kṛṣṇalīlā (Kṛṣṇas Spiel)	Am Tulsīghāṭ springt ein Kind (Kṛṣṇa) von einem im Ganges aufgestellten Baum auf eine meterlange Schlangenfigur; dieses Fest beobachten Tausende vom Ufer oder vom Boot aus; auch der Mahārāja erscheint
śp 2 Yamadvitīyā (Yamas Zweiter)	Schwestern reichen ihren Brüdern ein Mahl; auch Bhīmadvitīyā genannt zu Ehren des Pāṇḍava Bhīma
śp 5-7 Chaṭh/Sūryaṣaṣṭhī (Sūryas Sechster)	An fast allen Ghāṭs nehmen Frauen ein Bad, außerdem fasten sie

Kṛṣṇalīlā-Fest: Versenken der Weltenschlange im Ganges

śp 11 Prabodhini-Ekādaśī (Viṣṇus Aufwachen)	Bad am Pañcagaṅgāghāṭ; Aussetzen von Öllichtern auf dem Ganges; Fasten
śp 14 Vaikuṇṭhacaturdaśī (Viṣṇus Himmelsvierzehnter)	Verehrung von Viṣṇu in seinen Tempeln, besonders im Ādikeśava-Tempel; Bad am Ādikeśavaghāṭ und Maṇikarṇikāghāṭ
śp 15 Pūrṇimā (Vollmond)	Divālī der Götter; Bad an allen Ghāṭs: am Pañcagaṅgāghāṭ werden Öllichter auf die Gaṅgā gesetzt
kp 1 - śp 15 Ākāśadīpa (Himmelslichter)	Aufstellen von Masten mit Lichtern für die Manen am Maṇikarṇikāghāṭ und Daśāśvamedhaghāṭ
Mārgaśirṣa (November/Dezember)	
kp 1-8 Aṣṭabhairavayātrā (Acht-Bhairava-Prozession)	Prozession zu den Tempeln der Acht Bhairavas; am 8. Fest am Kālabhairava-Tempel, wenn das den Gott verhüllende Tuch abgenommen wird
śp 15 Dattātreyajayantī (Dattātreyas Geburtstag)	Verehrung von Viṣṇu in seinen Tempeln; Fastentag der Männer
Pauṣa (Dezember/Januar)	
śp 15 Pūrṇimā (Vollmond)	Bad am Daśāśvamedhaghāṭ; Prozession zu den Tempeln der Vier Dhāmas (Kardinaltīrthas)
Māgha (Dezember/Januar)	
kp 4 Gaṇeśacaturthī (Gaṇeśas Vierter)	Verehrung Gaṇeśas im Haus (mit neu erworbenen Tonfiguren) und in seinen Schreinen, besonders im Baregaṇeśa-Tempel
kp 15 Maunī-Āmāvasyā	Verehrung von Śiva und Gaṅgā;

(Neumond der Schweiger)	Bad am Daśāśvamedhaghāṭ und Prayāgaghāṭ
14. Januar Makara-Saṃkrānti	Wintersonnenwende; Bad an den fünf wichtigsten Ghāṭs
śp 5 Vasantapañcamī (Frühlingsfünfter)	Verehrung Śivas besonders im Viśvanātha-Tempel; auch Sarasvatīpūjā: Sarasvatī-Figuren werden im Ganges ausgesetzt
śp 15 Ravidāsajayantī (Ravidāsas Geburtstag)	Verehrung des heiligen Ravidāsa; Prozession der unteren Kasten zum Sīra-Govardhana-Tempel

Phālguna (Februar/März)

kp 14 Mahāśivarātri (Śivas Große Nacht)	Verehrung Śivas, besonders im Viśvanātha, am Jñānavāpī, Kedāreśvara und Kṛttivāśeśvara (Maidagin); Fasten, nächtliches Wachen und Baden in der Gaṅgā; Fest in Kaithi mit Verehrung des dortigen Mārkaṇḍeya; Tag für eintägige Pañcakrośīyātrās
śp 11 Raṅgabharī-Ekādaśī (Farbenfroher Elfter)	Großes Schmücken des Viśvanātha
śp 15 Holikā	Entzünden von Feuern an allen Kreuzungen in Erinnerung an die Hexe Holikā, die Prahlāda, ein Verehrer Viṣṇus, vergeblich zu verbrennen versuchte

Caitra (Februar /März)

kp 1 Holī (Farbenfest)	Ausgelassenes (Neujahrs-)Fest zu Ehren von Viṣṇu, Kṛṣṇa und Rādhā; Werfen von Farbbeuteln und -puder, Besuch von Verwandten und Freunden; Fest am Caũsathīghāṭ und 64-Yoginī-Tempel

Ein Tod am Maṇikarṇikāghāṭ

»He Rām«, stöhnte Mahatma Gandhi, als ihn am 30. Januar 1948 um 17 Uhr 17 der Brahmane Nathuram Godse im Garten des Birla House mit drei Kugeln niederstreckte. In Richard Attenboroughs Gandhi-Film wird daraus: »Oh God!« Nicht zu unrecht, denn Rāma ist der höchste Gott, der in der Stunde des Todes angerufen wird, der dann aber nur wenig gemeinsam hat mit dem Heldengott aus dem Rāmāyaṇa-Epos. Sollte der Hinduismus je eine monotheistische Religion werden, würde gegenwärtig wohl Rāma als Sieger unter den Göttern hevorgehen.

»Rām, Rām« – das seufzten auch die Verwandten von, sagen wir, Hari Chand, als dieser hochbetagt im Sterbehaus *Kāśīlābh-Mukti-Bhavan* an der Godaulia-Kreuzung in Benares sein Leben aushauchte. Und »Rāma, Rāma« soll die ›Rettende Formel‹ (*tārakamantra)* sein, welche Śiva in Kāśī den Sterbenden wie ein Guru bei der Initiation ins Ohr flüstert, um sie von der ›zyklischen Wiedergeburt‹ (*saṃsāra*) zu befreien und ihnen einen Platz im Himmel zu gewähren. Schon im 16. Jh. hat man gefragt, ob dieses Mantra »Rām« oder »Om« lautet; Nārāyaṇa Bhaṭṭa diskutiert in seinem »Tristhalīsetu« beide Ansichten.

Hari Chand wollte in Kāśī sterben, nur dort. »Kāśyaṃ maraṇam muktiḥ« (»In Kāśī ist Sterben Befreiung«) – dieses Sprichwort verstand auch er, obgleich des Sanskrit nicht mächtig. Mit letzter Kraft war er von Jaunpur in die Stadt gekommen. Trotz seiner Schmerzen – sein schwaches Herz machte ihm immer mehr zu schaffen, und atmen konnte er kaum noch – war er erleichtert, daß er es selbst geschafft hatte und seine Familie nicht auf Unternehmen wie *Heaven Express, Last Rites Mail* oder *Corpse Waggon* angewiesen war, die Leichen von überall her zur Verbrennung nach Benares transportieren.

Hari war sofort in das Sterbehaus gezogen, begleitet von seinen beiden Söhnen, einem Bruder und einem Schwager, die ihn abwechselnd versorgten. Ständig hatte er in seinen letzten Tagen über Lautsprecher »Hare Kṛṣṇa, Hare Rāma« und andere Gesänge gehört. Täglich gab man ihm Rāma geweihte Tulsī-Blätter (Basilienkraut) und Gangeswasser. Essen wollte, konnte er kaum mehr. Medizin lehnte er ab, so wie es die Regeln des Hauses vorschreiben. Jedes Jahr kommen Tausende nach Benares, um Kāśīvāsī zu werden oder Kāśīlābha zu nehmen, um in der Stadt, die sich auch Mahāśmaśāna, ›Großer Verbrennungsplatz‹, nennt, auf den Tod zu warten. Denn in Kāśī gelangt man, so erzählen es die Lobpreisungstexte und Mythen, direkt in den Himmel, ganz gleich ob König oder Mörder, ob Kuh oder Esel.

Nun ruht die sterbliche Hülle von Hari Chand auf dem Boden, auf einer Bambusbahre, gewaschen, ein wenig mit Ghī gesalbt und gehüllt in weißes Baumwolltuch. Sie liegt auf dem sandigen Boden, nicht mehr im Sterbebett, denn Haris Tod ist noch nicht befriedet. Die mehrtägigen Totenriten stehen noch bevor. Er ist ein ›Dahingegangener‹ (*preta*), der seine letzte Heimstätte noch nicht gefunden hat und der, würde man ihn nicht auf den Boden betten, sich in der Luft verflüchtigte. Manche Angehörigen legen sogar Erdklumpen auf die Bahre des Toten, doch dies ist in Haris Familie nicht üblich.

Erst elf Tage später wird er zu einem Manen (*pitṛ*), vorausgesetzt, die Priester und der älteste Sohn führen die Riten richtig durch. Sonst bleibt er ein Preta, eine unbefriedete Seele, die ruhelos umherzieht und den Hinterbliebenen auflauert, sie mit Krankheit befällt und quält. Dann kann ihm fast nur noch am Maṇikarṇikākuṇḍa oder Piśācamocana-Becken geholfen werden. Dorthin ziehen in der lichten Hälfte des Mondmonats Āśvina (September/Oktober) viele, um sich vor denen zu schützen, die keine Pitṛs wurden oder die eines widernatürlichen Todes starben und daher als Geister (*bhūta, piśāca*) fortbestehen müssen. Am Piśācamocana-Tempel schlägt man Nägel in einen Baum, gleichsam um die Quälgeister festzunageln.

Piśācamocana bedeutet ›Befreiung eines Piśāca‹, und die rundliche, fratzenartige Statue im Tempel stellt einen solchen Geist dar, der sich in die Stadt geschlichen hatte und den Bhairava enthauptete – dann aber gewährte man dem Geist die Erlaubnis, zu bleiben und anderen Piśācas zu helfen. Ein Selbstmörder, ein gewaltsam Getöteter, ein allzu vorzeitig Verstorbener, sie alle können nicht Manen werden, es sei denn, sie sind eines ehren- oder heldenhaften Todes gestorben. Dann können sie sogar Göttern gleich werden: Die Witwe, die sich aus Treue zu ihrem Mann umbrachte, kann Satī (eine Form der Göttin Pārvatī) werden, nicht aber die, die aus purer Verzweiflung Hand an sich legte.

Die Söhne Hari Chands haben ins Dorf telegraphiert. Viele Verwandte, Frauen ausgenommen, und ein paar Freunde sind gekommen. Hari war ein angesehener, frommer Bauer, dessen Redlichkeit niemand je bezweifelt, dessen feinen Humor und große Freigebigkeit man überall geschätzt hatte. Herbeigeeilt ist auch ein Totenpriester vom Maṇikarṇikāghāṭ. ›Großer Brahmane‹ (*mahābrāhmaṇa*) nennt man diese Priester, doch das ist lediglich ein Euphemismus, handelt es sich doch in Wahrheit um die niedrigstehendsten Brahmanen, die man für unrein wie Kastenlose oder menstruierende Frauen hält. Kein Hochkastiger ißt mit ihnen zusammen. Man vermeidet, sie anzublicken, und manche Kasten werfen am Ende der Totenzeremonie sogar Steine nach ihnen, damit sie so bald nicht wiederkommen.

Der Totenpriester gehört zu einer von mehreren Familien in Benares, die sich das Monopol, die Toten am Maṇikarṇikāghāṭ zu verbrennen, teilen – nach einem komplizierten Verteilerschlüssel für Leichen aus Benares (*pari*) und aus dem weiteren Umkreis (*pacch*). Jeder Mahābrāhmaṇa führt Buch über seine Dienste und die Anteile, die er dem Barbier oder anderen Helfern abzugeben hat. So vermag er jederzeit seine Rechte am Ghāṭ zu beweisen. Bis zu achtzig Tage können vergehen, bis die Reihe wieder an ihm ist. Doch sind einige Mahābrāhmaṇas so beschäftigt, daß sie sich Assistenten leisten, um ihre Aufträge zu erfüllen.

Der zu Hari Chand gerufene Mahābrāhmaṇa hat nur alle 15 Tage ein Pacch-Recht. Er klagt von den Verwandten ein, was ihm zusteht oder, besser gesagt, der Verstorbene nach alter Tradition erhalten muß, damit jener die ein Jahr dauernde Reise ins Jenseits übersteht: Getreide, Stoff, Kochgeschirr, einen Schirm; selbst ein Bett verlangt er. Noch mehrmals nimmt der Mahābrāhmaṇa in den nächsten Tagen die Position des Verblichenen ein, woraus sich zum Teil auch seine Unreinheit erklären läßt. Nach langen, erregt geführten Verhandlungen gibt der älteste Sohn von Hari Chand dem Priester, wie üblich, nur Geld, zunächst fünfzig Rupien, aber am zehnten Tag verlangt der Mahābrāhmaṇa das Zehnfache und auch Kleidung.

Schwager und Bruder, nicht die Söhne, nehmen die Totenbahre auf ihre Schultern, und die Leichenprozession zieht bedächtig zum Maṇikarṇikāghāṭ. Immer wieder rufen die Träger »Rāma nāma satya hai« (»Rāmas Name ist die [erlösende] Wahrheit«), um sich

einen Weg durch die Menge zu bahnen, denn eine Berührung des Leichnams gilt als verunreinigend. An der Godaulia-Kreuzung treffen sie auf eine Rikscha, in der, hochkant, eine andere Leiche steht. Weiter unten steckt ein Taxi in der Menge fest, auch mit einem Leichnam – auf dem Dachgepäckträger. Es ist ein heißer, feuchter Monsuntag, das Wasser trübe, die Lebensmittel verderben binnen Stunden, und die Nächte sind voller Moskitos. Viele Kranke überleben den Tag nicht.

Maṇikarṇikāghāṭ mit den Fußabdrücken Viṣṇus, Lithographie nach einer Skizze von James Prinsep, 1830

Am Maṇikarṇikāghāṭ brennen die Leichenfeuer auf allen Plätzen, Tag und Nacht. Sie gehen selten aus, nach Ansicht der Banārsīs erlischt das Feuer ohnehin nie. Vier von fünf Leichen werden an diesem Ghāṭ verbrannt, die anderen weiter südlich am Hariścandraghāṭ, dort seit einigen Jahren auch in einem modernen Krematorium, aber das wird kaum in Anspruch genommen. Die Dom-Kaste, die traditionell die Leichen verbrennt, hatte sich heftig gegen den Bau des Krematoriums gewehrt, obwohl eine Großfamilie auf dem Lande mit dem Holz eines Scheiterhaufens viele Wochen kochen könnte. Erst nachdem man den Dom den Betrieb zugesichert hatte, willigten sie ein. Doch auch heute noch bereiten sie den Hinterbliebenen Kummer: Sie zünden die Öfen an und lassen sie sogleich wieder ausgehen, um mehr Geld verlangen zu können. Nicht selten beschimpfen sie die meist ungebildeten Angehörigen des Toten, daß sie diese Verbrennungsform dem angeblich verdienstvolleren Scheiterhaufen vorziehen.

Eine kleine Gruppe zieht vorbei. Einer trägt ein Bündel auf dem Arm: ein totes Kind. Der verzweifelte Mann sucht nach einem

Bootsfahrer. Der Leichnam des Kindes wird nicht verbrannt, sondern am Jalsāighāṭ im Fluß versenkt, wie auch Leichen von Leprösen, bestimmten Asketen und an Pocken oder einem Kobrabiß Gestorbenen. Allen gemeinsam ist, daß sie dem Feuergott Agni nicht gegeben werden können, weil sie keine tauglichen ›Opfergaben‹ sind. Sei es, weil die Götter sie schon geholt haben, sei es, weil sie, wie der Asket, schon als gestorben gelten.

Es findet sich ein Bootsmann, der die Leiche, den Mann und einen Priester hinaus auf den Ganges bringt. Nach wenigen Verrichtungen und Gebeten binden sie einen schweren Stein an den kleinen Körper und lassen ihn über Bord gehen. Die Bootsleute rudern auch hinaus, um mit den Angehörigen und einem Totenpriester die Asche andernorts Verstorbener in den Fluß zu streuen. Bei Gandhi war es ein Schiff der indischen Marine, doch hier reichen einfache Holzboote. Von weit her, auch aus dem Ausland, schickt man Urnen an Paṇḍā-Priester oder Mahābrāhmaṇas.

Hari Chands Leichenprozession muß warten, bis Männer der Dom-Kaste den Scheiterhaufen aus mindestens sieben dicken Holzbalken schichten. Sandelholz wäre das beste, reinste Holz, aber das können sich nur sehr Reiche leisten. Der Dom verlangt 900 Rupien für das Holz und seine Arbeit, weitaus mehr als Hari in drei Monaten verdiente. Immer wieder kommt es mit den Dom zu heftigem Streit über die Holzpreise – ihr rohes Verhalten und ihre rüde Sprache haben ihnen einen schlechten Ruf eingetragen. Man sagt sogar, sie verdienen daran, daß sie das noch nicht vollständig verbrannte Holz wiederverwerten oder womöglich als Kochholz weiterverkaufen. Manchmal sollen sie deshalb eine nur halb verkohlte Leiche vom Scheiterhaufen reißen und in den Fluß werfen. Und man erzählt sich, daß sie in der Asche nach Schmuck des Verstorbenen suchen.

Haris Verwandte legen die Leiche ein Stück weit in die Gaṅgā. Sie weinen nicht, sie klagen nicht, ihr Schmerz zeigt sich kaum. Sie wollen den Verstorbenen nicht grämen, denn noch ist seine Seele in der sterblichen Hülle. Der Barbier ist gekommen, um dem Mahābrāhmaṇa (an Stelle des Toten), den Söhnen und anderen nahen Verwandten das Haar zu scheren. Wie oft bei großen familiären Ereignissen oder auch bei Prozessionen und Gelübden muß man sich purifizieren, und da das Haupthaar zu den unreinsten Körperteilen gehört, muß es abrasiert werden.

Inzwischen ist der Scheiterhaufen auf einer mit Kuhdung purifizierten Stelle geschichtet. Die Dom haben viel Stroh dazwischen geschoben, damit das vom Monsunregen modrige Holz besser brennt. Begleitet vom Priester, legen die Verwandten die Leiche, deren Füße nach Süden weisen müssen, auf den Scheiterhaufen. Alle Mitgekommenen werfen Blüten, Reiskörner, Zinnober und Sandelholzöl darüber. Sie ehren den Toten wie einen Gott, ist er doch nicht nur ein lebloser ›Leichnam‹ (*śava*), sondern auch eine Form Śivas, wie der Totenpriester betont. Śava und Śiva, das ist mehr als ein Wortspiel. Es ist das ›letzte Opfer‹ (*antyeṣṭi*) des Dahingeschiedenen, und dieser ist jetzt selbst die Opfergabe an Agni, der sie nach alter Vorstellung zum Himmel trägt.

Das Maṇikarṇikāghāṭ ist Stätte sowohl des Todes als auch der Geburt, denn Leichenverbrennung ist Weltzerstörung und Schöpfung zugleich, wie auch das innere und äußere Feuer der Askese (*tapas* = ›Hitze‹) Sexualität ausschließt und doch Potenz schafft, wie die Zerstörung der Welt die Entstehung einer neuen bedeutet. Am Maṇikarṇikāghāṭ Leichen zu verbrennen und dort zu baden, bedingt sich sogar, denn Reinheit ist nicht ohne Unreinheit und Unreinheit nicht ohne Reinheit denkbar. Sicher lagen wie meist andernorts die Verbrennungsplätze von Benares ursprünglich außerhalb der Stadt. Doch je mehr sich Kāśī als Nabel Indiens verstand, desto mehr wurde auch das Maṇikarṇikāghāṭ zum Mittelpunkt der Stadt.

*Das leere, attributslose Eine (Brahman) will ein Zweites: Śiva. Der teilt von sich eine weibliche Hälfte ab: Śakti. Beide erzeugen Puruṣa (Viṣṇu) und Prakṛti (Viṣṇus Frau) und tragen ihnen auf, durch harte Bußübungen die Welt zu schaffen. Doch in der Leere gibt es keinen Platz, um sich kasteien zu können. Wo sollen sie sich niederlassen! Da schafft Śiva im Himmel eine wunderschöne Stadt, fünf Krośa breit. Viṣṇu läßt sich darin nieder und gibt sich so strenger Askese hin, daß Wasser aus ihm fließt, welches die Leere völlig auffüllt. So weit das Auge reicht, nur Wasser. Als Viṣṇu auf sein Werk blickt, schüttelt er vor Entzücken den Kopf. Einer seiner juwelenbesetzten Ohrringe (*maṇikarṇikā*) fällt herab: die Stätte des Maṇikarṇikākuṇḍa war gefunden.*

(»Śivapurāṇa«, Koṭirudrasaṃhitā, Kapitel 22)

Kleine Schreine am Ganges (hier am nördlichen Śītalāghāṭ) erinnern an eine Witwenverbrennung (*satī*)

Der älteste Sohn von Hari Chand gibt seinem Vater dreimal Gangeswasser zu trinken. Über den rechten Daumen läßt er es in den weit geöffneten Mund seines toten Vaters tropfen. Auch legt er einen brennenden Docht in den Mund; das Licht soll der Seele den Weg im Jenseits weisen. Gegen den Uhrzeigersinn, mit der Heiligen Schnur über der rechten und nicht wie sonst linken Schulter – denn der Tod ist die Verneinung des Normalen, umkreist er dreimal den Scheiterhaufen, gefolgt vom Mahābrāhmaṇa, der kaum verständliche Hymnen singt. Dann zündet er mit einem in Öl getränkten Bündel Kuśa-Gras das Feuer an. Das Gras (Poa cynosuroides) verwelkt nie; es heißt, ein Tropfen vom Nektar der Unsterblichkeit (*amṛta*) sei auf es gefallen.

Als die Flammen hochschlagen und der Leichnam fast verkohlt ist, bricht der Sohn mit einem langen Bambusstock den Schädel des Leichnams. Jetzt erst kann die Seele (*prāṇa*; eigentlich ›Lebenshauch‹) entweichen, jetzt erst ist der Vater nicht nur (physisch) tot, sondern auch (rituell) gestorben. Aber noch immer ist seine Seele nicht befriedet.

Das Feuer brennt langsam herunter, still schauen die Angehörigen zu. Sie unterhalten sich leise, erzählen sich Geschichten und lenken sich so ab. Über Hari sprechen sie nicht. Nach fast zwei Stunden ist nur noch ein wenig glühende Asche übrig. Der älteste Sohn nimmt einen Krug Gangeswasser und wirft ihn über die linke Schulter auf den schwelenden Rest. Ein Dom fegt die Asche zusammen, und er oder ein Mahābrāhmaṇa wirft sie in die Gaṅgā. Der Sohn geht, ohne sich umzublicken. Am Fluß badet er noch einmal. Die nahen Verwandten machen es ihm nach, die andern beträufeln sich nur. Alle bis auf den ältesten Sohn kehren nach Jaunpur zurück.

Dort erwarten sie die übrigen Familienmitglieder, doch sie sprechen kaum über das Geschehene. Sie sind jetzt für die Nachbarn höchst unrein geworden. Man ißt nicht mit ihnen und meidet den Kontakt. Die Angehörigen leben einfach, manche schlafen auf dem Boden, sie würzen ihre Speisen nicht mit Salz, rasieren sich nicht. Hari Chands Frau hat ihre gläsernen Armreifen zerbrochen, sie trägt keinen Schmuck mehr, nur noch einen schlichten weißen Baumwoll-Sari. Auch auf den roten Streifen im Haarscheitel verzichtet sie von nun an. Nichts soll an ihren ehelichen Status erinnern.

Im ersten Kummer hatte die alte Frau sogar daran gedacht, sich mit ihrem Mann verbrennen zu lassen. Doch hätte sie an diesem Gedanken festgehalten, hätte man sie ohnehin zurückgehalten. Satī (›Witwenverbrennung‹) zu begehen, das sei Selbstmord, hatte ihre Schwägerin gesagt, und wer sich umbringt, kommt niemals in den Himmel. Haris Frau war zu verzweifelt, um ihr entgegenzuhalten, daß ja noch vor ein paar Jahren in Deogarh die junge Roop Kumar dies getan habe und man ihr dafür sogar einen Satī-Tempel errichtete. Ihr Mann hatte es ihr aus der Zeitung vorgelesen. Auch habe ihr ein Brahmane gesagt, daß die alten Schriften Satī zuließen. Und sie habe selbst bei ihrer Pilgerfahrt nach Kāśī gesehen, daß am Ufer der Gaṅgā viele Gedenksteine von echten Satīs (auch ›die Reine, Wahre, Gute Frau‹) zeugten.

Aber da keiner ihr die Schuld an Haris Tod zuweist, da alle sie trösten und sie nicht fürchten muß, ausgestoßen und gemieden zu werden – wie so manche junge Witwe im Dorf –, lichten sich ihre Gedanken ein wenig. Nach überliefertem Brauch hängt sie einen Tontopf in den Baum vor dem Haus, damit der Dahingegangene eine vorübergehende Bleibe findet. Denn noch weilt er unter ihnen, ist sogar bedrohlich nahe. Seine Reise zum Reich von Yama, dem Todesgott, dauert zehn bis zwölf Tage, und der in Benares gebliebene Sohn sorgt dafür, daß er dorthin gelangt.

Jeden Tag opfert er einen Ball (*piṇḍa*) aus in Milch und Ghī gekochtem Reis. Die Piṇḍas sollen den Verstorbenen nähren, und sie bilden einen Teil seines neuen Körpers. Am ersten Tag die Venen, am zweiten die Ohren, Augen und Nase, am dritten Nacken, Schultern, Arme und Brust... – so wird er zusammengesetzt. Am zehnten Tag erhält der Mahābrāhmaṇa die Piṇḍas. Am elften Tag hat der Tote Yamas Welt erreicht. Dieser entscheidet nach einem Jahr, wohin der Dahingegangene kommt: zu den Ahnen, den Göttern oder in die Hölle. Am zehnten Tag reicht man auch dem Mahābrāhmaṇa ein gebratenes Essen, der Sohn gibt ihm das vereinbarte Geld und entläßt ihn aus seinen Pflichten.

Fortan ist wieder der Familienpriester für die Versorgung der Ahnen zuständig. Denn nun ist Hari Chands Seele befriedet, der ›Dahingegangene‹ (*preta*) ist zu einem Ahnen (*pitṛ*) geworden. Aber noch ist er nicht bei den anderen Vorfahren angekommen. Erst nach einem Jahr wird er bei einem großen Manenopfer (*sapiṇḍakaraṇa*) mit ihnen vereint, wenn unter anderem drei Piṇḍas – je eines für den Vater, den Großvater und den Urgroßvater – geopfert werden. Auch danach wird Hari Chand nicht vergessen. Kein Grab, kein Gedenkstein erinnert an ihn, doch bleibt er immer gegenwärtig. Bei Familienfeiern, Festen und in der Manenhälfte (*pitṛpakṣa*) des Monats Āśvina verehrt man zunächst die Ahnen, sichert sich ihr Wohlwollen und befriedigt sie, fast gottgleich, mit Gaben.

Hari Chand wollte in Benares sterben, denn dort sorgt Śiva dafür, daß man nicht nur Teil seiner Welt oder seiner Begleitschar, sondern sogar mit ihm selbst gleich wird. Dort droht nicht, daß man als eine von 8,4 Millionen Kreaturen wiedergeboren wird, und dies gilt für jeden, gleich was er getan hat. So steht es in den Schriften, so verkünden es die Priester. Hatte nicht Śiva selbst als Brahmanen-Mörder Kālabhairava am Kapālamocana-Becken Absolution erlangt!

Brahmā brüstet sich mit der Schöpfung: »Ich bin der Ursprung der Welt, der selbstgeborene, der einzige Gott; es gibt keinen größeren als mich.« Da schickt Śiva (sich als) Kālabhairava (›Schwarzer‹ oder ›Todes-Bhairava‹), der Brahmās fünften

*Kopf abschlägt. Ergeben erkennt Brahmā Śiva als den höchsten Gott an. Doch sagt Śiva zu Bhairava: »Du hast unseren Vater getötet, du Brahmanen-Mörder. Dafür mußt du büßen.« Und er schickt Kālabhairava mit Brahmās Schädel (*kapāla*) an der Hand klebend betteln, so daß ihn alle Welt als Übeltäter erkennt. Nach langer Zeit trifft er auf Viṣṇu, der Kālabhairava verrät, daß er nur in Vārāṇasī Befreiung (*mocana*) finden könne. Dorthin gelangt, fällt der Schädel von Kālabhairavas Hand, und Śiva spricht zu ihm die erlösenden Worte: »Wer zu diesem herausragenden Tīrtha kommt, ein Bad nach den Vorschriften nimmt und Manen wie Göttern opfert, der wird von der Sünde des Brahmanen-Mordes befreit.«*

(»Kūrmapurāṇa«, Kapitel II.31)

Noch kurz vor seinem Tod hatte Hari Chand mit seinem Familienpriester darüber gesprochen, denn viele Fragen ließen ihm keine Ruhe. Wenn alle, die in Kāśī sterben, nicht wiedergeboren werden, dann müßte doch die Welt bald ausgestorben sein. Und wer versorgt dann die Götter? Wozu braucht es der Priester, wenn man auf jeden Fall befreit wird? Ist es nicht Wissen (*jñāna*) oder asketische Zucht (*yoga*), die befreit? Warum entsagen denn die Sādhus, um dieses Ziel zu erreichen? Sie müßten doch nur in Kāśī sterben und bekämen es ohne strenge Kasteiungen.

Der Priester war außerstande, ihm sämtliche Fragen zu beantworten. Er sprach vom Kaliyuga, dem gegenwärtigen und schlechtesten der Vier Weltzeitalter, in dem so vieles verkehrt sei. Er meinte auch, daß man zwischen dem Ableben und der Befreiung Höllenqualen erleiden könnte, bei einem Tod in Kāśī aber nicht. Und er erinnerte an ›Bhairavas Bestrafung‹ (*bhairavīyātana*) nach dem Tode, die nur eine Sekunde währt und doch alles Karma auslöscht. Dieses Purgatorium sei unvermeidlich in Kāśī und könne eben mehr oder weniger hart ausfallen, je nach dem Lebenswandel. Hari hatte daraufhin beschlossen, noch in dem Kālabhairavatīrtha in Benares zu baden, doch das war ihm nicht mehr vergönnt.

Banārsīs
Bewohner der Stadt

»Wohl kaum eine Stadt in der Welt zieht ein so buntes Gemisch an Volksgruppen und Sprachen an wie Benares«, schrieb der Missionar M. A. Sherring, als er 1872 die Ethnien und Kasten untersuchte. Immer wieder hatten sich in Benares Gruppen aus allen Regionen Indiens niedergelassen, die ursprünglich als Pilger kamen: aus Bihar und Westbengalen, aus dem Panjab und Rajasthan, aus Nepal und Maharashtra. Die Kastenstruktur von Benares ist denn auch vielfältiger als in vergleichbaren Städten.

In der offiziellen Volkszählung von 1871 läßt sich noch eine deutliche Dominanz der Brahmanen feststellen: nahezu 30000 Brahmanen unter etwa 175000 Einwohnern. Heute leben in der Stadt Benares knapp eine Million Menschen und im Umland mindestens ebenso viele. Doch die nach wie vor zahlreichen Kastennamen sagen, zumindest in den Städten Indiens, oft nichts mehr über die tatsächlich ausgeübten Berufe aus. Hinzu kommt, daß viele Kasten Anspruch auf einen höheren Status erheben, als ihnen im allgemeinen zugeschrieben wird. Das gilt selbst für die Mahārājas von Benares, die der Bhumiyar-Kaste angehören, deren Status als Brahmanen aber von orthodoxen Brahmanen lange Zeit nicht anerkannt wurde.

Brahmanen arbeiten nicht mehr nur als Priester, Gelehrte oder Lehrer, sondern sind jetzt überwiegend in der Verwaltung und auch im Handel tätig. Außerdem verfügen sie über mehr Landbesitz als jede andere Kaste, sogar mehr als die Kasten des Kshatriya-Standes oder der Rajputen, dem traditionellen Stand von Aristokratie, Soldaten und Polizisten. Der Handel bildet wie einst das wirtschaftliche Rückgrat von Benares, vor allem der Tuchhandel mit seiner Seiden- und Brokatfabrikation. Die Arbeiterschaft setzt sich aus Gruppen und Kasten zusammen, die auf dem Feld, beim Haus- und Straßenbau oder in der Produktion von Waren aller Art tätig sind. Dieser Schicht gehören auch die meisten Muslime an. Viele Handwerker (Metallarbeiter, Juweliere, Holzschnitzer, Töpfer) bewahren traditionelle Techniken. Besonders stolz auf ihren Beruf sind ferner die Milchmänner und auch die Wäscher, die überall am Ganges Kleidungsstücke zum Trocknen auslegen. Die unberührbaren Kasten (Lederverarbeiter und Abdecker, Reinigungsleute, Korbflechter) sind nach wie vor von der Gesellschaft weitgehend ausgeschlossen: sie leben am Stadtrand, und nur die wenigsten können ihre Kinder zur Schule schicken.

Indiens Oxford: Pandits und Gelehrte

Als August Wilhelm Schlegel 1819 in Bonn die erste deutsche Professur für Sanskrit annahm, wollte er die Stadt zum zweiten Benares machen: Benares genoß bereits damals weit über die Grenzen Indiens hinaus den Ruf einer Stätte höchster Gelehrsamkeit. Ein Ansehen nicht zuletzt aufgebaut von Johann Gottfried Herder (1744-1803), der in Indien sein Ideal einer Synthese von Wissenschaft, Poesie und Religion verwirklicht sah, und dann von den Vertretern der deutschen Romantik, darunter auch August Wilhelms Bruder Friedrich Schlegel (1772-1829), der glaubte, »im Gangeslande die Urweisheit der Menschheit« und »die Quelle aller Sprachen« wiederzuentdecken und der in Paris als einer der ersten Deutschen Sanskrit lernte.

In Indien steht ohnehin fest, daß die heilige Stadt am Ganges die größten Weisen und besten Gelehrten hervorgebracht hat. Schließlich waren Buddha und Śaṅkara, dessen philosophischer Vedānta-Monismus Indiens Geisteswelt stark prägen sollte, nach Benares gepilgert. Aber auch unter den im Ausland weniger bekannten Gelehrten, die in Benares gewirkt haben, finden sich Namen, die fast jeder Inder kennt: Pāṇini (5. Jh. v. Chr.) etwa, der in seiner Aṣṭādhyāyī-Grammatik wichtige Erkenntnisse der modernen Sprachwissenschaft vorwegnahm, oder Śuśruta, dessen »Śuśruta-Saṃhitā« (ca. 7. Jh.) zu den Standardwerken der ayurvedischen Medizin zählt.

Ob diese Gelehrten tatsächlich Benares besuchten, läßt sich nicht mit Sicherheit belegen, aber daß die indische Tradition sie widerspruchslos in Benares ansiedelt, zeigt, wie sehr man gerade diesen Ort als ein Zentrum von Geistesgröße betrachtet. Noch heute geht fast jeder Zweimalgeborene bei seiner Initiation, seiner Zweiten Geburt, symbolisch nach Benares, um dort seine Lehrjahre zu verbringen. In Südindien praktiziert man diesen Nebenritus, bei dem der Knabe wenige Schritte in Richtung Benares geht, bevor ihn meist der Onkel mütterlicherseits zurückholt, auch bei der Heirat.

Der traditionelle Unterricht erfolgte als Einzelunterricht für Brahmanen. Der Schüler, kaum älter als acht bis elf Jahre, ging in das Haus des Lehrers, wohnte bei ihm und wurde von ihm versorgt, mußte allerdings im Haus mithelfen. Seine Studienzeit, das Brahmacarya (auch ein Ausdruck für Keuschheit), war ausgedehnt, betrug selten weniger als zwölf Jahre, oft das doppelte. Danach ging der Schüler in sein Elternhaus zurück, heiratete und wurde mitunter seinerseits ein Guru.

Der Lehrer wurde bezahlt, in Form einer sogenannten Gurudakṣiṇā. Dabei konnte es sich um eine Kuh handeln, die dann im Hof oder Garten des Lehrers angebunden stand und die ein herbeigerufener Bauer täglich melkte, oder um Land. Viele Urkunden und Inschriften, insbesondere von Adligen, bezeugen, daß Brahmanen große Ländereien, ja ganze Dörfer geschenkt wurden. Doch waren das nicht nur Dankesbeweise für die Ausbildung, sondern auch religiöse Gaben eines rituell begründeten Treueverhältnisses zwischen Hauspriester und Familienclan. Es blieb – die traditionellen Lehrer von Benares sind noch heute stolz darauf – dem Schüler (oder seinen Eltern) überlassen, die Höhe der Entlohnung festzulegen.

Während seines Studiums wurde der Schüler in vielen wichtigen Disziplinen unterwiesen, vor allem im Veda und seinen Opfer- oder Geheimlehren, in der Ritualwissenschaft, Phonetik, Metrik, Grammatik und Etymologie. Es gibt Spezialisten für Philosophie, Geometrie, Astronomie, Alchemie oder Medizin. Man las die Texte der großen Dichter, die Epen »Rāmāyaṇa« und »Mahābhārata« wie auch die Göttergeschichten der Purāṇas. Das meiste wurde auswendig gelernt, mit einer Mnemotechnik von Kürzeln, täglichen, stundenlangen Wiederholungen und in einem einprägsamen Singsang.

Ruf und Reputation des Lehrers zogen die Schüler an. Und doch hatte kaum ein Pandit mehr als zehn bis fünfzehn Schüler. Erst in der Gupta-Zeit (3.-6. Jh.) entwickelten sich regelrechte Schulen (*pāṭhaśālā*), fast schon kleine Universitäten, in denen mehrere Lehrer und fortgeschrittene Studenten unterrichteten. Heute gibt es nur noch eine private Veda-Schule, das Saṅgaveda-Vidyālaya am Rāmaghāṭ, aber etwa vierzig bis fünfzig Sanskrit-Pāṭhaśālās. Doch wie in früheren Zeiten erteilen die über 1 500 Pandits aus Benares in ihrem Haus Privatunterricht, auch wenn sie an einem College oder der Universität beschäftigt sind. Und viele Studenten wissen, daß man nur dort in abgeschiedener Atmosphäre wirklich lernen kann: im dunklen Arbeitszimmer des Gurus, wo die in Stoff gewickelten Manuskripte oder in Zeitungspapier eingeschlagenen Bücher aus den Regalen quillen, man sich auf einem flachen Holzbett gegenübersitzt und die Moskitos sich selbst bei Tageslicht nicht zurückziehen. Freilich können mit diesem Wissen nur die Brahmanen genügend Geld verdienen, die sich auf Astrologie und die Ayurveda-Medizin spezialisieren.

Seit der Gupta-Zeit entwickelte sich das Sanskrit zunehmend zu einer Gelehrten- und Priestersprache, wurde immer kunstvoller – und immer weniger verstanden. Um dem Bildungsbedürfnis der Aristokratie und Hochkastigen nachzukommen, nahmen die Brahmanen auch Schüler aus diesen Schichten an, während in den vedischen Schulen fast nur Leute aus ihren eigenen Kreisen zugelassen waren. Der Unterricht wurde unpersönlicher, die Studentenzahlen größer und das Niveau niedriger. Aber die brahmanische Gründlichkeit blieb. Lakṣmīdhara, ein Minister der in Benares ansässigen Gāhaḍavāla-Dynastie, verfaßte im 12. Jh. den voluminösen »Kṛtyakalpataru« (»Wunschbaum der Pflichten«) mit einem ausführlichen Kapitel über 350 Tīrthas in Benares.

Immer wieder waren die Lehrer von großen Gefahren bedroht. Vor allem während der Muslimherrschaft ab dem späten 12. Jh. mußten viele Brahmanen die Stadt verlassen oder konnten nur heimlich unterrichten. Von wenigen Ausnahmen abgesehen sind bis zum 15. Jh. in Benares keine bedeutenden Texte verfaßt worden, jedenfalls sind keine überliefert. Erst im 16. Jh. belebten Brahmanen-Familien, die aus den heutigen Bundesstaaten Maharashtra und Karnataka übergesiedelt waren, die Gelehrtentradition aufs neue. Fast drei Jahrhunderte lang dominierten sie das Geistesleben in Benares und verfaßten bedeutende Schriften; darunter das von Nārāyaṇa Bhaṭṭa verfaßte »Tristhalīsetu« (»Die Brücke zu drei heiligen Orten«) – einer der drei ist Kāśī.

Doch auch die Muslime leisteten ihren kulturellen Beitrag. Einige berühmte arabische und persische Gelehrte oder Dichter kamen nach Benares, Shaik Ali 'Hazin' (1692-1766) etwa, der in der heiligen Stadt nahezu zwanzig Bücher verfaßte, oder Rajab Ali Beg 'Surur' (1787-1867), ein herausragender Urdu-Dichter, der die letzten acht Jahre seines Lebens auf Einladung des Mahārāja in Benares verbrachte. Viele Hindus mußten Persisch lernen, um am Hof eines islamischen Herrschers wirken zu können, und umgekehrt studierten Muslime Sanskrit.

Ein Brahmane beim Aufsagen von Götternamen; der Sack verbirgt eine Kette, die das Abzählen der Götternamen erleichtert

Ein gutes Beispiel für die gegenseitige Befruchtung bietet das »Oupnek'hat«, ein Buch, das Geschichte gemacht hat: 1657 hatte der Mogulprinz Dārā Shikoh, der älteste Sohn von Kaiser Shāh Jahān (reg. 1628-58), fünfzig Upanishaden – Texte mit magisch-geheimen Ausdeutungen des Veda – von Pandits aus Benares in die persische Sprache übertragen lassen. Diese gelangten 1775 in die Hände des französischen Gelehrten Abraham Hyacinthe Antequil-Duperon (1731-1805), dessen lateinische Übersetzung des »Oupnek'hat« wiederum Arthur Schopenhauer (1788-1860) in seinen »Parerga und Paralipomena« zu berühmten Worten veranlaßte, welche die deutsche Einstellung zu Indien geprägt haben: »Es ist die belohnendste Lektüre, die (den Urtext ausgenommen) auf der Welt möglich ist: sie ist der Trost meines Lebens gewesen und wird der meines Sterbens sein.«

Eine neue Entwicklung nahm die Gelehrsamkeit, als die Engländer auftraten. Bereits am 28. Oktober 1791 gründete Jonathan Duncan, von 1788 bis 1795 Resident der britischen Ostindiengesellschaft, das Benares College – eine Sanskrit-Schule, die nach mehreren Umbenennungen (1853: Queen's College, 1884: Government Sanskrit College) 1958 zur staatlichen Sanskrit-Universität (Vārāṇeseya-Saṃskṛta-Viśvavidyālaya) wurde und heute Sampūrṇānanda-Saṃskṛta-Viśvavidyālaya heißt. 1829 wurde dem College eine englische Schule angegliedert, und 1848-52 erhielt sie mit dem von Major Markham Kittoe entworfenen Neubau einen der beeindruckendsten neugotischen Kolonialbauten Indiens.

Noch heute zählt diese Sanskrit-Universität zu den besten traditionellen Bildungsinstitutionen Indiens. Die von ihr wie auch den privaten Pāṭhaśālās verliehenen Titel eines Śāstrī oder Ācārya, vergleichbar etwa mit Magister- und Doktorwürden, sind äußerst begehrt. Vor wenigen Jahren etwa waren zum Beispiel nur 121 Studenten an der Sanskrit-Universität eingeschrieben, doch er-

Queen's College, heute Sanskrit University, 1848-52 von Markham Kittoe errichtet

schienen bei den Abschlußprüfungen 2900 (!) Studenten, ausgestattet mit erschlichenen Prüfungspapieren.

Duncan wollte zunächst nichts anderes, als Brahmanen beschäftigen und fördern, welche die britischen Richter in ihnen unvertrauten Fällen beraten könnten. Eine der Säulen der britischen Herrschaft über Indien war ja, nicht in das religiöse Leben Indiens einzugreifen, wodurch die Zahl der Kolonialbeamten angesichts der Größe und Vielfalt des Landes relativ gering gehalten werden konnte. In Fällen wie Witwenverbrennung, Kindesheirat oder Tempelprostitution griffen die Engländer anfangs kaum ein.

Die Lehrer der Sanskrit-Schule in Benares erhielten ein festes Gehalt ebenso wie in einer anderen Einrichtung der Engländer, dem 1830 gegründeten Benares Anglo-Indian Seminary, wo der Unterricht auf Englisch stattfand. Beide Schulen wurden ab 1853 zum Queen's College zusammengeschlossen und einem Prinzipal unterstellt. Die Inhaber dieses hohen Postens oder des Lehrstuhls für Sanskrit waren oft große Gelehrte: Ralph Thomas Hotchkin Griffith (1826-1906) übersetzte die vedischen Sammlungen und das »Rāmāyaṇa«, John Muir (1809-82) gab die »Sacred Books of the Hindus« heraus, James Robert Ballantyne (1813-64) oder George Thibaut (1848-1914) edierten und übersetzten erstmalig herausragende Werke der indischen Geistesgeschichte, und Fitzedward Hall wurde später Bibliothekar des India Office in London. Sie und andere wurden selbst zu Pandits – wie auch eine von ihnen mitgetragene Zeitschrift in Benares hieß.

Wie sehr diese Neuerungen die traditionelle Gelehrsamkeit von Benares erschütterten, zeigt sich am Auftreten von Dayānanda Sarasvatī (1824-83), einem Brahmanen aus Gujarat und Begründer des reformatorischen Ārya Samāj (›Gemeinschaft der Edlen‹): Am 16. November 1869 forderte der im Grunde konservative Dayānanda die Pandits von Benares unter der Schirmherrschaft des Mahārāja zu einem formalisierten Streitgespräch (*śāstrārtha*) heraus, bei dem er radikale Neuerungen propagierte. Er wollte Tempelkult, Priesterautorität, Götterbilder, Tieropfer, Pilgerwesen, Ahnenkult und Kinderehen abschaffen; zugleich verteidigte er aber die alleinige Gültigkeit der vier vedischen Sammlungen, die Karma- und Wiedergeburtslehren sowie die Heiligkeit der Kuh und wollte eine Art Taufe (*śuddhi*) für alle Hindus einrichten. In der öffentlichen, hart geführten Disputation, über die Dayānanda in seiner Schrift »Śāstrārtha-Kāśī« (»Das Streitgespräch von Benares«) berichtete, unterlag er noch, nicht zuletzt weil er bei der Frage nach der autoritativen Gültigkeit der Purāṇas eine überzeugende Antwort schuldig blieb. Doch bereits ein knappes Jahrzehnt später, am 15. Oktober 1880, konnte er eine Zweigstelle des Ārya Samāj in Benares eröffnen.

Mit der britischen Herrschaft über Indien gewann auch der Englisch-Unterricht an Bedeutung. Bereits 1817 gab es in Benares eine private englische Schule. Der bengalische Großgrundbesitzer Jai Narayana Ghoshal gründete sie, und nach ihm war sie zunächst auch benannt, bis christliche Missionare sie übernahmen. Bald wurden viele weitere Englisch-Schulen eröffnet, die zum Teil auch Frauen offenstanden. So gründete Annie Besant 1898 die Theosophical Girls School, die 1913 in das Vasant Mahila College (heute am Rājghāṭ) überging. Ebenfalls 1898 richtete sie das Central Hindu College ein, eine Institution, in der sich westliche mit traditionell indischen Erziehungsidealen verbinden sollten.

Etwa zur gleichen Zeit begann Madan Mohan Mālavīya (1861-1946), ein einflußreicher Politiker und Mitglied der Kongreßpartei, seine Aktivitäten zur Gründung einer Universität, der bekannten Benares Hindu University (B.H.U.), an deren Entstehung sich auch Annie Besant beteiligte. Mālavīya, nach dem die Eisenbahnbrücke über den Ganges benannt ist und an den eine Statue am Eingang der B.H.U. erinnert, sammelte mit unnachgiebiger Hartnäckigkeit viel Geld und Land für seinen Plan. Bald erzählte man sich, daß Frauen ihren Schmuck ablegen sollten, wenn sie Mālavīya begegneten, weil sie ihn sonst nicht wiedersehen würden. 1911 gelang es ihm, die indische Zentralregierung für seinen Plan zu gewinnen, eine Bildungseinrichtung zu schaffen, in der sich das hinduistische Erbe mit moderner Wissenschaft und Kunst verbinden sollte. Am 4. Februar 1916 legte der damalige Vizekönig Lord Charles Harding am Ostrand des Universitätsgeländes den Grundstein, und am 1. Oktober 1917 weihte der Prince of Wales die Universität formell ein. Ihr erster Vizekanzler wurde Pandit Mālavīya selbst.

Die B.H.U. ist eine der weiträumigsten Universitäten des Landes. Auf dem Campus, gestiftet vom damaligen Mahārāja von Benares, Prabhu Narain Singh, sind in konzentrischen Halbkreisen die einzelnen Fakultäten und Colleges, Bibliotheken (darunter die berühmte Gaekwad's Library), Studentenwohnheime und über tausend Wohnungen für die Lehrer untergebracht. Die Universität verfügt über ein Krankenhaus, das Sundar Lal Hospital (benannt nach Mālavīyas Mitstreiter) und ein Museum für Kunst und Archäologie, das Bhārat Kalā Bhavan. In der Mitte des Geländes steht einer der höchsten Tempel Indiens, der 1962 fertiggestellte Viśvanātha-Tempel (s. S. 66).

Eine andere Universität verdankt ihre Entstehung der antikolonialen Bewegung Mahatma Gandhis. Im Rahmen seiner Strategie der Verweigerung einer jeglichen Zusammenarbeit mit den Machthabern hatte er Studenten aufgerufen, auch die britischen Bildungsinstitutionen zu boykottieren. Als Alternative weihte er am 10. Februar 1921 das Kashi Vidyapith ein, in dem Hindī die Unterrichtssprache ist. Nach der Unabhängigkeit hat diese Institution zunehmend an Bedeutung gewonnen. Zahlreiche indische Politiker haben sie besucht, darunter der zweite Premierminister Lal Bahadur Shastri, der in Ramnagar geboren wurde und dessen Statue vor dem Palast des Mahārāja steht.

Das Ansehen von Benares als Stätte der Gelehrsamkeit hat in den letzten Jahren zwar etwas gelitten – die traditionelle Unterrichtsweise ist außer Mode gekommen, die alten Bildungsideale sind gegenüber den westlichen in Verruf geraten und immer wieder aufkeimende Studentenunruhen behindern monatelang den akademischen Betrieb –, doch noch immer gilt vielen in Indien Benares als das zweite Oxford.

Die Geheimsprache der Paṇḍā-Priester

Fast jeder Pilger nimmt in Benares die Dienste eines Paṇḍā-Priesters in Anspruch. Mit ihnen bringt er der Gaṅgā Opfergaben dar, läßt Rituale in Erinnerung an Verstorbene durchführen (*śrāddha*; Abb. S. 199) oder ein Godāna, die meist symbolische Gabe einer Kuh als Sühne für etwaige Vergehen, veranstalten. Er beschenkt die Priester und erhält dafür deren Segen. Manche lassen sich auch von einem Paṇḍā am Bahnhof abholen oder anwerben, andere von ihm auf Prozessionen oder beim Einkauf begleiten.

Entsprechend ihrer Funktionen unterteilen sich die Paṇḍās in verschiedene Gruppierungen: Nokul Paṇḍās, auch Tīrthapurohita genannt, gehören zu ehedem neun Familien, die traditionelle Verbindungen zu Klienten im ganzen Land unterhalten; sie sorgen für deren Unterbringung und Wohlergehen in Benares. Jātrāvāls werden meist von den Tīrthapurohitas engagiert, um die Pilger herumzuführen und sie auf Prozessionen anzuleiten. Ghāṭiyās sitzen an den Ghāṭs und bieten den Badenden ihre Dienste an. Bhaddar oder Bhaṇḍār holen Pilger vom Bahnhof ab und bringen sie zu den Tempeln und Geschäften; diese ›Straßen‹-Paṇḍās, wie die Bevölkerung sie nennt, bezeichnen sich selbst als Jośī-Brahmanen, obwohl sie im Unterschied zu den anderen Paṇḍās meist gar keiner Brahmanen-Kaste angehören. Hinzu kommen die Paṇḍās verschiedener Volksgruppen (Gujarati, Maharasthri, Madrasi oder Nepali).

Der Pilger läßt sich in gutem Glauben an die Aufrichtigkeit und Ehrlichkeit von den Priestern helfen, oder besser gesagt: in der Hoffnung, an einen aufrichtigen und ehrlichen Vertreter dieser Ritualspezialisten geraten zu sein. Denn der Ruf als gierige Priester oder gar Betrüger eilt den Paṇḍās seit Jahrhunderten voraus. Die ›Söhne des Ganges‹ (*gaṅgāputra*), wie man die Priester auch nennt, sind bekannt für ihre »Grobheit und Raubgier«, heißt es 1909 in der »Encyclopaedia of Religion and Ethics«, und eine vom Justizministerium der Indischen Zentralregierung eingesetzte Hindu Religious Endowments Commission bestätigt 1962 dieses Urteil: »Die Erpressungen der meist unwissenden und raubgierigen Paṇḍās sind sprichwörtlich.« Noch drastischer drückt es die in Benares erscheinende Hindī-Zeitung »Āj« am 5. Februar 1973 aus: »Das Ufer des Ganges ist zu einem Zentrum für Fälschungen, Prellerei und Intrigen geworden.«

Bestehen solche pauschalen Vorurteile zu unrecht? Handelt es sich vielleicht um ein Vorurteil, welches oft die trifft, die für immaterielle Glaubensdienste Geld nehmen?

Genaueres war bislang kaum zu erfahren, nicht zuletzt weil die Paṇḍās von anderen Kasten weitgehend geschnitten werden. Doch erschien 1977 in Indien ein kleines Buch mit dem Titel »Sociology of Secret Language«. Sein Verfasser, Raja Ram Mehrotra, läßt mit diesem Titel nicht erkennen, daß es darin weitgehend um eben die Paṇḍās von Benares geht; und so hat sein außerordentlich auf-

Ahnenritual am Maṇikarṇikāghāṭ: Unter Anleitung eines Brahmanen verehren die Angehörigen eine Kuh, denn am Schwanz dieses Tieres überquert die Seele des Verstorbenen den Fluß, der das Diesseits vom Jenseits trennt

schlußreiches Buch bislang fast nur im Kreis der Sprachsoziologen Beachtung gefunden.

Dabei bringt der Brahmane Mehrotra, Dozent an der Benares Hindu University, alle Voraussetzungen mit, kompetent über diese Ritualspezialisten zu sprechen, zu denen noch kein Außenstehender Zugang gefunden hat. Er wurde nämlich 1936 am Maṇikarṇikāghāṭ geboren und hat dort sein Elternhaus. Jeden Tag ging er im Ganges baden und konnte so das Treiben am Fluß hautnah miterleben. Er spielte mit den Söhnen der Paṇḍās und wuchs mit ihnen auf, bis sich ihre Wege trennten, wie es aufgrund der Kastengebote und -verbote in Indien üblich ist. Nach seinem Studium konnte er leicht an alte Verbindungen anknüpfen und so beweisen, daß die meisten Paṇḍās tatsächlich organisiert sind und die Pilger mit allen erdenklichen Mitteln auszunehmen versuchen. Mehrotra spricht sogar von professionellen Kriminellen, denen trotz wiederholter polizeilicher Registrierpflicht das Handwerk nicht gelegt werden kann, weil naive Pilger an sie glauben, weil alte Texte die von ihnen vollbrachten Rituale vorschreiben und weil sie dadurch bis zu einem gewissen Grad gesetzlich geschützt sind.

Flüchtig betrachtet, bietet die Szenerie am Ganges ein idyllisches Bild. Versteht man indessen die Sprache der Paṇḍās, offenbart sich, daß das Bild auch eine andere Facette hat. Denn die Paṇḍās sprechen untereinander eine Geheimsprache, die selbst Inder nicht verstehen können. Schon wenn sich ein Pilger nähert, wird er taxiert. Der Paṇḍā sagt etwa zu seinem Assistenten: »Dieser Pilger ist reich, laß ihn für einen neuen Bambusschirm bezahlen.« (Pilgerpriester und Heilige pflegen am Ganges auf Holzpodesten unter großen Bambusschirmen zu sitzen.) Doch für ›Pilger‹ und ›Bambusschirm‹ benutzt er die Wörter *mājhī* und *morchal*, die im normalen Hindī ›Bootsmann‹ und ›Fächer aus Pfauenfedern‹ bedeuten. Der Pilger ahnt also von den geheimen Vereinbarungen seiner Priester nichts.

Wie soll er auch wissen, daß ›eine Pilgerfahrt machen‹ (*tīrath karnā*) oder ›einen Artikel schreiben‹ (*lekh likhnā*) für die Paṇḍās ›Alkohol trinken‹ bedeutet und ›Gelehrter‹ (*paṇḍitjī*) gleichbedeutend mit ›Marihuana‹ ist? Beide Beispiele sind dem umfangreichen Wortschatz entnommen, der mit unter Paṇḍās beliebten Rauschorgien zu tun hat. Die sprachliche Hinterlist der Pilgerpriester ist verwirrend abwechslungsreich und undurchschaubar. So werden Anfangslaute verändert: aus *ardha* (›halb‹) wird *kharda*, aus *mandir* (›Tempel‹) wird *jhandir*, aus *kapārā* (›Kleidung‹) wird *liparā*; oder es werden Laute innerhalb eines Wortes umgestellt: aus *piṇḍa* (›Reißkloß als Ahnengabe‹) wird *ḍāpī*, aus *larkā* (›Knabe‹) wird *kalarā*, aus *ghar* (›Haus‹) wird *ragha*. Auch läßt man ganze Silben wegfallen oder fügt welche hinzu: *gṛhastha* (›Hausvater‹) wird zu *girhi*, oder *pacīs* (›fünfundzwanzig‹) wird zu *lapacīs*.

Nun mag man einwenden, daß solche Verdrehungen und Entstellungen eher eine Art Jargon oder Fachsprache bilden, wie sie bei gesellschaftlich isolierten Gruppen überall vorkommen. Doch dem ist nicht so, denn zum einen zeigt sich eine auffällige Übereinstimmung im Vokabular der Paṇḍās mit dem der Ṭhags, einer Kaste von Kriminellen, die im vorigen Jahrhundert die Gangesebene unsicher gemacht hat. Zum anderen zeigt die Geheimsprache selbst, worum es den meisten Pilgerpriestern geht. So nennen die Paṇḍās jemanden, dessen Aufgabe es ist, einem Pilger die höchstmögliche Bezahlung aufzuzwingen *martakāṛ*, wörtlich: ›einer, der tötet‹. Ein Pilger wiederum heißt für sie unter anderem *martī*, ›einer, der sterben muß‹; ein schwer zu handhabender Kunde wird *marh*, ›Flußleiche‹, genannt, und *martanā*, ›töten‹, bedeutet für Paṇḍās ›prellen‹.

Diese verächtliche Sprache besagt natürlich nicht, daß die Paṇḍās ihre Kunden töten wollen, sie verweist wohl eher auf ihre soziale Isolation und den täglichen Umgang mit dem Tod am Maṇikarṇikāghāṭ. Doch wollen Gerüchte nicht enden, daß Paṇḍās einzelne Pilger getötet haben: Weil der Kāśīkarvat-Tempel in unmittelbarer Nachbarschaft des Viśvanātha-Tempels lange Zeit im Ruf stand, sofortige Befreiung zu gewähren, wenn man dort stürbe, sollen die dortigen Paṇḍās willige Pilger überredet haben, sich in den etwa drei Meter tiefen Schacht auf das Liṅga zu stürzen und ihnen alles Hab und Gut zu überlassen. Noch heute verlangen die Priester, daß die Pilger nicht nur einmal und nur für sich selbst den Opferlohn (*dakṣiṇā*) bezahlen, sondern bei allen im Tempel befindlichen Heiligtümern erneut und darüber hinaus für die im Dorf zurückgebliebenen Verwandten.

Die Pilger werden bei dem Argot der Paṇḍās zwar mitunter stutzig oder gar mißtrauisch, aber verstehen können sie ihn nicht, fallen die fraglichen Wörter und Sätze doch in einem rituellen Zusammenhang, bei dem Adressaten und Sprachen ständig wechseln. Der Paṇḍā spricht einen Satz in Hindī oder Bhojpurī-Dialekt zum Pilger, den nächsten in seiner Hindī-Geheimsprache zu seinem Assistenten, und im selben Augenblick leiert er Sanskrit-Verse herunter, die er schon allein deshalb leise und blitzschnell spricht, um zu vertuschen, daß er diese Sprache, wenn überhaupt, nur äußerst mangelhaft beherrscht.

Während der Priester gerade für eine Pilgergruppe einen Ritualdienst ausführt, erscheint manchmal ein anderer Paṇḍā und überreicht ihm ostentativ elf, 51 oder sogar 101 Rupien mit der Bemerkung, dies sei der Lohn der vorherigen Kunden. Auf diese Weise wird den versammelten Pilgern eine Norm gesetzt, die sie aus Scham nicht unterbieten wollen. Es kommt auch vor, daß der Paṇḍā unter den Blüten, die der erste einer Pilgergruppe nach Abschluß der Verehrungen dem Priester reicht, einen möglichst hohen Geldbetrag versteckt, um so die anderen Pilger zu bewegen, ihn ebenfalls reichlich zu entlohnen.

Selbst wenn etwa die Asche eines Verstorbenen in die Gaṅgā gestreut werden soll, schrecken manche Paṇḍās nicht vor erpresserischen Methoden zurück: Zunächst verlangen sie, daß der Ritus nach alter Sitte auf der Flußmitte zu vollziehen sei; dort angelangt erhöhen sie den Preis immer mehr und drohen – in Absprache mit den Bootsleuten –, das Boot zum Kentern zu bringen. Fortwährend handelt der Paṇḍā mit seinen Helfern in der Geheimsprache die Entlohnung aus, wobei Zahlen eigene Namen haben. Da keine festen Sätze für Dienste bestehen, kann er immer auf Extradienste hinweisen und so versuchen, den Preis nach oben zu schrauben. Manche Paṇḍās, aber bei weitem nicht alle, sind darin so geschickt, daß sie es zu erheblichem Wohlstand gebracht haben.

Bilden die Paṇḍās eine kriminelle Subkultur? Sind sie alle Gauner und Betrüger?

Wohl kaum, denn zum einen muß man unterscheiden zwischen dem einfachen Paṇḍā am Flußufer, der seine alten Kunden betreut und damit sein zwar bescheidenes, aber dafür regelmäßiges Auskommen hat, und den hinterlistigen Betrügern, die vor allem am Kāśīkarvat-Tempel und zum Teil am Daśāśvamedhaghāṭ tätig sind. Zum anderen ist selbst das, was diese Priester tun, in Indien so verwerflich nicht. Auch die Stoffhändler und Touristenschlepper haben eine Geheimsprache, um sich vor den Kunden unbemerkt über Preise und Prozente verständigen zu können. Aber daß die Paṇḍās mit dem Glauben Geschäfte machen und nicht bloß Saris feilbieten, macht ihr Treiben besonders anrüchig.

Handel ist in Indien stets mit dem Risiko verbunden, betrogen zu werden, und schützen kann sich der einzelne nur durch persönliche Verbindungen zum Verkäufer. Im dörflichen Milieu sind diese leichter herzustellen, weil die Familien und Kasten sich seit Generationen kennen, aber in der Ferne ist man hilflos einem harten Überlebenskampf ausgesetzt, dem auch der Staat nur wenig entgegensetzen kann. Die Nokul Paṇḍās führen genealogische Listen, um ihren Klienten unter Umständen belegen zu können, daß sie seit je her das Vertrauen ihrer Vorfahren besitzen, aber es gibt auch andere Paṇḍās, die mitunter solche Listen fälschen, um einen Pilger an sich zu binden.

Eine Pilgerreise ist daher oft mit unwägbaren Gefährdungen verbunden, bei denen eine Warnung wie die folgende gern gehört wird: »Vielfach lassen die Fährleute, nachdem sie den Fährlohn kassiert haben, eine so große Schar von Pilgern einsteigen, daß das Schiff kentert und die Pilger im Fluß ertrinken. Die nichtsnutzigen

Schiffer stimmen dann gleich ein Freudengeheul an und bemächtigen sich der Habe der Ertrunkenen. ... Angeprangert seien aber auch die Priester, Mitwisser der Untaten: Sie gewähren den Übeltätern Absolution, ...«. Doch dieser Rat stammt nicht von einem Inder, sondern aus einem um 1140/50 entstandenen Pilgerführer nach Santiago de Compostela, den Norbert Ohler in seinem 1991 erschienenen Buch »Reisen im Mittelalter« paraphrasiert: ›Paṇḍās‹ gibt es nicht nur in Indien, so manchen findet man nach wie vor auch in Altötting, Mariazell oder Lourdes.

Gaṇeśas Lieblinge: Die Zuckerbäcker

Menschen und Götter, besonders Gaṇeśa, lieben Süßigkeiten. Jede Region, jede Stadt Indiens hat ihre Spezialitäten, und in den Städten kursieren ständig Geheimtips, welcher Zuckerbäcker gerade die leckersten und reinsten Köstlichkeiten herstellt. Den Göttern bringt man sie aber nicht nur als bloßes Naschwerk dar, sondern als Bestandteil einer Opfergabe. Man reicht die Süßigkeit zusammen mit einer Münze und Blumen, später wird der Priester einen Teil als Prasāda, als geweihten Anteil an der Gnade Gottes, dem Gläubigen zurückgeben.

Die übliche Gabe besteht aus Zuckerkügelchen, wegen ihrer Ähnlichkeit mit der Kardamom-Frucht Ilāycīdānā genannt: Puderzucker wird mit Natrium aufgeschäumt und zu Kugeln geformt. Abgepackt zu kleinen Portionen kosten Ilāycīdānās nicht einmal eine halbe Rupie. Fast alle Götter mögen sie; Gaṇeśa jedoch hat noch eine besondere Vorliebe: Laḍḍū, kastaniengroße Kugeln aus gebräuntem, in Fett gewendetem Kichererbsenmehl und Zucker. Der Konditor muß die Kugeln in heißem Zustand mit seinen Händen formen, aber erst in erkaltetem Zustand kann Laḍḍū gereicht werden. Gaṇeśa steht für Erfolg und Wohlergehen, und dazu gehört auch ein angenehmes Leben. Sein dicker Bauch, voll von Laḍḍū, soll einem Wasserbehälter (*kumbha*), einem Symbol für Gedeihen, ähneln.

In den Tempeln wird ferner häufig Khuvā dargeboten. Diese Süßigkeit besteht aus der knetbaren, feuchten Masse, die übrig

Zu Beginn der Umwandlung der Stadt (Nagarapradakṣīnā) erwartet die Pilger am Assīghāṭ Betā, eine erfrischende Süßigkeit zur Stärkung

bleibt, wenn Milch unter ständigem Umrühren eingekocht wird. Der so entstehenden Rohmasse setzt man etwas Zucker zu und formt sie dann zu kleinen Plätzchen. Verkauft wird Khuvā nicht stückweise, sondern nach Gewicht.

All dies und vieles mehr bieten fliegende Händler an, die, große Teller auf dem Kopf balancierend, durch die Gassen ziehen oder sich vor Tempeln aufstellen, um ihre Ware feilzubieten. Auch in Teebuden überall am Straßenrand oder gut bestuhlten Konditoreien türmt sich Back- und Zuckerwerk, duften riesige Pfannen, voll mit siedendem Fett, in das der schwitzende, nur mit einem ärmellosen Unterhemd und einem Hüftwickel bekleidete Zuckerbäcker zischend Teig und Rohmasse wirft.

Die Khuvā-Rohmasse bildet die Basis für eine Reihe äußerst feinschmeckender Süßspeisen. Man findet sie vermischt mit Gewürzen wie Anis, Kardamom oder Zimt, in verschiedenen Farben – beliebt sind in den Nationalfarben Indiens (orange, weiß, grün) geschichtete Pralinen – und Formen, garniert mit Pistazien oder anderen Nüssen. Noch kostbarer als die Khuvā-Rohmasse ist freilich Malāī: der Schmand, der mit einer flachen Kelle abgeschöpft, zwischengelagert und zu anderem Konfekt verarbeitet wird.

Bedeckt oder eingerollt werden die Süßigkeiten mitunter in hauchdünne ›Silberfolie‹ (*varak*). In den Gassen namens Kacaurī Galī oder Khovā Galī und im Stadtteil Govindapur kann man noch hören, wie Mitglieder der hinduistischen Kaserā-Kaste oder Muslime das Silber auf Holzblöcken flach hämmern, doch wird diese seit dem 13. Jh. nachweisbare Methode immer mehr durch künstliche Lebensmittelstoffe oder gar Aluminium ersetzt.

Benares ist auch berühmt für sein Rasgullā-Jāmun: Zunächst wird leicht angesäuerte Milch wie Hüttenkäse abgehängt, dann zu eiergroßen Bällen geformt und schließlich in Zuckersirup getunkt. Joghurt, kultiviert aus der Milch von Wasserbüffeln, ist begehrt, aber noch beliebter ist das erfrischende Lassī, ein mit Eis und Zucker oder Salz vermischtes Joghurtgetränk. In Benares gibt es auf Wunsch auch etwas Rahm von der daneben kochenden Milch dazu und dann, als höchste Verfeinerung, noch etwas frisches Malāī.

Kichererbsenmehl (*canā* bzw. *besan*) dient in Indien unter anderem für köstliche Teigwickel, die sogenannten ›Nelkenlianen‹ (*lovanglatti*). Erst am späten Nachmittag erhält man in Benares diese in Öl gebackenen und heißem Sirup getränkten Süßigkeiten. Jalebī hingegen, eine ähnliche Leckerei, gibt es meist nur am frühen Morgen, da man sie gerne zum Frühstück ißt. Der gut durchgeknetete Teig aus Kichererbsenmehl und Wasser muß zwei Tage ruhen, bevor er unter Zugabe von Salz und Backpulver geschmeidig gemacht wird. Mit Spritztüten zu Kringeln geformt, wird er frittiert und einige Minuten in heißem Zuckersirup getränkt.

Zu Jalebī trinkt man eine Schale besonderen Tees, Khāt-Banārsī genannt. Dazu nimmt der typische ›Teekoch‹ *(cāyvallā)* nicht Teeblätter, sondern Teestaub und kocht ihn in Milch auf. Fast immer fügt der Cāyvallā einige Kardamomkörner und eine Nelke bei sowie eine Messerspitze Zimt und Ingwer.

In den Wintermonaten bekommt man auch Betā und Gājarhalvā zu kaufen. Betā, eigentlich eine Spezialität aus Agra, ist eine getrocknete, mit Zitronensaft beträufelte, in Zuckersirup eingeweichte Gurke, die in Würfel geschnitten wird. Gājarhalvā wird aus Karotten hergestellt, die man in fetter Milch kocht. Unter Zugabe von Gewürzen und Nüssen entsteht dann eine nahrhafte Masse, die man am liebsten direkt aus der heißen Pfanne zu sich nimmt.

Pān-Verkäufer auf dem Podest seines Hauses; vor ihm ausgebreitet liegen alle Zutaten für ein Pān und frische Blätter

Tee und in Sirup getränkte Süßigkeiten erhält man meist in Tonschälchen, die nachher weggeworfen werden. Um manche Teebude liegen die Scherben, an denen auch Hunde noch etwas von den Köstlichkeiten abzuschlecken versuchen. Meist jedoch vertreiben sie der Cāyvallā oder die Banārsīs, die noch ihren Tee schlürfen und sich über das Neueste in der Stadt unterhalten. Manch ein Banārsī kaut dabei ein Pān und kann sich mit dieser Blätter- und Gewürzmischung im Mund nur schwer verständlich machen. Er muß den Kopf nach oben halten, damit der rote Saft nicht aus dem Mund fließt. Erst wenn es nicht mehr anders geht, spuckt er einen Schwall davon aus.

Das gewöhnliche Pān (*sādā pān*) besteht aus einem gefalteten Betelblatt, auf das Kalk gestrichen sowie ein paar Stücke der Betelnuß und Akazienbaumrinde gelegt werden. Die Blätter müssen frisch sein, und es wird viel Wert auf deren Qualität gelegt. Die besten, besonders scharfen, kurzen und gelben Betelblätter (*magaī* oder *jagannāthī)* kommen aus Gaya in Bihar bzw. Orissa; sie sind nur saisonal erhältlich, während die billigen, großblättrigen, schnell verwelkenden Sorten (*deśī* oder das etwas süßere *sāñcī*) aus der Umgebung von Benares stammen und ganzjährig angeboten werden.

Eine Reihe von Zutaten vermag die Mischung zu verfeinern. Mit Tabak, Silber und Safran entsteht das Kautabak-Pān (*surtī pān*), wovon es viele, je nach Tabaksorte mit Nummern bezifferte Variationen gibt; besonders beliebt ist in Benares die Nr. 120. Mit Kokosnuß, Anis, Rosenblattgel und Nelken entsteht ein ›süßes‹

(*mītā)* Pān. Teuer ist das ›königlich‹ (*rājśāhī*) genannte Pān mit Gold, Silber und Safran sowie manchmal auch Opium, das bis zu 10 000 Rupien kosten kann. Besondere Pān-Mischungen werden auch von Firmen angeboten; der Hīrāmotī-Puder für das Mītā Pān enthält zum Beispiel Süßstoff und ayurvedische Kräuter. Jeder gute Pān-Verkäufer kennt seine Kundschaft und gibt von selbst die jeweils favorisierte Mischung.

Hanumāns Freunde: Die Ringervereine

Indische Asketen – da denkt man an mit Asche eingeriebene Sādhus, die meditierend unter einem Baum sitzen oder bettelnd umherziehen. Daß aber Asketen auch mutige Kämpfer und fleißige Händler waren, ist weniger bekannt. Doch gilt gerade dies für Nāgā-Gruppierungen bestimmter Sekten (s. S. 149, 152). Noch bis ins 19. Jh. organisierten und bewachten diese halb- oder bei großen Festen sogar völlig nackten Entsager einen Großteil des zwischenstädtischen Handels in Nordindien. Auf den von Räuberkasten bedrohten Straßen waren sie gefürchtet wegen ihrer Stärke und ihrer Furchtlosigkeit. Ganze Armeen vermochten sie aufzustellen, und nicht selten griffen sie in kriegerische Auseinandersetzungen ein. 1760 starben während einer Kumbhamelā in Haridwar über 18 000 Menschen, weil sich rivalisierende Sekten grausam bekämpften. Auch heute kommt es bei Massenfesten noch häufig zu Streitigkeiten über die Rangfolge in den Asketenprozessionen.

Ihren Körper trainieren die Asketen in Akhāṛās, ›Gymnasien‹ im antiken Sinne des Wortes. Benares bildete ein Zentrum dieses martialischen Aspekts der Sādhus und besaß mehrere hundert Akhāṛās. Heute gehören die Akhāṛās meist nicht mehr Sekten, sondern Privatpersonen oder Ringervereinen und haben sich zu ausgesprochen friedlichen Stätten der athletischen Körperkultur gewandelt. Nach wie vor sind sie ein markantes Merkmal der Stadt. Besonders für Söhne von Bootsleuten, Milchmännern und bestimmter Handwerker ist es nahezu selbstverständlich, in den Jugendjahren solche Zentren aufzusuchen. Beliebt sind beispiels-

Eine Gruppe von Ringern im Tulsīghāṭ-Akhāṛā

weise das Cakla-Akhāṛā in Ramnagar in den früheren Baracken der Soldaten des Mahārāja von Benares, die Benares Athletic Association bzw. das Bābuā-Pāṇḍeya-Akhāṛā am Pāṇḍeyaghāṭ, das Vyayamaśālā-Akhāṛā im Stadtteil Bengalitola oder das Bibi-Raziā-Akhāṛā an der Moschee mit gleichem Namen.

Mythisches Vorbild für die jungen Männer ist Hanumān, der heroische Affengott, der dem Heldengott Rāma immer wieder beisteht. In fast jedem Akhāṛā befindet sich ein kleiner Hanumān-Schrein, der vor den Übungen angerufen und täglich geschmückt wird. Ebenso verehrt werden die Stifter der Akhāṛās: religiöse Führer, herausragende Athleten oder Mitglieder der Aristokratie. Als Vorbilder fungieren berühmte Kämpfer, die bei landesweiten Wettkämpfen Medaillen errungen haben oder von denen wahre Heldentaten überliefert sind. So soll Sotiji, nach dem ein Akhāṛā am Rāmmandir benannt ist, um 1870 einen flinken Affen über hundert Dächer verfolgt haben, um ihm die gestohlenen Hanteln zu entreißen, sein Schüler Mannu soll 1910 einen Tiger mit einer einhändig gehaltenen Stahlstange getötet haben, und Duddhi Maharaj vom Santram-Akhāṛā am Maṇikarṇikāghāṭ konnte fünf Kokosnüsse gleichzeitig mit seiner Faust zerschlagen.

Besonders morgens und abends, bei nachlassender Hitze, treffen sich die Männer in den Gymnasien, deren geringe Unkosten sie

gemeinsam tragen. Zunächst waschen sie sich gründlich im Ganges, dann reiben sie sich mit Senföl und Sand ein und binden ein schmales Leinentuch als Lendenschurz um. Nach einer aufwärmenden Gymnastik geht es im wesentlichen um Krafttraining an Reckstangen oder Kletterseilen sowie mit schweren Keulen und Gewichten. Die am häufigsten verwendeten Keulen (*gadā*) sind etwa ein Meter lange Stöcke mit einem Stein-, Eisen- oder Stahlfuß. Noch schwerer ist ein sich nach oben verjüngendes Keulenpaar (*joṛī*), das mitunter auf Abbildungen von Hanumān oder Bhīma zu sehen ist. Auch Gewichtheben erfreut sich großer Beliebtheit. Früher verwendete man hierzu Steinreifen (*garnāl*), die noch immer in den Akhāṛās zu sehen sind, heute auch westliche Metallgewichte, wie überhaupt manche Akhāṛās zu modernen

Fitness-Studios wurden, in denen man Judo und andere ostasiatische Kampftechniken lernen kann.

Bei den Akhāṛās handelt es sich um einfache Bauten mit einem abschließbaren Raum für die Geräte, einem schattenspendenden Baum und Arkaden, die um einen viereckigen, überdachten Innenhof stehen, auf dem man trainiert. Der Sand (*miṭṭī*) dieser leicht erhöhten Arena stammt aus dem Ganges und wird mit Gangeswasser, Senföl und Gelbwurz vermischt, um ihn weich und geschmeidig zu halten. Bei besonderen Anlässen, etwa am Śivarātri-Fest oder während Wettkämpfen, fügt man sogar Milch und Butterrahm (*ghī*) hinzu. Der Boden muß regelmäßig gewendet, aufgelockert und erneuert werden. Immer umgibt den Sand eine gewisse Heiligkeit. So darf den neuen Sand als erster nur der Meister (*ustād*) betreten, nachdem er ihn mit Blumen und Weihrauch verehrt hat.

Die Atmosphäre in einem Akhāṛā ist ausgelassen und doch ruhig. An einer Wand hängt ein Spiegel zur Kontrolle der Übungen, am Rand stehen Bänke zum Zuschauen. Unter der Leitung des Meisters spornen sich die Männer gegenseitig an und albern auch miteinander. Sie nehmen sich huckepack oder helfen sich gegenseitig bei Dehn- und Streckübungen. Kastenbeschränkungen gibt es nicht, Kastengrenzen sind kaum spürbar, in manchen Gymnasien trainieren Hindus und Muslime gemeinsam, ohne daß Konflikte auftreten.

Regelmäßig finden auch Ringerwettkämpfe im Freistil oder griechisch-römischen Stil statt. Faustkämpfe dagegen kommen nur selten vor. Größere Wettkämpfe werden außerhalb von Benares veranstaltet, weil sie viele Zuschauer anziehen und den ganzen Tag über andauern.

Nach dem Training oder den Wettkämpfen stärken sich die Männer mit gerösteten Kichererbsen, Erdnüssen oder Mandeln, wie sie überhaupt sehr auf ihre Ernährung achten, indem sie viel Fett in Form von Sahne und Ghī essen. Viele Ringer leben keusch, denn nach indischem Verständnis bedeutet Liebesleben Kraftverlust. Besonders der Sand im Akhāṛā ist Balsam für Körper und Seele. Die jungen Männer reiben sich nicht nur mit dem Sand ein, sie suhlen sich auch darin, um sich warm zu halten. Im Akhāṛā will man stark sein, miteinander reden, und den Alltag hinter sich lassen.

Mahmud Sahina, Seidenweber

Mahmud Sahina ist einer der über 150 000 muslimischen Seidenweber (*ansārī, julāhā*), die das geschäftliche Leben von Benares entscheidend prägen. Denn fast eine halbe Million der Bevölkerung dieser Stadt und ihrer Umgebung ist am Seidengeschäft beteiligt. Zusammen mit seinem jüngeren Bruder arbeitet Mahmud in einem karg belichteten Werkraum (*kārkhānā*) im Erdgeschoß eines alten Wohnhauses, den sie für 300 Rupien im Monat von einem Verwandten des Großvaters gemietet haben. Fast den ganzen Raum nehmen zwei Hattersley-Webstühle (*karghā*) ein, die dicht über dem Fußboden installiert sind. Nur dazwischen und am Rand kann man sich hindurchschlängeln, Platz zum Sitzen gibt es nur für die beiden Weber – und zwar jeweils in einer Vertiefung unter dem Webstuhl, von wo aus sie den Webstuhl mit den Füßen bedienen. Die geringe Zimmerhöhe läßt gerade noch Raum für den wichtigen Lochkartenaufbau, der den Entwurf des gerade in Arbeit befindlichen Sari speichert.

Neue Entwürfe erwirbt Mahmud regelmäßig für 500-1000 Rupien, er muß sie kaufen, um mit seinen Produkten den Zeitgeschmack nicht zu verfehlen. Den ganzen Tag über sitzt er hinter einer Hundert-Watt-Birne, die von einem weißen Tuch abgeblendet ist. Für einen Sari in der Normlänge von sechs Yard benötigt der Weber etwa 15 Tage. Verkauft er das Werkstück dem Großhändler, erhält er dafür etwa 2 000 Rupien. Da sich die Kosten für das aus Bangalore in Südindien bezogene Material auf knapp 800 Rupien belaufen, verbleibt ihm bei Verrechnung der Miete und anderer Unkosten etwa die Hälfte. Damit ist sein Verdienst immerhin um 300 Rupien höher als bei der Arbeit in einer Seidenfabrik.

Erst vor sechs Jahren haben sich die Brüder die Webstühle angeschafft und den kleinen Raum in der Nachbarschaft Takatalla (*taka* = ›nähen, häkeln‹) im Stadtteil Madanpur gemietet. Takatalla präsentiert sich als ein islamisch geprägtes, dicht bebautes Quartier im Süden der Stadt zwischen Godaulia und Bhelupur, wo in fast jedem Erdgeschoß die Webstühle klappern. Vorher arbeitete lediglich ihr Vater an dem damals einzigen, jetzt nicht mehr funktionstüchtigen Webstuhl in der kleinen Wohnung der Familie. Nun trägt der Vater nicht mehr zum Familieneinkommen bei, aber er ist

Der Weber Mahmud Sahina am Webstuhl (im Vordergrund sein jüngeren Bruder)

jederzeit behilflich, wenn es um die Auswahl und Verarbeitung neuer Entwürfe geht. Technische Probleme löst er nach wie vor am besten.

Der Großhändler, der die Saris für ein Vielfaches an die Geschäfte verkauft, ist fast immer ein Hindu, wie auch die Seidenprodukte der Muslime nur von Hindus gekauft werden. Seit etwa 1950 ist es bei schlechtem Absatz üblich, daß die Großhändler die Saris nur in Kommission nehmen, wodurch sich die wirtschaftliche Abhängigkeit der muslimischen Weber noch verstärkt hat. Dennoch macht Mahmud einen zuversichtlichen Eindruck. Der elektrisch betriebene Webstuhl im Nachbarhaus stellt keine echte Herausforderung für ihn dar, auch wenn die dort produzierten Saris nur die Hälfte kosten. Handarbeit wird von den Kunden nicht nur bevorzugt, die Nachfrage steigt sogar unablässig. Das war freilich nicht immer so: Ende des 19. Jh. hatten sich die damals etwa 3 000 Seidenweber in den Moscheen zu Bittgottesdiensten zusammengefunden, da der Markt zusammenzubrechen drohte. In der Baumwollindustrie hatte importiertes Manchester-Tuch fast die gesamte einheimische Produktion verdrängt, und die Seide schien außer Mode zu geraten. Doch statt eine Teppichindustrie aufzubauen, gelang den Webern schließlich durch die Einführung technischer Neuerungen und die Verwendung von Anilinfarben, die Seidenherstellung, mit der die Engländer nicht konkurrieren konnten, wiederzubeleben.

Geholfen wurde ihnen dabei von der rapide wachsenden Stadt. Als Pilgerzentrum und Wohnort, den der Landadel seit dem 18. Jh. bevorzugte, entstand in Benares selbst ein steigender Bedarf für hochwertige Erzeugnisse. Immer mehr Leute verlangten nach Brokat (*kamkhvāb*), dem ›Stoff aus Gold‹, oder einfacher Seide für religiöse und glückverheißende Gelegenheiten. Bei der Seide unterschied man 18 Sorten für allgemeine und 22 für besondere Zwecke. Mit dem Verarmen der Mahārājas verlor Brokat zwar wieder an Bedeutung, als aber die Mittelklasse in den dreißiger Jahren begann, Seide zu tragen, wurde der seidene Sari um so wichtiger. Er sicherte letztlich den Fortbestand des Handwerks, und allein innerhalb der letzten Generation hat sich die Anzahl der Webstühle verfünffacht.

Auch Mahmud zeigt sich zufrieden mit dem von seinem Vater übernommenen Handwerk, obwohl der Verdienst der beiden Brüder kaum den täglichen Bedarf der zehnköpfigen Familie deckt. Sein sehnlichster Wunsch, nämlich nach Mekka zu pilgern, erscheint deshalb unerfüllbar. Auch seinem Vater war dies nicht gelungen, und heute kostet eine solche Pilgerfahrt etwa 50 000 Rupien.

Sorgen bereitet Mahmud weniger die Sicherung des Lebensunterhaltes als vielmehr die im ganzen Land aufflammenden Auseinandersetzungen um Ayodhya, wo Hindus einen Rāma-Tempel an der Stelle einer Moschee bauen wollen, obwohl ihnen dies höchstrichterlich verboten wurde. Mahmud und seine Freunde meinen, Politiker hätten den Konflikt aufgebauscht, um Unfrieden zwischen Hindus und Muslimen zu stiften, die seit Jahrhunderten in Benares miteinander leben und aufeinander angewiesen sind. Doch beklagen sie auch, daß sie von den Hindus nicht gut behandelt würden, daß ihre Kinder keine guten Schulen besuchen könnten, daß die Hindu-Großhändler manchmal versuchen, Hindu-Kasten von der Weberei als Beruf zu überzeugen, um die Muslim-Weber zu verdrängen. Überall spüre man jetzt dieses fanatische Hindu-Bewußtsein.

Tatsächlich kam es Anfang Dezember 1991 auch in Mahmuds Stadtteil zu einem folgenschweren Zwischenfall. Am Tage nach dem Lichterfest Divālī geleitete eine ausgelassene, lautstarke Gruppe bengalischer Jugendlicher ›ihre‹ Göttin Kālī zum Ganges, um die etwa einen Meter hohe, mit Lehm um ein Gerüst aus Holz, Stroh und Draht gefertigte Figur dem Wasser zu übergeben. Dadurch fühlten sich die Muslime provoziert. Ein Wort gab das andere, Steine flogen, Geschäfte wurden angezündet, es gab Tote; man spricht von 25 Opfern. Sofort verhängte die mit solchen Vorfällen vertraute Stadtverwaltung über den Stadtkern eine tagelange Ausgangssperre, und die Polizei prügelte jede Ansammlung von Menschen auseinander. Alle Geschäfte blieben geschlossen, die Stadt war wie gelähmt – aus Angst vor sich selbst.

Bahadur Kumar, Töpfer

Bahadur Kumar ist einer der zahlreichen Töpfer, die bevorzugt an der Peripherie der Stadt siedeln. Von dort aus decken sie den beträchtlichen Bedarf an nur einmal benutzten Tonschalen ab. Tee oder Lassī trinkt man in Benares gern aus dünner, leicht gebrannter Tonware, die nach Gebrauch auf die Straße oder hinter die Teebude geworfen wird. Nur so ist die Reinheit des Trunkes gesichert, denn keines anderen Menschen Speichel hat die Schale verunreinigt.

Bahadur ist daher für die Versorgung der Stadt ähnlich wichtig wie der Milchmann, der allerdings seine Büffel nicht selten mitten in der Stadt hält. Töpfer aber brauchen den offenen Raum zum Trocknen und Brennen ihrer Ware; hinzu kommt, daß sie als Niedrigkastige oder Kastenlose oft nicht in das Sozialleben der Stadt integriert werden.

Bahadur ist der jüngste von drei Brüdern, und da sein Vater bereits vor seiner Geburt starb, lernte er das Handwerk von seinem ältesten Bruder, der das niedrige Haus und die Töpferscheibe des Vaters geerbt hatte. Bahadur hat für seine fünfköpfige Familie einen Raum in dem nahen Schulgebäude gemietet. Schon der Großvater war von einem Nachbardorf vor etwa sechzig Jahren an den Rand der damals im Bau befindlichen Benares Hindu University gezogen, um der wachsenden Stadt und damit den Abnehmern seiner Ware näher zu sein.

Bahadur – wörtlich: ›der Starke‹ – fertigt auf seiner kleinen, mit den Händen bewegten Töpferscheibe pro Tag durchschnittlich tausend Teeschalen oder 500 Lassī-Töpfe. Dafür nimmt er nicht mehr als fünfzig Rupien ein, das macht für zehn Schalen kaum drei Pfennig. Zieht man die Unkosten für den Lehm und die Feuerung ab, so verbleibt ihm kaum die Hälfte. Da das zum Leben nicht ausreicht, arbeitet Bahadur oft auf Baustellen für einen Tageslohn von ebenfalls fünfzig Rupien.

Die Unkosten des Töpfers sind relativ hoch, weil der Lehm von der Gemeindeverwaltung geliefert wird, die pro Fuhre allein 200 Rupien kassiert. Hinzu kommen die Transportkosten von annähernd 300 Rupien. Das Brennmaterial erwirbt Bahadur Kumar von den benachbarten Yadavas, die ein paar Büffelkühe besitzen. Der mit gehäckseltem Stroh vermischte und dann getrocknete Kuhmist kostet für einen Brand weitere fünfzig Rupien, doch ein solcher Brand reicht nur für fünf Tagesproduktionen. Es genügt übrigens ein einfacher Feldbrand, bei dem die Ware mit dem Brennmaterial eingedeckt wird. Brennöfen benutzt Bahadur Kumar nicht. Lediglich während der Regenzeit fügt er Kohlenstaub hinzu, was die Feuerungskosten nochmals verdoppelt – bei unverändertem Abnahmepreis. Die Töpfer von Benares sind nicht wie etwa in Kalkutta in einer Art Gewerkschaft organisiert und daher den Abnehmern, die ihre Ware selbst abholen, völlig ausgeliefert.

Auf dem freien Markt betätigt sich Bahadur nur zu besonderen Festen und Jahreszeiten. Dann mietet er in der Nachbarschaft unter einem Vordach ein paar Quadratmeter und stellt bestimmte Töpferprodukte aus. An Divālī zum Beispiel, dem Lichterfest an Neumond im November/Dezember, benötigt jeder Haushalt mehrere Götterfiguren aus Ton. Für die Verehrung Lakṣmīs sind zwei Figuren erforderlich, denn dieser Göttin des Glücks wird Gaṇeśa zur Seite gegeben als der Beseitiger jeglicher Hindernisse. Außerdem benötigt jede Familie durchschnittlich fünfzig Lichterschalen, und die ortsansässigen Bengalis besorgen sich für ihre Kālīpūjā noch eine Figur der schwarzen, auf dem Körper Śivas thronenden Göttin Kālī. Auch Spardosen bietet Bahadur an –

Thema des Divālī-Festes nämlich ist die Sicherung des Einkommens.

Für den darauffolgenden Tag, an dem Schwestern ihren Brüdern im Annakūṭa-Ritual ein langes Leben wünschen, braucht man drei bauchige Töpfe unterschiedlicher Größe, die mit geschlagenem Puffreis und Zuckerwerk gefüllt und zu einem Turm geschichtet werden. Der Topf symbolisiert in Indien Fülle, und bei diesem Fest wird ein ›Haufen an Nahrung‹ (*annakūṭa*) verlangt. Selbst bei solchen Gelegenheiten nimmt Bahadur aber wenig mehr als fünfzig Rupien pro Tag ein.

Sehr viel günstiger sieht es im Dezember/Januar oder Mai/Juni aus, wenn für die Hochzeiten einige große, von ihm selbst mit segenspendenden Gottheiten und Zeichen bemalte Töpfe gekauft werden. Dann nimmt er an einem Tag bis zu 250 Rupien ein. Nur noch für solche Anlässe stellt er die fast einen Meter hohen Töpfe her. Die früher üblichen großen Getreidekrüge dagegen sind heute überflüssig, da der Markt die tägliche Versorgung garantiert. Bahadur töpfert jedoch nach wie vor kleine Töpfe zum Lagern von Salz und Gewürzen. Zu seiner Produktpalette gehören auch mit einer Lasur verfeinerte Töpfe, die der Pān-Verkäufer verwendet, um die auf die Betelblätter aufgetragene Kalkschwitze frisch zu halten, sowie Töpfe für das Totenritual, die an den Verbrennungsplätzen angeboten werden. Die Wasserkrüge, in denen Wasser auch im Sommer kühl bleibt und die daher immer noch sehr begehrt sind, kann Bahadur auf seiner kleinen Töpferscheibe nicht herstellen.

Bahadurs ältester Sohn besucht die Schule. Große Sorgen bereitet dem Vater, daß er das Geld für eine weiterführende Schule oder gar ein College nicht aufbringen kann. 800 Rupien im Jahr, das ist zuviel für sein schmales Einkommen, welches kaum ausreicht, um den täglichen Bedarf zu decken. Jede andere Ausgabe belastet den Haushalt, und wenn ein Fest ansteht, muß Bahadur nicht selten einen Kredit aufnehmen. Eigentlich müßte der Sohn ihm dringend an der Töpferscheibe helfen, um die Produktion zu erhöhen. Aber für den Aufstieg des ältesten Sohnes, der zugleich einen Ausbruch aus den Bindungen des väterlichen Handwerks bedeutet, bringt Bahadur Kumar gerne Opfer. Die Zukunft gehört dem Sohn. Er soll es einmal besser haben.

Baldev Ram, Bettler

Baldev Ram ist der Älteste einer zehnköpfigen Gruppe von Leprösen, die in Godaulia betteln und ihn zu ihrem ›Anführer‹ (*pradhān*) gewählt haben. Er kam vor zehn Jahren aus einem Dorf in Bihar nach Benares, nachdem er zwei Jahre zuvor an Lepra erkrankt war. Zunächst entzündeten sich nur seine Zehen, so daß er die Krankheit noch verbergen konnte, doch als ihm Monate später sein Nasenbein einfiel, war es für alle sichtbar geworden, daß ihn der Fluch der Götter getroffen hatte.

Damit war das Schicksal des ehemaligen Tischlers und Bauarbeiters besiegelt: keiner wollte mehr Kontakt mit ihm haben, keiner mit ihm arbeiten, essen, reden, ausgehen. Selbst die eigene Familie verstieß ihn. Die beiden Töchter waren verheiratet, der Sohn versteckte sich vor ihm. Seine Frau weinte, sobald sie ihn sah, ahnte sie doch, daß ihr Mann sie bald verlassen würde. Tatsächlich nahm er eines Tages ein paar Sachen und zog davon. Er wußte, ihm blieb nur das Betteln, wollte er nicht im eigenen Haus verhungern.

In Benares nahmen ihn andere Lepröse in ihre Gruppe auf. »Auch jetzt halten wir es so«, sagt Baldev, »wenn einer hierher kommt und sich zu uns setzen will, dann vertreiben wir ihn, es sei denn, es ist ein Lepröser.« Nebenan sitzt eine Gruppe von körperlich schwer Behinderten, deren Anführer hinzukommt und dies für seine Leute bestätigt. Noch weiter abseits haben sich eher zwielichtige Bettler niedergelassen, darunter einige offensichtlich Verrückte. »Mit denen wollen wir nichts zu tun haben, die sind gar nicht krank«, ereifert sich Baldev. So haben sich auch unter den Bettlern in Benares wieder kleine Kasten mit eigenen Vorstehern gebildet.

Nur die Blinden nehmen sie bei sich auf, weil diese auf die anderen am meisten angewiesen sind. Baldev hat sich ein hübsch gekleidetes Mädchen zur Frau genommen. Ihr hatte vor Jahren ein fahrender Händler Pflanzensalbe verkauft, welche die Augenbrauen verschönern sollte – doch statt dessen war es eine giftige Substanz, die ihre Netzhaut verätzte. Daraufhin verstieß ihr damaliger Mann sie, weil sie nun nicht mehr im Haushalt mitarbeiten konnte.

Baldev erbettelt sich am Tag acht bis zehn Rupien sowie Reiskörner, ausreichend für die Tagesmahlzeit. An Festtagen kommen sogar bis zu fünfzig Rupien zusammen, und mitunter verteilen reiche Familien bei solchen Gelegenheiten zusätzlich aus einem großen Topf Gemüse und Fladenbrote. Er kann damit überleben und besitzt sogar wie alle seine Leute ein Bankkonto mit geringen Ersparnissen. Doch kann er von seinen Einnahmen nicht die dringend benötigte Medizin bezahlen. Zeitweilig gab es zwar ein Wohlfahrtsprogramm, im Rahmen dessen im Distriktkrankenhaus die teure Arznei und das Verbandmaterial kostenlos verteilt wurden, aber man stellte es schließlich ein und beabsichtigte, alle Leprösen in ein Lager außerhalb der Stadt zu verlegen, wo sie versorgt würden. Baldev lehnte ab: »Gott hat mir dieses Schicksal gegeben«, sagt er, »und ich habe es angenommen. Wir können mit dem Betteln auskommen, doch wir möchten, daß die Regierung uns nur zweierlei gibt: freie Medizin und eine Stätte für das Nachtlager, mehr nicht!«

Baldev und seine Genossen hocken im Staub vor einem offenen Pissoir, das an einen Gemüsestand angrenzt. Auf einem kleinen handgezogenen Holzwagen können sie die Decken, Plastikplanen und das Kochgeschirr verstauen. Sogar ein Transistorradio haben sie, aber meist reicht das Geld nicht für Batterien. Der Gemüsehändler versucht immer wieder, sie zu vertreiben, obwohl sie sich vor Gericht das Recht erstritten haben, an dieser Stelle betteln zu dürfen.

Wenn einer von ihnen stirbt, holen sie einen Brahmanen, der ebenfalls an Lepra erkrankt ist. Er führt die Totenriten aus, bevor der in Tuch gewickelte Leichnam in den Ganges geworfen wird. Verbrannt wird die Leiche nicht, denn sie kann nicht mehr auf dem Scheiterhaufen geopfert werden, da sich die Götter den Körper schon genommen haben.

Schlußwort

Trotz immer wieder aufkeimender Konflikte zwischen Muslimen und Hindus und trotz aller Not kennzeichnet die Banārsīs, eine zuweilen lebensfrohe Gemütsart. Dafür haben sie sogar spezielle Wörter. So bezeichnet *mastī* eine sorglos-fröhliche, fast ein wenig ungezügelte, *phakkaṛpāne* eine ebenso unkonventionelle wie selbstgenügsame Lebensart. Gemeint ist damit der Banārsī, der mit Hingabe und viel Seife stundenlang am Ganges sich und seine Kleidung wäscht, der sich anschließend die Haare ölt und kämmt und sich dann vom Paṇḍā die Ṭīkā auf seine Stirn drücken läßt. Flaniert er danach am Ufer und kaut dabei genüßlich ein Pān, dessen roten Betelnußsaft er unbekümmert überallhin spuckt, dann scheint es, als könnten ihn die Unbilden dieser Welt nicht treffen.

Vielleicht liegt das daran, daß der Banārsī in einer heiligen Stadt lebt und sich als Götterkind fühlen kann. Aber Benares ist nicht nur eine heilige Stätte, die mit ihren Heiligtümern und Festen Scharen von Pilgern anzieht, wo Gläubige an den Ghāṭs des Ganges ihre Sünden abwaschen und Gelehrte mit Priestern oder Asketen um religiöse Autorität werben. Benares ist auch eine Stadt, wo seit jeher unterschiedliche Volks- und Bevölkerungsgruppen mit ihren eigenen Traditionen und Kulturen zusammentreffen, sich mischen und integriert oder toleriert werden. Erst diese Vielfalt macht Benares zu einer hinduistisch-heiligen Stadt.

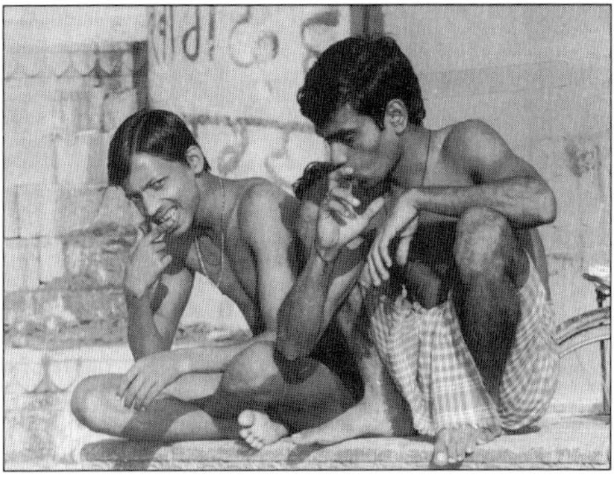

Junge Banārsīs bei der Morgentoilette am Ganges

Anhang

Rundgänge

Die nachfolgenden Rundgänge durch Benares sollen die Orientierung bei Spaziergängen durch die Stadt erleichtern. Erläuterungen zu den Heiligtümern werden weitgehend ausgespart, da diese zuvor schon gegeben wurden. Neben den hier aufgeführten Rundgängen sind die beschriebenen Prozessionen (Pañcakrośī-, Antargṛha- und Pañcatīrthayātrā) zu nennen. Unbedingt empfiehlt sich eine Bootsfahrt auf dem Ganges, für die der Leser die Tabelle der Ghāṭs zur Hand nehmen sollte; da aber die Ghāṭs in der Devanāgarī-Schrift beschriftet sind, sollte er jeweils den Bootsmann oder einen ortskundigen Führer bitten, ihm die Ghāṭ-Namen zu nennen.

Viśvanātha-Tempel und Umgebung

Der Rundgang beginnt an der Godaulia-Kreuzung, welche die Briten im 19. Jh. anlegten, als sie parallel zum Fluß einer motorisierbaren Straße eine Schneise brachen, nicht zuletzt um nach dem indischen Soldatenaufstand von 1857 die städtische Bevölkerung besser kontrollieren zu können. Auf halbem Weg zum Daśāśvamedhaghāṭ biegt links eine kleine Gasse, die Vishvanath Galli, ab, an der sich Läden für Devotionalien, Schmuck, Stoffe und Spielzeug reihen, wie sie für jedes Pilgerzentrum üblich sind.

Vorbei am Tempel des Sākṣīvināyaka macht der Weg eine leichte Kurve und teilt sich am Ḍhuṇḍhīrājagaṇeśa, der in einer kleinen Kammer steckt und einen der belebtesten Punkte der Stadt markiert. (Geradeaus geht es zu Läden von Götterbildern und zurück zum Chauk, der Hauptstraße; dort liegen die große und älteste Moschee von Benares, die Razia-Moschee aus dem 13. Jh., sowie der vermutlich älteste Standort des Viśvanātha.) Rechts vom Ḍhuṇḍhīrājagaṇeśa führt eine sich immer stärker verengende Gasse zum heutigen Viśvanātha-Tempel, den man erst aufsuchen darf, wenn man dem Ḍhuṇḍhirāja die Ehre erwiesen hat. Zahlreiche Läden mit Süßigkeiten und Blumen kündigen den Tempel an.

Links erscheinen die hohen Mauern, die den Hof des Viśvanātha-Tempels umfassen, rechts gibt ein Tor den Blick auf den Annapūrṇā-Tempel frei. Ein Schild weist darauf hin, daß diese beiden Tempel allein Hindus zugänglich sind. Britische Missionare, die unachtsam mit Lederschuhen diese Heiligtümer betreten und damit verunreinigt hatten, lösten solche Restriktionen aus. Hinter dem Viśvanātha-Tempel führt eine äußerst enge Gasse zum Hof des Jñānavāpīkuṇḍa. Dies ist der Bereich, wo die Pilger viele Prozessionen beginnen und beenden. Zahlreiche Händler bieten Zinnober, Blumen und Zuckerwerk für das Tempelritual an. Auf dem überdachten Podest in der Mitte des Hofes befindet sich der ›Brunnen der Weisheit‹, unmittelbar daneben der Gaṇanāthagaṇeśa, der Sitz des Vyāsa-Priesters und ein großer Nandī-Bulle, den ein nepalischer König gestiftet hat. Gewaltig nimmt sich gegen diese kleinen Objekte der Verehrung die von Aurangzeb errichtete Gyanvapi-Moschee im Hof aus. Sie erhebt sich am Platz des einstigen Viśvanātha-Tempels, von dem Fragmente noch an der Rückseite des muslimischen Gotteshauses erhalten sind. An der Nordseite der Moschee liegen zwei Heiligtümer, die als die ursprünglicheren Viśvanāthas verehrt werden (s. S. 65 f.).

Nach Westen verläßt man den Hof, wobei gleich links in einem weiteren Hof der Kāśīkarvat-Tempel steht. Es geht vorbei am roten Kultbild des Tāmravarāha, einer kupfernen Statue von Viṣṇu in seiner Eberform, und am Tempel des Saptavarṇavināyaka, hinunter zum Maṇikarṇikāghāṭ. Holzgeschäfte deuten darauf hin, daß es sich um einen Ort der Totenverbrennung handelt. Am Verbrennungsplatz, den man vom Tārakeśvara beobachten kann, ist Zurückhaltung geboten; Photographieren wird nicht gern gesehen, auch nicht vom Boot aus. Oberhalb des Ghāṭ liegt das Maṇikarṇikākuṇḍa, das nach dem Monsun meist mit Schlamm und Sand des Ganges verschüttet ist. Noch weiter oben stößt man auf den Maṇikarṇikeśvara und den Siddhivināyaka.

Flußaufwärts, hinter einer Pumpstation erscheinen dann das Nepālī- und Lalitāghāṭ mit einem Aufgang zur Replik des nepalischen Paśupatinātha-Tempels sowie zum Lalitādevī-Tempel. Vor dem mit sehenswerten Holzschnitzereien geschmückten Tempel befindet sich in einer kleinen Kammer das Liṅga des Gaṅgākeśava und unmittelbar daneben Gaṅgāditya, eine Manifestation Sūryas. Über einen Gang erreicht man von dort aus auch den Tempel der Rājarājeśvarī.

Vom Lalitāghāṭ aus gelangt man durch eine Gasse zum Viśālākṣi-Tempel, einen der am häufigsten aufgesuchten Devī-Tempel von Benares. Daneben befindet sich der Dharmakūpa, ein Brunnen, bei dem das bloße Hineinschauen Segen verheißt. Südlich geht es vorbei am neuen Viśvanātha-Tempel, den Brahmanen gebaut haben, weil der Haupt-Viśvanātha in ihren Augen durch die Aufhebung der einstigen Kastenbeschränkungen verunreinigt worden war, wieder hinunter zum Ganges und zum ›Palast der Dom‹, einem Bau, den der Mahārāja von Benares Leichenverbrennern geschenkt hat.

Weiter flußaufwärts steht der im 16. Jh. errichtete Palast des Mahārāja Man Singh von Amber (Rajasthan), auf dessen Dach die astronomischen Geräte eines von Jai Singh II. aus Jaipur um 1727 gebauten Observatoriums zu finden sind. Dann schließt sich das Daśāśvamedhaghāṭ an, von wo aus man zurück zur Godaulia-Kreuzung gelangt oder dem Ganges weiter nach Süden folgen kann.

Entlang des Ganges nach Süden

Neben dem Maṇikarṇikāghāṭ bildet das Daśāśvamedhaghāṭ einen zweiten Schwerpunkt der Uferaktivitäten. Dort reicht der Fahrverkehr fast bis an den Fluß, so daß besonders viele Pilger zum Baden kommen können. Von großer ritueller Bedeutung ist der Śītalā-Tempel und das Śūlaṭaṅkeśvaraliṅga, das bereits die südliche Grenze der Viśvanātha-Zone (Karte S. 67) markiert.

Mit dem Prayāgaghāṭ beginnt die südliche Zone, deren Mittelpunkt der Kedāreśvara bildet und die für sich eine Steigerung aller für Kāśī geltenden Qualitäten in Anspruch nimmt. Das folgende Darbhaṅgāghāṭ mit dem hoch aufragenden, um 1915 gebauten Palast des Mahārāja von Darbhanga in Bihar schafft einen architektonisch markanten Gegensatz zwischen seiner Stufenanlage am Wasser und den steilen Turmsockeln des Palastes. Hinter dem Pāṇḍeyaghāṭ tritt das baulich überhöhte Hochufer zurück, und

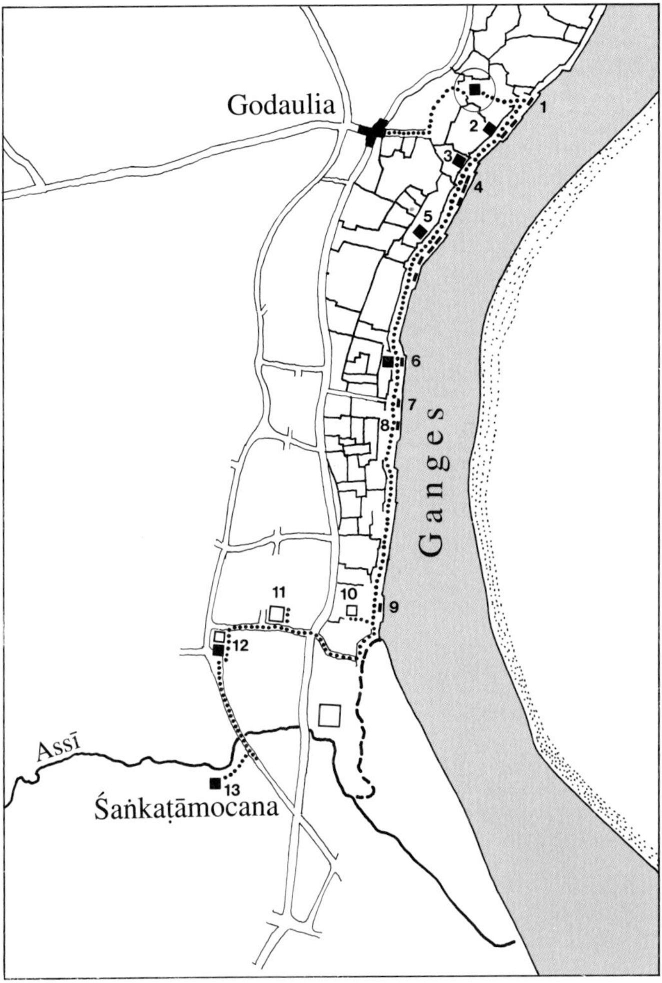

Rundgang von Godaulia bis zum Śaṅkaṭāmocana-Tempel:
1 Maṇikarṇikāghāṭ, 2 Paśupatinātha am Lalitāghāṭ, 3 Palast des Man Singh am Mīrghāṭ mit dem Observatorium dahinter, 4 Daśāśvamedhaghāṭ, 5 Darbhaṅgāghāṭ, 6 Kedāraghāṭ, 7 Hariścandraghāṭ, 8 Hanumānghāṭ, 9 Tulsīghāṭ, 10 Lolārkakuṇḍa, 11 Surājkuṇḍa, 12 Durgā-Tempel, 13 Śaṅkaṭāmocana-Tempel

Daśāśvamedhaghāṭ

Wäscher, die am Hang Hemden, Hosen und Tücher zum Trocknen auslegen, prägen die Uferzone.

Nach einigen hundert Metern erreicht man das Kedāraghāṭ mit dem Tempel des Kedāreśvara, der das Ufer baulich strukturiert.

Dann weitet sich das Ufer erneut, und am Hariścandreśvara, einem auf einem hohen Sockel plazierten, kupfernen Liṅga, beginnt das Hariścandraghāṭ mit dem zweiten Verbrennungsplatz am Ganges und einem 1981/82 erbauten Krematorium.

Hinter dem Krematorium macht ein roter Hanumān in der Pflasterung auf das Hanumānghāṭ aufmerksam, über dem sich die Hofanlage des Dattātreyamaṭha und der Hanumādīśvara-Tempel erheben. Im Verlauf der weiteren Ghāṭs, die den beschaulichsten Teil der gesamten Uferanlage von Benares darstellen, passiert man den Palast von Chet Singh, dem einstigen Mahārāja von Benares: aus einem Fenster des linken Turms war er in der Nacht des 16. August 1781 vor den Truppen Lord Hastings geflohen (s. S. 34). Oberhalb des Tulsīghāṭ befindet sich der tiefe Stufenbrunnen Lolārkakuṇḍa mit dem Lolārkeśvaraliṅga daneben und dem kleinen Tempel des Arkavināyaka.

Am ehemaligen Flußlauf der Assī, nach dem das letzte Ghāṭ benannt ist, führt der Weg in die Stadt zurück, vorbei am Tempel des Jagannātha. Jenseits des dicht bebauten Uferquartiers liegt im ruhigen Nanbagh-Viertel der große quadratische Teich des Surajkuṇḍa und der Tempel des großen Tilbandheśvaraliṅga. Nicht weit davon erreicht man den Durgā-Tempel, ebenfalls einem großen Teich benachbart, und den modernen Tulsīmānasmandir mit seinen elektrisch betriebenen Götterszenen. Über die nach Lanka und zur Universität führende Hauptstraße gelangt man zum Śaṅkaṭāmocana-Tempel, in einem weitläufigen Park gelegen. Er ist Hanumān, Rāma und Sītā gewidmet, doch das eigentliche Zentrum der Verehrung bildet ein tiefer Brunnen, aus dem Hanumān einst getrunken haben soll. Das Kraft spendende Wasser wird von den Besuchern beherzt genossen.

Sarnath

Sarnath, etwa acht Kilometer nördlich von Benares situiert, war ursprünglich ein Hain, der nach Śiva als ›Herr der Gazellen‹ (Sāraṅganātha) benannt ist. Den gleichen Namen besitzt ein Liṅga in der Nähe des dortigen Bahnhofs. Hierhin war nach neueren Erkenntnissen im 4. Jh. v. Chr. der Fürstensohn Siddhārtha Gautama aus dem Geschlecht der Śākyas von Kapilavastu gekommen, um seine erste Predigt zu halten, nachdem er zuvor im heutigen Bodhgaya (210 km westlich von Benares) seine Erleuchtung erfahren hatte und zu einem Buddha (›Erweckter, Erleuchteter‹) geworden war.

Der heute noch etwa 43 Meter hohe und erst kürzlich restaurierte Dhāmekstūpa des 5. Jh. n. Chr., ein Meisterwerk der Gupta-Zeit, bezeichnet der Tradition nach den Ort, an dem der Buddha das ›Rad der Lehre in Bewegung setzte‹ (*dharmacakrapravartana*), indem er den Pfad der Mitte und den Achtgliedrigen Pfad verkündete:

Da sprach der Erhabene zu den fünf Mönchen: »Zwei Enden gibt es, ihr Mönche, denen muß, wer ein geistliches Leben führt, fern bleiben. Welche zwei Enden sind das? Das eine ist ein Leben in Lüsten, der Lust und dem Genuß ergeben; das ist niedrig, unedel, ungeistlich, unwürdig, nichtig. Das andere ist ein Leben der Selbstpeinigung; das ist leidenreich, unwürdig, nichtig. Von diesen beiden Enden, ihr Mönche, ist der Vollendete fern und hat den Weg, der in der Mitte liegt, erkannt, den Weg, der das Auge auftut und den Geist auftut, der zur Ruhe, zur Erkenntnis, zur Erleuchtung, zum Nirvāṇa führt. Und welches, ihr Mönche, ist dieser Weg in der Mitte ...? Es ist dieser Achtteilige Pfad, der da heißt: rechter Glauben, rechtes Entschließen, rechtes Wort, rechte Tat, rechtes Leben, rechtes Streben, rechtes Gedenken, rechtes Sichversenken.«

(»Mahāvagga«, Übersetzung H. Oldenberg)

Gerichtet sind diese Worte (einer viel späteren Überlieferung) an fünf ehemalige Gefährten (die Szene ist von Burmesen mit modernen Skulpturen östlich des Gebäudes der Mahābodhi-Gesellschaft nachgebildet), die zunächst den brahmanischen, sich selbst kasteienden Weg beschritten hatten. Doch nach Buddhas erster Predigt in Sarnath schließen sie sich ihm an und verkünden von dort aus dessen Lehre im Land.

Sarnath ist damit zu einem der wichtigsten buddhistischen Pilgerorte geworden. Kaiser Aśoka (um 268-233 v. Chr.) ließ den gewaltigen Dharmarājikastūpa über einer Reliquie des Buddha errichten. Da der Stūpa Mitte des 19. Jh. als Steinbruch verwendet wurde, sind heute allerdings nur mehr seine Grundmauern zu sehen. Auch eines seiner in Nordindien verbreiteten Löwenkapitelle, das die Souveränität des Kaisers als buddhistischer Weltenherrscher repräsentiert, blieb fragmentarisch erhalten. Den Säulenstumpf findet man in dem gepflegten Ausgrabungsgelände hinter

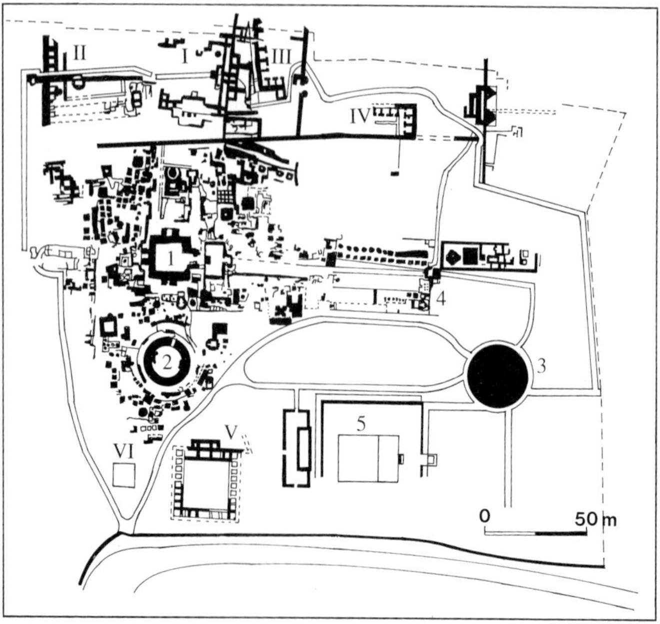

Sarnath: Ausgrabungsgebiet
1 Hauptschrein mit Stumpf der Aśoka-Säule westlich davon,
2 Dharmarājikastūpa, 3 Dhāmekstūpa, 4 monolithische Votiv-Stūpas,
5 Jaina-Tempel, I-VI Klöster

dem Hauptschrein noch *in situ*, während das Kapitell im Museum ausgestellt ist. Der chinesische Pilger Xuanzang, der 629-645 in Indien weilte und in Sarnath 1 500 Mönche gesehen haben will, sagt von der Säule Aśokas, daß sie »von blauer Farbe und hell wie ein Spiegel« ausgesehen habe.

Die 1835 begonnenen Grabungen legten bis 1928 zahlreiche Klöster und Tempel frei, deren Ruinen unterschiedliche Bauphasen bis zum Jahr 1017 belegen. Damals drangen islamische Eroberer nach Benares vor, und in der Folgezeit ging der Tempelbau zurück. Von lokalen Dynastien sind fünf monolithische Votiv-Stūpas mit der figürlichen Darstellung der Tathāgatas unterhalb der Trommel erhalten. Von allen früheren Votiv-Stūpas hatten lediglich die Backsteinsockel Bestand. Im 12. Jh. baute man angeblich noch ein weiteres Kloster, und 1676 läßt Akbar unweit des Hains auf den Ruinen eines Gupta-Tempels den sogenannten Chaukhaṇḍi-Turm zum Gedenken an den Besuch seines Vaters Humayun errichten.

Während des 20. Jh. errichteten zahlreiche außerindische Gemeinden hier in Sarnath ihre Zentren. 1922 nahm das Mūlagandhakūṭivihāra die Mahābodhi-Gesellschaft auf, welche die Interessen der altbuddhistischen Theravāda-Gemeinden in Sri Lanka, Burma und Thailand mit geradezu missionarischem Eifer vertritt. Es folgten 1934 bzw. 1939 die Tempel der burmesischen Gemeinde und der Eastern Asian Buddhist Association. Auch die Tibeter besitzen ein Kloster nebst Tempel sowie das angesehene Kāśyapa-Institut für tibetische Studien. Erst 1991 wurde der Bau der Dharmacakra Indo-Japanese Society fertiggestellt, während sich ein großer thailändischer Tempel noch im Bau befand. Aus allen buddhistischen Ländern kommen Pilgergruppen – stark vertreten sind Tibeter, Japaner und Thailänder –, die teilweise auf der Wiese vor dem Dhāmekstūpa meditieren. Am 30. Dezember 1990 hielt dort der Dalai Lama unter der Teilnahme von 60 000 Buddhisten aus der ganzen Welt die zweitägige 14. Kālacakrapūjā ab.

Ramnagar

Ramnagar, die ›Stadt Rāmas‹, liegt auf der rechten Seite des Ganges gegenüber der Benares Hindu University. Die Stadt ist von November bis Juni über eine Pontonbrücke erreichbar, im Monsun nur mit Booten oder auf einem weiträumigen Umweg über die Malaviya-Brücke. Zentrum des Dorfes sind Festung und Palast des Mahārāja von Benares. Bereits 1752 hatte Balwant Singh, der erste Mahārāja, damit begonnen, die Anlage mit ihren hohen Mauern und zahlreichen Gemächern zu bauen, 1763 waren mit dem Portal die Bauten weitgehend abgeschlossen.

Heute hat man einen großen Teil der Gebäude in ein Museum umgewandelt, das sehenswerte Stücke aus der königlichen Sammlung zeigt. In den ehemaligen Stallungen links des Hauptportals stehen alte, zum Teil mit Elfenbein beschlagene Kutschen und Landauer, Oldtimer, silberne Sänften und ein Teil des Ornats für das Rāmlīlā-Fest, etwa eine kostbare Elefantenkrone und der

Elefantensitz des Mahārāja. In Wachräumen werden Gewänder, Möbel, Wappen und böhmisches Glas aufbewahrt. Die früheren Kammern der Bediensteten bergen eine umfangreiche Waffensammlung: Pistolen, Spieße, Schwerter mit Damaszenerklingen und Gewehre, darunter Enfield-Gewehre, die den großen Aufstand von 1857 ausgelöst hatten, weil sie mit Schweine- oder Rinderfett geschmiert werden mußten; ferner die obligatorischen Jagdtrophäen (ausgestopfte Tiger, Bären, Krokodile) sowie heroische Gemälde von begangenen Bluttaten. Zu den Raritäten zählen minutiöse Elfenbeinschnitzereien und eine 1872 vom Uhrmacher B. Mulchand gebaute, zimmerhohe Uhr, die parallel Sternzeichen, Monate und Jahre der indischen wie gregorianischen Zeitrechnung anzeigt.

Im zum Gangesufer gelegenen Teil des Palasts passiert man zunächst einen mit Planen bedeckten Zugang zum Wasser, dessen abgesperrte Seite nur das Königspaar benutzen darf, bevor man den 1742 von Mansa Rams Sohn Balibarad Singh gebauten Kāśīrājamahādeva-Tempel erreicht. Weiter nördlich an den Ufermauern steht der Vyāsa- oder Vyāseśvara-Tempel, 1848 einem Vorgängerbau nachgebildet und 1962 renoviert. Ursprünglich stand der Vyāsa-Tempel, in dem sich drei kupferne Liṅgas sowie eine Gaṅgā-Statue befinden, weiter im Landesinneren. Er ist benannt nach dem legendären Verfasser der Veden und anderer heiliger Texte, und es heißt, Vyāsa habe sich aus Mitleid mit den Bewohnern dieser eigentlich unreinen Seite des Ganges in Ramnagar niedergelassen. Im Monat Māgha (Februar/März) pilgern denn auch Tausende nach Ramnagar und zum Vyāsa-Tempel, um dem Mahārāja Respekt zu erweisen und Vyāsa zu verehren.

Ramnagar ist mit seinen Spielstätten für das jährliche Rāmlīlā-Fest beinahe angelegt wie eine Landkarte des Rāmāyaṇa-Epos: im Norden Janakpur (Palast des Königs Janaka, Sītās Ziehvater), im Süden Lanka (Stätte des Dämonenfürsten Rāvaṇa), dazwischen Ayodhya (Geburtsstadt Rāmas und seiner Brüder). Teilweise hat man diese Stätten speziell für Rāmlīlā geschaffen, teilweise werden Wälder, Seen oder Plätze als Szenerie genutzt.

Herausragend unter den Bauten sind der Rambagh-Palast nebst seinem Garten und der Sumeru(devī)-Tempel (Abb. S. 75). Rāmas Palast, an den ein großer, quadratischer Garten (Persisch *bāg*) und ein etwa gleichgroßes Wasserbecken, das Viṣṇujalaśāyinkuṇḍa, angrenzt, steht im Nordosten der Stadt, etwa drei Kilometer vom Ramnagar-Fort entfernt. Es handelt sich gewissermaßen um das Landhaus des Königs, das auch für bestimmte Rāmlīlā-Episoden benutzt wird. Der Palast, der von Chet Singh (reg. 1770-81) begonnen und von Ishwari Prasad Narain Singh (reg. 1835-89) vollendet wurde, liegt nicht wie in englischen Gärten in der Mitte, sondern am Ostrand. Den ummauerten Park grenzen Pavillons ein, Wege bilden die Achsen, die sich in der Mitte an einem weiteren Pavillon kreuzen und durch monumentale Portale betreten werden können.

Nördlich des von vier Treppenanlagen zugänglichen Viṣṇujalaśāyinkuṇḍa liegt ein 1890 fertiggestellter, in Benares einmaliger Tempel. Auf einem vermutlich schon im 12. Jh. bestehenden Devī-Heiligtum haben ebenfalls Chet Singh und Ishwari Prasad Narain Singh einen etwa 35 Meter hohen Tempel im Śikhara-Stil gesetzt, den Chet Singh als Staatstempel seines Reiches konzipierte. Dieser sogenannte Sumeru-Tempel, benannt nach dem goldenen Götterberg Meru, der den Mittelpunkt der Erde und der Sterne bildet, erhebt sich auf einer Plattform und zeigt außen in fünf parallelen Reihen Skulpturen von Elefanten, Löwen, Göttern und Nymphen. Im Inneren werden Durgā und Śiva verehrt, und auch in der nordöstlichen Ecke des Gartens befindet sich eine Manifestation Durgās, nämlich ein Cinnamastā-Schrein, vermutlich das älteste Heiligtum an diesem Ort.

Entwicklungsstufen des Hinduismus		
Zeitraum	**Epoche und Region**	**Gesellschaftliche Veränderungen**
7.-4. Jt. v. Chr.	Frühsteinzeitliche Kulturen in Nordwestindien	Nomaden- und Jägertum
3.-2. Jt. v.Chr.	Induskultur in Nordwestindien (Pakistan)	Städtische Hochkultur
1800-500 v. Chr.	**Vedische Zeit** in Nord- und Mittelindien	Übergang vom Halbnomadentum zur Seßhaftigkeit
1800-1200	Frühvedische Periode – Einwanderung bis zum Panjab	Kämpfe mit Ureinwohnern
1200-850	Mittelvedische Periode – Einwanderung bis zum oberen Gangestal	Landnahme, Seßhaftigkeit
850-500	Spätvedische Periode – Einwanderung in die untere Gangesebene	Berufsständische Gliederung, Stammeskämpfe um Vorherrschaft
600-200 v. Chr.	**Zeitalter des Umbruchs** in Nord- und Mittelindien	Aufkommen erster Großreiche
300 v. Chr. -1200 n. Chr.	**Hinduismus**	
300 v. Chr. -300 n. Chr.	Brahmanische Renaissance in Nord- und Mittelindien; bis Südindien und Sri Lanka (Ceylon)	Kasten- und Unterkastenordung, Abwertung von Śūdras und Frauen
320-500	Blütezeit in fast ganz Indien	Aufblühen von Wissenschaft, Künsten und Handwerk

Religionsform/ Religiöse Veränderungen	**Haupttexte**
Primitivreligion, Dämonenkult	
Naturreligion, Fruchtbarkeitskulte, Muttergottheiten	Siegelinschriften
Polytheismus, Magie	Veda
Glaube an göttliche Weltordnung, Animismus, ethische Götter	Ṛgveda Bücher II-IX
Opferwesen und Magie, erbliches Priestertum	Ṛgveda I und X, Sāma- und Yajurveda, ältere Brāhmaṇa-Texte
Pantheistischer Monismus, Priesterwesen, Erlösungsgedanke, *brahman-ātman*-Lehre, Wiedergeburtslehre	Ältere Upaniṣads, Atharvaveda
Kritik am brahmanischen Opferwesen, asketische Reformbewegungen, **Buddhismus, Jainismus**	Mittlere Upaniṣads
Henotheistischer Hinduismus	
Entstehung von Viṣṇuismus und Śivaismus; Tempelverehrung, Niedergang der vedischen Götter	Mahābhārata, Rāmāyaṇa, philosophische Systeme, Wissenschaften (Sūtra, Vedāṅga)
Theistische Weiterentwicklungen	Ältere Purāṇas, Wissenschaften (Śāstra), Kālidāsa

Zeitraum	Epoche und Region	Gesellschaftliche Veränderungen
600-1200	Sektenentwicklungen in ganz Indien	Zersplitterung, Vielzahl von Dynastien
1200-20. Jh.	**Synkretistischer Hinduismus**	
1200-1700	Islamische Einflüsse in fast ganz Indien	Veränderungen in Verwaltung und Handel
1700-1947	Westliche Einflüsse in ganz Indien	Industrialisierung, Erziehung und Infrastruktur, Bevölkerungsexplosion
nach 1947	Hinduistische ›Mission‹, hinduistischer ›Fundamentalismus‹	Demokratie, Grüne Revolution, Medien (Fernsehen, Video, Kino)

Glossar

Advaita	›Nicht-Zweiheit‹; philosophischer Monismus, der davon ausgeht, daß Individualseele (*ātman*) und Welt bzw. Universum (*brahman*) identisch sind
Annapūrṇā	Die ›Nahrungsreiche‹; hinduistische Göttin
antargṛha	›innerer Bezirk‹
Antargṛhayātrā	Umwandlung des inneren Stadtbereichs
āratī	Abendliche Zeremonie in Tempelverehrungen, besonders mit Öllampen; abendlicher Höhepunkt in der → Rāmlīlā
Assī (Asī)	Südlicher Nebenfluß des Ganges

Religionsform/ Religiöse Veränderungen	Haupttexte
Ausdehnung des Hinduismus, Sektenbildungen: Śaṅkara (um 788-820), Rāmānuja (1056-1137), Madhva (1199-1278); Śāktismus und Tantrismus, Niedergang des Buddhismus, Aufkommen des Bhakti, Restauration des Brahmanismus: Witwenverbrennung, Vegetarismus	Kommentare, Schriften der Sekten, philosophische Systeme, Purāṇas, Rechtstexte (Dharmaśāstra)
Sektenweiterbildungen: Kṛṣṇaismus (Bhakti), Rāmaismus, synkretistische Entwicklungen:Kabīr (1440-1518), Sikhismus: Nānak (1469-1539)	Schriften der Sekten, exegetische Rechtstexte (Nibandha)
Ethischer Hinduismus, Neohinduismus: Brāhmasamāj (1828), Rāmakrishna (1836-86), Āryasamāj (1875), Theosophische Gesellschaft (1875), Gandhi (1869-1948), Aurobindo (1872-1950) Guruismus: Krishnamurti, Transzendentale Meditation, Sai Baba, Bhaktivedānta, Svāmī Prabhūpāda, Divine Light Mission (Balyogeshwar), Rajneesh; militanter Hinduismus	Schriften der Stifter und religiösen Führer

aśvamedha	Vedisches Pferdeopfer; s. auch Veda
Avimukta	Anderer Name für Benares: die Stadt, die → Śiva ›nie verlassen‹ will
Bel-Baum	→ *bilva*
Bhairava	Der ›Schreckenerregende‹; eine Form → Śivas
bhūta	›Geist‹
Bindhumādhava	Viṣṇu-Tempel, 1669 von Aurangzeb zerstört
bilva (bel)	Holzapfelbaum; die dreiblättrigen Blätter werden Śiva dargebracht
bīr	Volksgottheit
Brahmane	Angehöriger der Priester- und Gelehrtenkasten
Brahmā	Der ›Schöpfer‹; einer der Drei Hochgötter (neben → Śiva und → Viṣṇu)

dakṣiṇā	›Bezahlung‹ für religiöse Dienste, vornehmlich für → Brahmanen
Daṇḍapāṇi	Wächter von → Kāśī, auch als → Bhairava verehrt
Devī	›Göttin‹; Sammelbegriff für lokale Göttinnen; die Große Göttin
dharamśālā	›Pilgerherberge‹ (von Sanskrit *dharmaśālā* = ›Ort des → *dharma*‹)
dhārā	›Wasserstelle, Brunnen‹
dharma	Recht und Sitte; rituelle und soziale Normen für Zweimalgeborene (initiierte) Hindus
dhotī	Aus einem Tuch gewickeltes Beinkleid für Männer
Ḍhuṇḍhīrāja	Eine der wichtigsten Erscheinungsformen → Gaṇeśas
Divālī (Dīpāvalī)	Lichterfest im Oktober/November
Diwān	Staatsrat und Kontrolleur der Finanzen unter islamischer Herrschaft
Dom	Kaste, die den Scheiterhaufen schichtet und das Feuer dafür bewahrt
Durgā	Hinduistische Göttin, Gefährtin → Śivas
gaṇa	Meist vorhinduistische(r) und → Śiva begleitende(r) ›Schar‹ oder ›Halbgott‹
Gaṇeśa	Elefantenköpfiger Gott, Helfer und Führer der → *gaṇas*
Gaṅgā	Der Fluß Ganges und die gleichnamige Göttin
Gaurī	Anderer Name für → Pārvatī
ghāṭ	Badestelle an der Uferfront
ghī	Geschmolzener Butterrahm
»Gurugrantha«	Heiliges Buch der Sikhs
Hanumān	Affengott, Helfer → Rāmas
Hariścandra	Legendärer König
ilaycīdāna	Aufgeschäumte Zuckerkügelchen, beliebte Göttergabe
īśvara (-eśvara)	›Herr, Gott‹
Jaina	Anhänger der Religion des Jainismus; die Jainas glauben nicht an Gott, sondern an eine jeder Seele innewohnende Göttlichkeit; sittliches Handeln, Askese und Meditation führen zur Befreiung der Seele von den Wiedergeburten
jainistisch	Die Religion und Kultur der → Jainas betreffend
jāṭaka	Geschichten von Buddhas früheren Leben
Jñānavāpīkuṇḍa	›Brunnen der Weisheit‹; eines der Hauptheiligtümer von Benares

jyotirliṅga	Manifestation → Śivas als ›Lichtstrahl‹- → *liṅga*
Kabīr	Dichter und Mystiker (um 1440-1518)
kalāśa	Wasserkrug
Kālī	Die ›Schwarze‹; hinduistische Göttin
Kāśī	Die ›Strahlende, Leuchtende (Stadt)‹; vermutlich ältester Name von Benares
»Kāśīkhaṇḍa«	Mythologischer Text über Benares (ca. 4. Jh.)
kāśīlābha, kāśīvāśi	Bezeichnungen für Menschen, die in Benares (→ Kāśī) auf den Tod warten
Kedāra (Kedāreśvara)	Eines der wichtigsten → *liṅgas*
Keśava	Der ›Langhaarige‹; Name von → Viṣṇu und → Kṛṣṇa
kuṇḍa	Offener Stufenbrunnen, befestigtes Wasserbecken
kūpa	Grube, Brunnen
»Kūrmapurāṇa«	Mythologischer Text (8.-11. Jh.)
krośa	Längenmaß (ca. 3,5 km)
Kṛṣṇa	Hirtengott, auch Erscheinungsform von → Viṣṇu
kṣetra	›Feld‹; heilige Zone
laḍḍū	Süßigkeit aus Kichererbsenmehl und Zucker
lassī	Getränk aus gequirltem Joghurt, mit Zucker oder Salz und einem Schlag → *malāī*
liṅga	Phallusförmiges Emblem und Zeichen → Śivas
Lolārkakuṇḍa	Großer Stufenbrunnen, mit Sonnenkult verbunden
»Mahābhārata«	Epos über den Kampf zweier verfeindeter Familienfraktionen
Mahābrāhmaṇa	›Großer → Brahmane‹; euphemistische Bezeichnung für Totenpriester
Mahārāja	›Großkönig‹
Mahārāṇī	›Großkönigin‹
makara	Mythisches krokodilähnliches Seeungeheuer, oft an Brunnen dargestellt
malāī	Schmand von mehrfach aufgekochter Milch
maṇḍala	›Kreis‹; rituelles Diagramm aus Quadraten und Kreisen; symbolische Darstellung des Makro- und Mikrokosmos; wichtiges tantrisches Hilfsmittel zur Meditation
mandir	›Tempel‹
Maṇikarṇikā	Hinduistische Göttin
mantra	Heilige, teils magische Gebetsformel
»Mārkaṇḍeyapurāṇa«	Mythologischer Text
maṭha	Sektenherberge

Mātṛkā	›Mutter‹-Gottheiten
mazār	Grabstätte von islamischen Märtyrern
mohalla, mahal	Islamische Wohnquartiere und Stadtviertel
nāga	›Schlange‹; halbgöttliches Wesen in Schlangengestalt, dem unterirdischen Bereich zugehörig; auch Anhänger eines in Indien weitverbreiteten Schlangenkults
Nawāb	Vizekönig oder Generalgouverneur unter den Großmoguln
Nizām	Titel der Herrscher von Hyderabad
oṃ	Heilige Silbe
»Padmapurāṇa«	Mythologischer Text unsicheren Datums
pān	Kaumischung aus Betelnuß, -blättern und anderen Zutaten
Pañcakrośīyātrā	Fünftägige Umgehung des heiligen Raums von → Kāśī
Pañcatīrthayātrā	Lineare Begehung der Uferfront des Ganges
paṇḍā	Pilgerpriester und -helfer
Pandit (*paṇḍita*)	›Gelehrter‹; Lehrer
Pārvatī	Die ›Bergtochter‹; Frau → Śivas
pāṭhaśālā	›Schule‹
Peshwā	Premierminister der Marathen-Konförderation im 18. Jh.
pīṭha	›Sitz, Podest‹ meist von lokalen Göttinnen
pitṛ	Ahne, Vorvater
piśāca	Übelwollender Geist
prasāda	Anteil an der ›göttlichen Gnade‹ in Form von dem Gott gereichten und partiell zurückerhaltenen Gaben
Prayāga	Alter Name für Allahabad und den Zusammenfluß drei heiliger Flüsse
pūjā	Gottesverehrung mit Gebeten und Darreichungen
Purāṇa	Textgruppe von Mythen und Legenden
Rāja	›König‹; Fürst
Rajput	Angehöriger einer Kriegerkaste oder eines Fürstengeschlechts
Rāma	Heldengott, Hauptfigur des → »Rāmāyaṇa«
Rāmlīlā	Fest im September/Oktober mit Aufführungen des → »Rāmāyaṇa«
»Rāmāyaṇa«	Epos über das Schicksal des Heldengottes → Rāma
sādhu	Der ›Gute‹; Asket
saṃgama	Zusammenfluß

saṃhitā	›Sammlung‹; Bezeichnung für heilige Schriften, besonders des → Veda
saṃnyāsin	Asket
Śaṅkara	Religiöser Führer (8. Jh.), Gründer der → Advaita-Philosophie, auch Name für Śiva
Śaṅkaṭā	Die ›Gefahrenvolle‹; hinduistische Göttin
Sarasvatī	Göttin der Künste und Wissenschaften, Frau → Brahmās; Name eines (unterirdischen) Flusses
sari	Aus einem ca. 6 m langen Tuch gewickeltes Kleid für Frauen
satī	Witwenverbrennung; der Begriff bezeichnet die Witwe, die Verbrennung und eine Göttin
shahīd	Märtyrergrab
śikhara	›Gipfel‹; pyramidenförmiger Tempelaufbau
Śītalā	Die ›Kühlende‹; Göttin des Fiebers und der Pocken
Śiva	Der ›Zerstörer‹; einer der Drei Hochgötter (neben → Viṣṇu und → Brahmā)
»Śivapurāṇa«	Mythologischer Text (12.-14.Jh.)
Śivarātri	Die ›Nacht → Śivas‹; Fest im Februar/März
stūpa	›Haarknoten‹; auf die Hügelgrabform zurückgehender buddhistischer Kuppelbau;Reliquienschrein und Sinnbild für Buddhas Eingang ins Nirvāṇa
Sūrya	Sonne und Sonnengott
svayambhūliṅga	Von selbst entstandenes, d.h. nicht gestiftetes → *liṅga* in einer oft natürlichen Form
tārakamantra	Von → Śiva Sterbenden verkündetes → *mantra*
ṭīkā	Meist rotes oder gelbes Stirnmal und -zeichen, das besonders bei auspiziösen Anlässen aufgetragen wird
tīrtha	›Furt‹; Heiliger Ort, Wasserstelle
Trilocana	Der ›Dreiäugige‹; Name → Śivas
Tulsīdās	Dichter (um 1532-1623)
Tulsī-Pflanze	Basilienkraut (Ocemum sanctum); → Viṣṇu geweihte Pflanze
Varaṇā	Nördlicher Nebenfluß des Ganges
Vārāṇasī	Alter und seit 24. Mai 1956 wieder offizieller Name von Benares; vermutlich nach dem alten Flußnamen → Varaṇā benannt
Veda	Heiliges, von Sehern geschautes Wissen, das in vier Sammlungen (→ *saṃhitā*) zusammengefaßt ist
vināyaka	›Führer‹; anderer Name für → Gaṇeśa

Viṣṇu	Der ›Bewahrer‹; einer der Drei Hochgötter (neben → Śiva und → Brahmā)
Viśālākṣī	Die ›Weitäugige‹; hinduistische Göttin
Vyāsa	Geschichtenerzähler, Rezitator des → »Rāmāyaṇa« und Priester, der Pilgern das Gelöbnis zu einer Prozession abnimmt
yātrā	›Reise‹; heilige Prozession
Yoginī	Weibliche Gottheit, Hexe

Literaturverzeichnis

Benares allgemein

Altekar, A. S.: Benares and Sarnath. Past and Present. Varanasi ²1947

Cape, C. Ph.: Benares. The Stronghold of Hinduism. London 1909

Eck, Diana L.: A Survey of Sanskrit Sources for the Study of Vārāṇasī. In: Purāṇa, Bd. 22 (1980); S. 81-101

Eck, Diana L.: Banaras. City of Light. London 1983 (deutsch: Frankfurt/M. 1989)

Freitag, S. B. (Hrsg.): Culture and Power in Banaras. Community, Performance and Environment, 1800-1980. Berkeley 1989

Havell, E. B.: Benares, the Sacred City. London 1905

Joshi, E. B. (Hrsg.): Uttar Pradesh District Gazetters: Varanasi. Lucknow/Allahabad 1965

Narain, A. K./L. Gopal (Hrsg.): Introducing Vārāṇasī. Varanasi 1969

Parker, A.: A Handbook of Benares. Banāras 1895

Prinsep, James: Benares, Illustrated in a Series of Drawings. Kalkutta 1830

Saraswati, B. N.: Kashi - Myth and Reality of a Classical Cultural Tradition. Simla 1975

Sen, R. R.: The Holy City (Benares). Chittagong 1912

Sherring, M. A.: The Sacred City of the Hindus. An Account of Benares in Ancient and Modern Times. London 1868

Singh, Rana P. B.: Where Cultural Symbols Meet. Literary Images of Varanasi. Varanasi 1989

Sukul, K. N.: Vārāṇasī Vaibhāva (in Hindī). Patna 1977

Vārāṇasī – An Introduction to the Greatness of the City. Hrsg. v. All India Kashiraj Trust. Varanasi 1981

Verma, T. P./ D. P. Singh/J. S. Mishra (Hrsg.): Varanasi through the Ages. Varanasi 1986

Vidyarthi, L. P./B. N. Saraswati/M. Jha: The Sacred Complex of Kashi. Delhi 1979

Geschichte

Agrawala, V. S.: Varanasi Seals and Sealings. Varanasi 1984
Chandra, Motī: Kāśī kā Itihās (in Hindī). Bombay 1962
Cohn, B.: Political Systems in Eighteenth Century India: The Banaras Region. In: Journal of the American Oriental Society, Vol. 82 (1982); S. 312-320
The Imperial Gazetteer of India, Bd. VII. Oxford 1908 (New Edition)
Köckmann, U.: Revivalismus in Indien. Zur politischen Geschichte Varanasis (Diss.). Bochum 1980
Mishra, K. P.: Banaras in Transition (1738-1895). New Delhi 1975
Narain, A. K. u. a.: Excavations at Rajghat, 4 Tle. Varanasi 1976-78.
Niyogi, R.: History of the Gāhaḍavāla Dynasty. Calcutta 1959
Pāṇḍeya, B.: Mahārāja Balavanta Siṃha aur Kāśīkā Atīta (in Hindī). Varanasi 1975
Roy, T. N.: Archaeological Excavations. In: T. P. Verma u.a. (Hrsg.): loc. cit.; S. 24-30
Singh, B. P.: Life in Ancient Varanasi (An Account based on Archaeological Evidence). Delhi 1985
Sukul, K. N.: Varanasi Down the Ages. Varanasi 1974

Ganges

Darian, St.: The Ganges in Myth and History. Honululu 1978
Singh, O. u.a.: India's Urban Environment. Pollution, Perception and Management. Varanasi 1988

Architektur

Couté, P.-D./J.-M. Léger (Hrsg.): Bénarès. Un Voyage d'Architecture. Paris 1989
Köckmann, U.: Hindutradition und Stadtentwicklung. Varanasi: Analyse einer gewachsenen ungeplanten Pilgerstadt am Ganges. Bochum 1982
Kumar, N.: The Mazars of Banaras. In: The National Geographical Journal of India, Bd. 33 (1987); S. 263-267

Götter und Rituale

Chalier-Visuvalingam, E.: Bhairav. Kotwāl of Vārāṇasī. In: Verma u. a. (Hrsg.): loc. cit.; S. 241-260

Kapur, A.: Actors, Pilgrims, Kings and Gods. The Ramlila at Ramnagar. Calcutta 1990

Lutgendorf, Ph.: Rām's Story in Shiva's City. Public Arenas and Private Patronage. In: S. B. Freitag (Hrsg.): loc. cit.; S. 34-61

Parry, J. P.: Ghost, Greed and Sin: The Occupational Identity of the Benares Funeral Priests. In: Man (N. S.), Bd. 15 (1980); S. 88-111

Parry, J. P.: Death and Cosmogony in Kashi. In: Contributions to Indian Sociology (N. S.), Bd. 15 (1981); S. 337-365

Parry, J. P.: The Aghori Ascetics of Benares. In: R. Burghart/A. Cantlie (Hrsg.): Indian Religion. London/New York 1985; S. 51-78

Singh, Rana P. B.: The Pilgrimage Mandala of Varanasi/Kashi. A Study in Sacred Geography. In: The National Geographical Journal of India, Bd. 33 (1987); S. 493-524

Singh, Rana P. B.: Toward Myth, Cosmos, Space and Mandala in India – A Search in the Geography of Belief Systems. In: The National Geographical Journal of India, Bd. 33 (1987); S. 305-326

Singh, Rana P. B.: The Image of Varanasi. Sacrality and Perceptual World in Hindu Codification. In: The National Geographical Journal of India, Bd. 34 (1988); S. 1-32

Singh, Rana P .B.: Time and Hindu Ritual in Vārāṇasī. In: L. Gopal/D. P. Dubey (Hrsg.): Pilgrimage Studies. Text and Context; S. 67-72. Allahabad 1990

Sinha, S./B. Saraswati: Ascetics of Kashi. An Anthropological Exploration. Varanasi 1978

Vyāsa, Kedāranātha: Pañcakośātmaka Jyotirliṅga Kāśīmāhātmya evaṃ Kāśī kā Prācīna Itihāsa (in Sanskrit und Hindī). Varanasi 1987

Wadley, S. S.: Sitala – The Cool One. In: Asian Folklore Studies, Bd. 39 (1980); S. 33-62

Banārsīs (Wirtschaft und Gesellschaft)

Kennedy, J.: Life and Work in Benares and Kumaon. New York 1885

Kumar, N.: Work and Leisure in the Formation of Identity. Muslim Weavers in a Hindu City. In: S. B. Freitag (Hrsg.): loc. cit.; S. 147-170

Kumar, N.: The Artisans of Banaras. Popular Culture and Identity, 1860-1986. Larenceville 1988

Mehrotra, R. R.: Sociology of Secret Languages. Simla 1977
Shastri. M. H.: Dakshini Pandits at Benares. In: Indian Antiquary, Bd. 41 (1912)
Sherring, M. A.: Hindu Tribes and Castes, as Represented in Benares, Bd. 1. Benares 1872 (Reprint Delhi 1974)

Sanskrit-Texte

Gaṅgālaharī. Hrsg. v. Umeśa Miśra Gauḍa. Varanasi 1990
Kāśīkhaṇḍa. In: Skandapurāṇa, Bd. II. Hrsg. v. N. Sh. Singh. Delhi 1982 ([1]1830) sowie Pt. 1. Hrsg. v. N. Tripāṭhī. Varanasi 1991
Kāśīkedāramāhātmya. With Hindī transl. by V. Tripāthī. Kāśī 1920
Kāśīrahasya. Hrsg. v. J. N. Dube. Varanasi 1984
Padmapurāṇa. Hrsg. v. M. L. Āpṭe. Poona 1814
Mārkaṇḍeyapurāṇa. Hrsg. v. K. Kṛṣṇādāsa. Bombay 1910
Kūrmapurāṇa. Hrsg. v. A. S. Gupta. Varanasi 1972 (Sanskrit und Engl.)
Śivapurāṇa, Koṭirudrasaṃhitā. Bombay o. J. (engl. transl. Delhi 1969)
Tristhālīsetu. Hrsg. v. Mahādeva Limaṇājī Āpṭe. Poona 1915; Auszug: The Bridge to the Three Holy Cities – The Sāmānya-praghaṭṭaka of Nārāyaṇa Bhaṭṭa's Tristhalīsetu. Hrsg. v. Richard Salomon. Delhi/Varanasi/Patna 1985

Abbildungsnachweis

Farbabbildungen

Niels Gutschow, Abtsteinach: Titelbild, 2, 3, 5, 9
Günther Heil, Berlin: 1, 6, 7, 10
Privatbesitz Axel Michaels, Bern: 8
Roman Soumar, München: 4

Schwarzweißabbildungen

Niels Gutschow, Abtsteinach: Frontispiz (1990), S. 10 (1991), S. 15 (1990), S. 37 (1991), S. 38/39 (1990), S. 44 (1991), S. 46 (1991), S. 47 (1991), S. 49 (1991), S. 62 (1991), S 64 (1991), S. 65 (1991), S. 66 (1991), S. 69 (1991), S. 70 (1991), S. 73 (1990), S. 75 (1991), S. 78 (1991), S. 83 (1991), S. 84/85 (1991), S. 89 (1991), S. 91 (1991), S. 94 (1991), S. 95 (1991), S. 99 (1991), S. 101 (1990), S. 106 (1991), S. 113 (1990), S. 115 (1991), S. 116/117 (1991), S. 118 (1991), S. 134/135 (1991), S. 140 (1991), S. 141 (1991), S. 147 (1990), S. 151 (1987), S. 158/159 (1991), S. 160 (1992), S. 163 (1987), S. 172 (1991), S. 182 (1991), S. 186/187 (1986) , S. 194 (1991), S. 199 (1991), S. 204 (1990), S. 206 (1990), S. 208/209 (1992), S. 224/225 (1990)
Axel Michaels, Bern: S. 29 (1992)
aus Prinsep, James: Benares, Illustrated in a Series of Drawings. Kalkutta 1830 S. 22, S. 53, S. 166/167, S. 178/179
Roman Soumar, München: S. 41, S. 192/193, S. 219

Karten

DuMont Buchverlag, Köln: S. 51, S. 228 (nach einer Vorlage aus: Agrawala, V. F.: Sārnāth. New Delhi 1984)
Niels Gutschow, Abtsteinach: S. 18, S. 67, S. 102, S. 104, S. 110, S. 136, S. 223
Archiv Niels Gutschow, Abtsteinach: S. 32/33

Personenregister

Orts- und Sachregister

»Richtig reisen«: Süd-Indien

Reise-Handbuch

Von Petra Haubold und Günther Heil. 412 Seiten mit 36 farbigen und 112 einfarbigen Abbildungen, 23 Karten und 40 Plänen, 29 Seiten praktischen Reisehinweisen, Glossar, Register

»Das hier beschriebene Gebiet ist bei uns kaum bekannt. Entsprechend sorgfältig werden die Informationen zusammengestellt. Für Indien-Reisende empfiehlt es sich, besonders die gelben Seiten genau zu studieren. Sie sind, wie immer bei DuMont, kaum zu übertreffen.« *sport und verkehr*

»Einer allgemeinen Einführung in Geographie, Religion, Gesellschaft, Geschichte, Kunst und Kultur folgen, nach Bundesstaaten gegliedert, Ortsbeschreibungen mit jeweils nützlichen praktischen Hinweisen zu Verkehrsverbindungen und Unterkünften, die durch die gelben Seiten im Anhang ergänzt werden.«

ekz-Informationsdienst

Goa

Von Alexandra Ardeleanu-Jansen. 256 Seiten mit 9 farbigen und 79 einfarbigen Abbildungen, 14 Karten und Plänen, 39 Seiten praktischen Reisehinweisen, Register (DuMont Reise-Taschenbücher, Band 2044)

»Das DuMont Reise-Taschenbuch Goa widmet ein eigenes Kapitel dem drohenden Ausverkauf Goas. Auch über den goanischen Alltag, Kultur und Geschichte weiß Autorin Alexandra Ardeleanu-Jansen Interessantes zu berichten. Orte und Reiserouten werden ausführlich dargestellt, praktische Reistips finden sich im Anhang.« *Allgäuer Zeitung*

»Der Verfasserin ist es gelungen, erstaunlich viel aufzuführen, ohne den Leser damit zu überfrachten. Als promovierte Bauhistorikerin ist sie bei architektonischen Sehenswürdigkeiten besonders sachkundig. Den Touristen wird freilich vor allem der praktische Teil des Reiseführers interessieren, der erfreulich umfangreich und detailliert ist.« *Frankfurter Allgemeine Zeitung*

DuMont Taschenbücher

Stand Herbst 1993

2 Janson, Malerei unserer Welt
3 Macke - Die Tunisreise
4 Schneede, René Magritte
6 Thomas, DuMont's kleines Sachwörterbuch zur Kunst des 20. Jahrhunderts
8 Geelhaar, Paul Klee
13 Muller, DuMont's kleines Lexikon des Expressionismus
14 Jensen, Caspar David Friedrich
15 Klein, DuMont's kleines Sachwörterbuch der Drucktechnik und grafischen Kunst
18 Richter, Geschichte der Malerei im 20. Jahrhundert
23 Keller, Marc Chagall
25 Sterner, Jugendstil
26 Jensen, Carl Spitzweg
28 Holländer, Hieronymus Bosch
30 Pawlik (Hrsg.), Malen lernen
31 Selz, DuMont's kleines Lexikon des Impressionismus
32 Schneede, George Grosz
33 Panofsky, Sinn und Deutung in der bildenden Kunst
35 Uitert, Vincent van Gogh
37 Haak, Rembrandt
38 Tetzlaff, Romanische Kapitelle in Frankreich
39 Elffers (Hrsg.), TANGRAM
40 Pach, Renoir
44 Baumgart, DuMont's kleines Sachlexikon der Architektur
47 Vogt, Der Blaue Reiter
59 Munsterberg, Zen-Kunst
65 Küppers, Das Grundgesetz der Farbenlehre
66 Loyd/Gardner (Hrsg.), Mathematische Rätsel und Spiele
69 Burger, Norwegische Stabkirchen
70 Gombrich, Kunst und Fortschritt
71 Pierre, DuMont's kleines Lexikon der Pop Art
73 Sterner, Barcelona: Antoni Gaudí
74 Kleßmann, Die deutsche Romantik
77 Hainke, Siebdruck
78 Rüdiger, Die gotische Kathedrale
83 Kaemmerling (Hrsg.), Bildende Kunst als Zeichensystem
84 Leber, Plastisches Gestalten
85 Loyd/Gardner (Hrsg.), Noch mehr mathematische Rätsel und Spiele
88 Walters/Sterner, Jugendstil-Graphik
90 Grassi, Die Theorie des Schönen in der Antike
91 Leber, Aquarellieren lernen
93 Elffers/Schuyt, Das Hexenspiel
95 Hennig, Japanische Gartenkunst
99 Fischer, Wasserburgen im Münsterland
101 Freier, Fotografieren lernen - Sehen lernen
103 Badt, Die Farbenlehre van Goghs
112 Adrion, Die Kunst zu zaubern
114 Schulz, Der Kuckuck und der Esel
123 Winzer, DuMont's Lexikon der Möbelkunde
124 Dohmen, Die Lithographie
128 Bro, Wie lerne ich zeichnen
130 Gruber/Vedder, DuMont's Handbuch der Video-Praxis
131 Keilhauer, Die Bildsprache des Hinduismus
133 Salberg-Steinhardt, Die Schrift
135 Schüssler, Die ägyptischen Pyramiden
142 Wittkower, Allegorie und der Wandel der Symbole in Antike und Renaissance
143 Warnke (Hrsg.), Politische Architektur
148 Violet, Kleine Geschichte der japanischen Kunst
149 Treat, Detektive auf dem Glatteis
150 Lavizzari-Raeuber, Thangkas
156 Stützer, Kleine Geschichte der römischen Kunst
157 Maenz, Die 50er Jahre
159 Rolf, Die Geschichte der chinesischen Kunst
160 Freier/Sarrazin, Fotos: Selbst entwickeln-Selbst vergrößern
164 Gallagher, Wohnzimmerspiele - alt und neu
167 Neumann (Hrsg.), Bauhaus und Bauhäusler
170 Sedlmayr, Die Revolution der modernen Kunst
171 Gombrich, Eine kurze Weltgeschichte für junge Leser
173 Helm, 555 Teekessel
174 Salny/Grosswirth, Phantastische Mensa-Rätsel
177 Lampugnani, Architektur als Kultur
182 Schuster, Kunst-Therapie
184 Hansmann, Balthasar Neumann
185 Görgens, Kleine Geschichte der indischen Kunst